NEUER GROSSER

BALKON- UND TERRASSENPFLANZEN

RATGEBER

**Die 200 schönsten
Balkon- und Terrassenpflanzen von A–Z.
Mit Gärtnertipps und
Pflegeanleitungen.**

Gabriele Vocke

Compact Verlag

© 2008 Compact Verlag München
Alle Rechte vorbehalten. Nachdruck, auch auszugsweise,
nur mit ausdrücklicher Genehmigung des Verlages gestattet.
Alle Angaben wurden sorgfältig recherchiert, eine Garantie
bzw. Haftung kann jedoch nicht übernommen werden.
Chefredaktion: Dr. Angela Sendlinger
Redaktion: Uta Lux
Produktion: Wolfram Friedrich
Symbole: Ulla Häusler
Umschlaggestaltung: Atelier Steinbicker, München

ISBN 978-3-8174-5281-1
5152814

Besuchen Sie uns im Internet: www.compactverlag.de

Vorwort

Damit Ihnen die Auswahl für Ihre »Grüne Lunge« leichter fällt, stellt dieses Buch die 200 schönsten Balkon- und Terrassenpflanzen in Porträts von A–Z vor: von traditionellen und beliebten Balkon- und Terrassenpflanzen über seltenere oder gar exotische Kübel- und Ampelgewächse, wohlduftende Rank- und Kletterpflanzen bis hin zu Kräutern, Gemüse und Kleinobst.

Und damit die Pflanzen auf Balkon und Terrasse auch richtig gedeihen, wird jeweils genau Auskunft über ihre Lebensbedingungen gegeben. Sie können sich die Pflanzen also speziell nach den individuellen Gegebenheiten aussuchen.

Zur schnellen Orientierung steht am Anfang jedes Pflanzenporträts ein Abschnitt mit den wichtigsten Grundinformationen.

Darüber hinaus erfahren Sie, wie Sie die Gewächse gießen, düngen, welches Erdsubstrat Sie dafür verwenden und wie sich die Pflanzen züchten lassen. Wertvolle Gärtnertipps runden das jeweilige Pflanzenporträt ab. Spezielle Symbole helfen, den idealen Standort, die richtige Pflege sowie Vermehrung und Gärtnertipps auf den ersten Blick zu erkennen.

 heller bis sonniger Standort

 halbschattiger Standort

 schattiger Standort

 windgeschützter Standort

 Winterquartier nötig

 hoher Feuchtigkeitsbedarf

 mittlerer Feuchtigkeitsbedarf

 geringer Feuchtigkeitsbedarf

 Vermehrung

 Gärtnertipp

Außerdem werden die Pflanzennamen zusätzlich durch Farbleisten gekennzeichnet. Über die Farbzuordnung können Sie sofort feststellen, um welches Gewächs es sich handelt:

- Grünpflanze
- blühende Pflanze
- Kräuter
- Gemüse
- Obst

Im Anschluss an den Porträt-Teil von A–Z erfahren Sie noch alles zum Ein- und Umtopfen, über das richtige Pflanzgefäß, den Rückschnitt von Sträuchern oder kleinen Obstbäumen. Und sollten trotz sorgfältiger Pflege Ihre Pflanzen zu kränkeln beginnen, können Sie im Kapitel »Krankheiten und Schädlinge« nachschlagen.

Darüber hinaus liefert ein Kräuter-Kalender noch gezielten Überblick, wann Sie welche Kräuter zeitlich richtig auspflanzen, ernten sowie trocknen können.

Dieser Balkon- und Terrassenpflanzen-Ratgeber informiert aber nicht nur über die richtige Pflege der Gewächse. Sie lernen auch das Äußere der Pflanzen kennen, erfahren, wann die Blütezeit ist und wie die Blüten aussehen. Um sich auf einen Blick einen optischen Eindruck verschaffen zu können, sind alle 200 beschriebenen Pflanzen farbig abgebildet. Das erleichtert nicht nur die Auswahlkriterien, sondern auch den Einkauf.

Am Ende des Buchs finden Sie abschließend ein Spezialverzeichnis mit den Pflanzennamen in Deutsch–Latein sowie Latein–Deutsch.

Inhalt

Affen- oder Gauklerblume

(Mimulus)

Blütezeit:	Mai–Sept.
Familie:	Braunwurzgewächse
Heimat:	Nord-, Südamerika

Wie der Name schon andeutet, ist die Gauklerblume eine Meisterin der Verwandlungskunst: Die löwenzahnähnlichen Blüten zeigen sich interessant gefleckt in allen Farben. Neben den kleinblütigen Sorten gibt es auch großblütige F1-Hybriden, z. B. die 'M. Grandiflorus' mit Blüten von bis zu 30 cm. An Flüssen und Teichen wächst die Gauklerblume auch wild. Ihre große Farbenpracht und Vielfalt sowie die unterschiedlichsten Formen der Blüten haben in den letzten Jahren dazu geführt, dass sie auch für Balkonkästen und Kübelgefäße begehrt sind.

Affen- oder Gauklerblume

Standort
Hell bis halbschattig, luftig und kühl. Die Gauklerblume gedeiht sowohl in Einheits- als auch in Balkonblumenerde.

Pflege
Die einjährige Pflanze sollte nach der Blüte zurückgeschnitten werden, damit es zu einem zweiten Blütenflor kommt. Die Affenblume will leicht feucht stehen. Sie hat einen hohen Nährstoffbedarf und muss von Mai bis August wöchentlich gedüngt werden.

Vermehrung
Die Pflanze kann durch Samen vermehrt werden. Häufig ist die Blüte dann klein und farbschwach. Die Aussaat erfolgt von Februar bis April in einer Anzuchtschale auf der Fensterbank oder ab April direkt im Frühbeet. Empfehlenswerter ist eine Vermehrung durch Stecklinge, die am besten im Sommer geschnitten und im Haus überwintert werden. Ältere Pflanzen können Sie auch durch Teilung vermehren.

Gärtnertipp
Wenn Sie von F1-Hybriden Samen ziehen und daraus neue Pflanzen entstehen, dann fällt diese Generation wieder zurück in ihre ursprüngliche Form. Die Blüten sind dann entsprechend dazu kleiner.

Zweifarbige Gauklerblume

Agave

(Agave americana)

Blütezeit:	Grünpflanze
Familie:	Agavengewächse
Heimat:	Mexiko, trop. Südamerika

Das immergrüne, dickfleischige Blattgewächs ist eine beliebte Kübelpflanze auf dem Balkon. Die fleischigen Blätter bilden eine Rosette und sind mit Stacheln besetzt. Häufig wird die Agave mit der Aloe Vera verwechselt. Hierbei geht es jedoch um Pflanzen unterschiedlicher Familien. Besonders attraktiv ist die 'Agave potatorum'. Ihre breiten, graugrünen Blätter sind wachsartig

Agave

Vermehrung

Agaven bilden, wenn sie älter werden, kleine Seitenspross-linge. Diese werden im Mai oder September von der Mutterpflanze getrennt und als Ableger neu eingepflanzt.

Gärtnertipp

Für Kinder können die spitzen Stacheln der Agaven-Arten eine Gefahr sein. Daher empfiehlt es sich, die Stacheln an ihren Enden durch aufgesteckte Korken unschäd-lich zu machen.

Ahorn

(Acer japonicum)

Blütezeit:	Grünpflanze
Familie:	Ahorngewächse
Heimat:	Japan, China

Der japanische Ahorn ist ein Klein-od auf der Terrasse. Das kostbare Gehölz bezaubert durch seine schö-ne Herbstfärbung. Die grazilen frisch-grünen 5 bis 7fach gelappten Blätter verfärben sich im Herbst feu-rig-rot. Besonders geeignet für die Kultur in Kübelgefäßen ist die grazi-le Sorte Acer palmatum 'Dissectum'. Dieser Schlitzahorn kann eine Höhe von 2 m erreichen.

Standort

Die Blattpflanze soll halb-schattig stehen. Sie liebt ei-nen leicht sauren Boden. Gut geeignet ist ein Gemisch von Garten- und Einheitserde. Außerdem soll die Pflanze windgeschützt stehen.

Pflege

Der japanische Ahorn ist in der Pflege anspruchsvoller. Sein Ballen darf einerseits nicht austrocknen, anderer-seits soll er auch nicht in stauender Nässe stehen. Die Pflanze muss mit Fingerspit-zengefühl mäßig feucht ge-halten und von Mai bis Au-

---

bereift, und die gezahnten Blatträn-der tragen gefährliche Stacheln.

Standort

Agaven sind anspruchslos, so-fern sie einen warmen, sonni-gen Standort erhalten. Proble-matisch allerdings ist die Überwinterung der ausladen-den Pflanze mit ihren nicht ungefährlichen Stacheln. Das Winterquartier sollte hell und frostfrei mit Temperaturen von 2 bis 5 °C sein.

Pflege

Im Sommer braucht die Aga-ve je nach Witterung mehr oder weniger Wasser. Dün-gen sollten Sie die Pflanze während der Wachstumspha-se alle 14 Tage. In den Win-termonaten gießen Sie die Agave nur noch minimal, da-mit der Erdballen nicht aus-trocknet. Das Umtopfen der ausladenden Pflanze im Früh-jahr mit den zahlreichen Sta-

cheln, die leicht abbrechen, ist nicht einfach und sollte nur bei Bedarf oder vom Gärtner vorgenommen wer-den. Agaven brauchen eine lehmig-sandige Blumenerde.

Ahorn

gust monatlich gedüngt werden.

Vermehrung

Die Vermehrung über Samen ist schwer, sie sollte deshalb dem Fachmann überlassen werden.

Gärtnertipp

Der sensible japanische Ahorn gedeiht selten in Industriegebieten.

Aloe

(Aloe Vera)

Blütezeit:	Grünpflanze
Familie:	Liliengewächse
Heimat:	Südamerika

Die Aloe kommt mit über 300 Arten in Steppen und Gebirgen Südamerikas vor. Die meisten Aloe-Arten haben fleischig-saftige und dornig gezähnte Blätter und einen rosettenartigen Aufbau. Die Pflanze braucht praktisch keine Pflege. Besonders beliebt ist die 'Aloe Vera', da das Gel und ihre Blätter in der Heilkunde schon im 2. und 3. Jh. v. Chr. verwendet wurde, vor allem bei Verletzungen und Verbrennungen.

Aloe

Standort

Von April bis Oktober kann die Pflanze auf Balkon oder Terrasse stehen, und zwar hell, aber nicht vollsonnig, am besten im lichten Schatten. Überwintert wird die Pflanze kühl und hell bei 5 bis 10 °C. Die ausgewachsene Aloe kann bis zu 1 m hoch und breit werden. Sie besitzt dann 15 bis 20 rosettenförmig und spitz zulaufende Blätter.

Pflege

Eigentlich können Sie bei der genügsamen Pflanze kaum etwas falsch machen, es sei denn, Sie gießen zu emsig. Staunässe ist allerdings der sichere Tod aller Aloe-Arten. Die sukkulente Pflanze besitzt nur schwach entwickelte Wurzeln und fault dann von unten her ab. Gegossen wird, je nach Witterung, wöchentlich. Falls Sie die Pflanze über einen längeren Zeitraum nicht gießen können, ist das nicht so schlimm, denn sie kann bis zu einem halben Jahr ohne Wasser auskommen. Die Blätter verlieren dann allerdings erheblich an Volumen. Gedüngt wird während der Wachstumsperiode monatlich. Zum Umtopfen im Frühjahr sollten Sie ein sandiges Erdsubstrat verwenden.

Vermehrung

Ab dem dritten Jahr bildet die Pflanze Kindel. Um die Mutterpflanze nicht zu schwächen, werden diese, sobald sie eine Höhe von 15 cm erreicht haben, abgetrennt und eingetopft.

Gärtnertipp

Um selbst Staunässe zu vermeiden, muss das Gefäß vor der Pflanzung eine 5 cm hohe Dränageschicht aus Tonscherben oder Blähton erhalten. Die Aloe wird auch „Erste-Hilfe-Pflanze" genannt. Sie

wirkt antiseptisch, hilft bei Verbrennungen, Schnittwunden sowie bei Wespenstichen. Narben verheilen gut, sofern sie mit dem Gel der Blätter behandelt werden.

Alpenrose

(Rhododendron)

Blütezeit:	April–Mai
Familie:	Heidekrautgewächse
Heimat:	Tibet, China

Unübertroffen ist die Vielfalt der Alpenrose in ihrer Form. Es gibt baumförmige, aber auch winzige Zwergformen unter ihnen. Alpenrosen besitzen viele feine Würzelchen. Sie sind daher für eine Balkon- oder Kübelbepflanzung besonders geeignet. Immergrüne Arten reagieren auf Ballentrockenheit empfindlicher als Laub abwerfende Azaleen. Die Blüten der Pflanze sind glocken- oder trichterförmig und tragen meist eine leuchtend rote Blütenfarbe. 'Rhododendron x praecox' blüht besonders zeitig mit lilarosa Blüten.

Standort

Wichtig ist ein nicht so kleines Pflanzgefäß. Der Blumenkasten sollte mindestens 20 x 20 cm aufweisen. Die Alpenrose braucht eine spezielle Rhododendronerde,

Alpenrose

Apfelsinenbäumchen

Alpenrose

während der Blütezeit „Bienchen spielen". Zur Befruchtung wird der Blütenstaub von den Staubbeuteln mit den Pinseln auf die Narbe gebracht.

Standort
Ganzjährig sehr hell, luftig und sonnig. Während der Wintermonate müssen Sie dafür sorgen, dass die Pflanze an einem hellen, kühlen, frostfreien Standort (8 bis 10 °C) steht.

Pflege
Während der Sommermonate besteht ein hoher Feuchtigkeits- und Nährstoffbedarf. Daher müssen Sie die Pflanze häufig mit kalkarmem Wasser besprühen. Das Orangenbäumchen muss gleichmäßig feucht gehalten werden, aber ohne Staunässe. Zwischen den einzelnen Gießvorgängen sollte die Erde immer wieder leicht antrocknen, wobei Ballentrockenheit unbedingt zu vermeiden ist. Gedüngt wird das ganze Jahr über, in den Sommermonaten alle 14 Tage, im Winter monatlich. Zum Umtopfen brauchen Sie eine humose Azaleenerde. Den Topf dürfen Sie nicht zu groß wählen, sonst besteht die Gefahr der Vernässung. Beim Umpflanzen sollten Sie darauf achten, dass der Wurzelhals etwas über der Erde steht.

Vermehrung
Es gibt zwei Möglichkeiten, um an die verschiedenen Zitrusfrüchte zu kommen. Zum einen können Sie selbst geerntete Kerne in die Erde stecken. Diese gehen auch problemlos auf und entwickeln sich im Laufe der Jahre zu einem hübschen, grünblättrigen, kleinen Strauch. Wenn Sie allerdings auf Blüten oder Früchte hoffen, werden Sie vergeblich warten, denn aus

der Sie zur Lockerung des Bodens einen Teil Sand hinzufügen sollten.

Pflege
Die Moorbeetpflanze ist reichlich mit weichem Wasser, also Regen- oder enthärtetem Wasser zu gießen. Eine einmalige Düngung vor Beginn der Blütezeit im April reicht aus. Entscheidend für den Erfolg ist, dass der gut durchgewurzelte Ballen nie austrocknen, aber auch nicht triefend nass sein darf. Zum Fruchtansatz darf es nicht kommen, deshalb müssen Sie darauf achten, dass Verblühtes stets entfernt wird. Die Pflanze können Sie im Gefäß überwintern und ab Dezember bis Februar/März mit Tannenreisig schützen.

Vermehrung
Die Vermehrung erfolgt durch Absenker oder Veredelung.

Gärtnertipp
Alpenrosen enthalten Giftstoffe.

Apfelsinenbäumchen

(Citrofortunella microcarpa)

Blütezeit:	bei gutem Standort ganzjährig
Familie:	Rautengewächse
Heimat:	China, Philippinen

Am weitesten verbreitet ist die Citrus 'microcapa', ein Zwergbaum mit glänzend lederartigen Blättern. Seine bis zu 2 cm großen, weißen, stark duftenden Blüten erscheinen bis zu sechsmal im Jahr. Das Besondere dieser Mini-Orangen ist, dass sie gleichzeitig blühen und fruchten. Damit Sie später tatsächlich Früchte ernten können, heißt es

Apfelsinenbäumchen

Standort

Die Aukube bevorzugt auf dem Balkon oder Terrasse einen schattigen bis halbschattigen Standort, geschützt vor starkem Regen. Im Winterquartier braucht die Pflanze viel Frischluft, aber keine Zugluft; der Standort sollte hell und kühl sein. Größere Exemplare können jederzeit in den Garten ausgepflanzt werden. Im Garten wachsende Aukuben überwintern an einem geschützten Ort problemlos.

Pflege

Im Sommer möchte die Pflanze reichlich, im Winter weniger gegossen werden. Junge Pflanzen werden durch Entspitzen der Triebe buschiger. Im Sommer ist die Aukube alle 14 Tage zu düngen.

Vermehrung

Die Vermehrung ist mit Stecklingen im August durchzuführen. Die Bewurzelung sollte bei 20 bis 22 °C erfolgen.

Gärtnertipp

Ein zu warmer Standort verursacht Spinnmilbenbefall.

---

dem selbst ausgesäten Kern entsteht nur ein Wildling. Sie können auf diesen das Reis einer edlen Sorte pfropfen und mit etwas Glück Blüten und Früchte erzielen. Sie können die Vermehrung auch im Frühjahr mit nicht so weichen Kopfstecklingen versuchen.

Gärtnertipp

Der häufigste Pflegefehler ist der, dass die Pflanze im Winter zu warm steht. Ein helles Treppenhaus ist für die Überwinterung der Pflanze am besten geeignet.

Aster

(→ Kissenaster)

Aukube

(Aukuba japonica)

Blütezeit:	März–Oktober
Familie:	Hartriegelgewächse
Heimat:	Japan

Eine fast unverwüstliche Pflanze mit eliptisch geformten, immergrünen ledrigen Blättern. Besonders die goldgefleckten Sorten besitzen einen ganzjährigen hohen Zierwert. Empfehlenswert ist die zwittrige, gefleckte Crotonifolia oder die grünblättrige Rozanie. Geschätzt wird ebenfalls der leuchtend rote Beerenschmuck im Herbst.

Aukube

Weil die meisten Aukuben zweihäusig sind, können Sie mit einer Blüte und den attraktiven Fruchtständen nur dann rechnen, wenn Sie männliche und weibliche Pflanzen nebeneinander stellen bzw. wenn Sie die erwähnten zwittrigen Pflanzen kaufen.

Azalee
(Rhododendron)

Blütezeit:	Mai–Juni
Familie:	Heidekrautgewächse
Heimat:	Ostasien

Unter den immergrünen Blütensträuchern sind die Azaleen sehr beliebt. Es gibt verschiedene Spielarten von großwüchsigen bis hin zu Zwergformen. Besonders gut geeignet für die Bepflanzung von Balkonkästen sind die klein bleibenden und überaus reich blühenden Diamantazaleen. Diese halbimmergrü-

nen Azaleen gibt es in vielen Farben. Empfehlenswert sind japanische Azaleen (Rhododendron abtusum), z. B. Sorten 'Diamant Rosa', 'Palestrina' und 'Kirin'. Letztere können bei mildem Klima und einer Abdeckung mit Fichtenzweigen im Pflanzengefäß überwintern. Azaleen gehören zu den Gartenpflanzen, die Jahr für Jahr schöner und größer werden, wenn sie den richtigen Lebensraum erhalten.

 Standort
Azaleen brauchen Halbschatten. Sie sollten dafür sorgen, dass der Boden gut durchlässig und leicht sauer ist, der ph-Wert sollte bei 4 bis 4,5 liegen. Ideal ist eine Nadelerde mit Torfmull. Eventuell kann die vorhandene Balkonblumenerde durch Torfzusatz verbessert werden.

 Pflege
Azaleen sind regelmäßig feucht zu halten, vor allem in Trockenzeiten. Gedüngt wird nach der Blüte von Juni bis August einmal wöchentlich, und zwar mit einem speziel-

len Azaleen- und Rhododendrondünger. Entfernen Sie verwelkte Blütenstände immer, und setzen Sie keine Fichten in die Nähe von Azaleen. Umgepflanzt wird nur, wenn der Ballen vermoost und bis zum Topfrand verwurzelt ist. Dann heißt es, ringsherum den Wurzelballen mit der Gabel aufrauen und die Pflanze in eine spezielle Azaleenerde in den nächstgrößeren Kübel umzutopfen.

 Vermehrung
Azaleen lassen sich nach der Blüte durch Stecklinge oder Absenker vermehren.

 Gärtnertipp
Wenn Rhododendronpflanzen erkranken, ist die Ursache meist ein unpassender Standort, ungeeignete Bodenverhältnisse oder Verbrennungen durch Sonnenschäden. Es gibt immergrüne und Laub abwerfende Azaleenarten. In extrem frostempfindlichen Lagen sollten Sie auf Azaleen verzichten.

Bärenfellschwingel
(Festuca scoparia)

Blütezeit:	Juni–Juli
Familie:	Gräser
Heimat:	Pyrenäen

Das polsterförmig dichtwachsende Gras wird bis zu 15 cm hoch. Der Bärenfellschwingel wird gern in Verbindung mit Blütenpflanzen und Koniferen gepflanzt. Malerisch schön wirken die zierlichen Grashalme im Sommerlicht mit Tauperlen benetzt oder im Winter mit Raureif.

 Standort
Die Pflanze braucht eine durchlässige Balkonerde mit einer guten Dränageschicht. Sie sollte im Halbschatten,

Azalee

Bärenfellschwingel

Balsam-Tanne

Die lichtbedürftige Pflanze braucht einen tiefgründigen, feuchten, jedoch nicht dränierten Standort. Sie verträgt Kalk-, aber keine Tonböden; außerdem ist sie salzempfindlich.

Pflege

Die Pflanze sollten Sie reichlich mit Regen- oder abgestandenem Wasser gießen. Gedüngt wird dreimal in der Saison: im Mai, Juni und September, und zwar mit einem Flüssigdünger für Grünpflanzen.

Vermehrung

Diese sollte dem Fachmann überlassen bleiben.

Gärtnertipp

Die Balsam-Tanne ist empfindlich gegen Trockenheit und Hitze, sie darf deshalb

---

vorzugsweise in Ost- oder Westlage, gepflanzt werden.

Pflege

Den Bärenfellschwingel sollten Sie mittelmäßig gießen. Ein Düngen ist in der Regel nicht erforderlich.

Vermehrung

Sie erfolgt durch Teilung im Frühjahr.

Gärtnertipp

Die Pflanze passt gut zu einer Herbst- oder Winterbepflanzung, besonders in Verbindung mit Steinen, Wurzeln und Frucht tragenden Gehölzen wie beispielsweise Cotoneaster, Skimmie oder Torfmyrte.

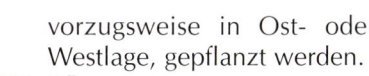

Balsam-Tanne

(Abies balsamea 'Nana')

Blütezeit:	Grünpflanze
Familie:	Nadelgehölze
Heimat:	Zuchtform

Die Zwergform der Balsam-Tanne hat in den ersten Jahren in der Mitte eine Vertiefung. Später wächst sie abgeflacht und kugelig mit ausgebreiteten, dichten Ästen. Sie behält in den nächsten 10 bis 15 Jahren ihren niedrigen Wuchs und wird nicht höher als 30 bis 50 cm. Ihre dunkelgrünen Nadeln, die unten zwei weiße Streifen besitzen, duften

aromatisch. Die etwa 1,5 cm langen Nadeln der aparten Tanne sind dunkelgrün und haben unten zwei weiße Streifen. Bemerkenswert ist auch die dichte, gescheitelte Anordnung der Nadeln, die den kompakten Wuchs der Konifere ergeben.

Bambusgras

nicht vor Südwänden stehen. Geeignet ist sie als Solitärgehölz für Kübel-, Trog- und Steingärten sowie für den Balkonkasten.

Bambusgras

(Pogonatherum paniceum)

Blütezeit:	Grünpflanze
Familie:	Süßgräser
Heimat:	China

Das Bambusgras hat sich mittlerweile auch einen Platz auf dem Balkon und der Terrasse erobert. In großen Kübelgefäßen wird es häufig zur Begrünung von Dachgärten eingesetzt. Verschieden hohe Arten lassen sich gut miteinander verbinden, z. B. können Sie ganz niedrig bleibende Bambusarten wie 'Arundinara pygmaea' oder 'Arundinaria pumila' mit 'Ophiopognon japonicus' mischen. Das Schattenspiel der Halme und Blätter wirkt besonders reizvoll.

Standort
Hell, aber nicht vollsonnig, vor allem braucht das Bambusgras einen windgeschützten Standort. Winterharte Arten können geschützt im Freien verbleiben, nicht winterharte chinesische Arten müssen Sie im Haus frostfrei überwintern.

Pflege
Im Sommer braucht die Pflanze viel Wasser, sie muss bis zu zweimal wöchentlich gegossen werden, aber Vorsicht vor Staunässe. Ausgepflanzter Bambus braucht kaum gedüngt zu werden, denn er düngt sich durch seine fallenden Blätter selbst. Bambus ist wüchsig und sollte im Frühjahr, wenn die Wurzeln den Topfrand erreicht haben, umgetopft werden.

Vermehrung
Die Vermehrung erfolgt durch Teilung oder Wurzelausläufer.

Gärtnertipp
Durch das Abfallen seiner Blätter macht der Bambus im Frühjahr und Herbst viel Schmutz, das gilt besonders für 'Sinarundinaria murielae'.

Bananenbaum

(Musa)

Blütezeit:	Juli–August
Familie:	Bananengewächse
Heimat:	Afrika, Australien

Eine äußerst dekorative Kübelpflanze mit großen, grünen Blättern und einem interessant hängenden Blütenstand. Auf die süßen Früchte der Pflanze können Sie nur bei optimaler Überwinterung im geheizten Wintergarten (etwa 10 °C) rechnen.

Standort
Ein sonniger bis halbschattiger, windgeschützter Standort ist in der Vegetationszeit von Mai bis September gefragt; danach ein helles, geheiztes Winterquartier um 10 °C.

Pflege
Im Sommer braucht die Pflanze reichlich und möglichst weiches, gefiltertes Wasser. Gegossen wird mit Fingerspitzengefühl. Es darf kein Wasser in das Herz der Pflanze gelangen und keines auf die großen Blätter, sonst

Bananenbaum

kommt es zur Fäulnisbildung bzw. zu Brandflecken auf den Blättern. Düngen sollten Sie die Pflanze in der Wachstumsperiode im Abstand von 14 Tagen. In den Wintermonaten können die Düngeabstände bei 4 bis 6 Wochen liegen. Während der lichtarmen Jahreszeit nur mäßig gießen.

Vermehrung

Die Vermehrung aus Samen ist in den Monaten Januar bis Februar einfach, sofern frisches Saatgut zur Verfügung steht.

Gärtnertipp

Die Zierbanane ist eine dominierende Kübelpflanze mit großem Platzanspruch.

Bartblume

(Caryopteris)

Blütezeit:	August–September
Familie:	Verbenengewächse
Heimat:	Mongolei, Nordchina

Die blauen Blüten der Bartblume erscheinen am einjährigen Holz. Die Sorte 'Heavenly Blue' ist von der Blaufärbung her die attraktivste Züchtung. Die Pflanze wächst buschig, mehrtriebig oder straff aufwärts und kann bis zu 1 m Höhe erreichen. Die spitzen, länglichen Blätter sind auf der Blattunterseite graugrün und an der Spitze tiefgrün; sie duften aromatisch.

Standort

Diese schöne Kübelpflanze sollte sonnig und windgeschützt stehen. Die Pflanze liebt ein lehmig-humoses, mit Sand gemischtes Substrat im Verhältnis 2 : 1. Die Bartblume kann hell oder dunkel bei 5 bis 10 °C überwintern. Während dieser Zeit wird die Pflanze nur so viel gegossen, dass ihr Wurzelballen nicht ganz austrocknet.

Bartblume

Pflege

Nach der Überwinterungszeit im April wird die Bartblume bis auf 2/3 ihrer Länge zurückgeschnitten und, soweit erforderlich, auch umgetopft. Von Mai bis September sollte die Pflanze mäßig, aber regelmäßig gegossen werden, wobei stauende Nässe unbedingt zu vermeiden ist. Während dieser Zeit ist die Bartblume alle 4 Wochen zu düngen.

Vermehrung

Durch Stecklinge im Sommer. Sofern Sie bereits einen Strauch besitzen, ist das die einfachste Vermehrungsart. Die Aussaat im Frühjahr ist möglich, gelingt aber nicht immer. Natürlich gibt es wie immer auch Fertigpflanzen zu kaufen.

Gärtnertipp

Das schöne Blau der Bartblume passt zu allen Rosenblüten, ist aber auch zu Nelken und niedrigen Dahlien ein schöner Kontrast.

Bartfaden

(Penstemon-Hybriden)

Blütezeit:	Mai–Oktober
Familie:	Rachenblütler
Heimat:	USA, Mexiko

Bartfäden sind dankbare Gartenblumen. Ihre Glockenblüten erfreuen in allen Regenbogenfarben: von Weiß über Scharlachrot bis hin zum Lila mit hellem Schlund.

Ihre Blätter sind länglich, eiförmig, saftiggrün und glänzend. Für Bal-

Bartfaden

oder die Sorten 'Alba', weiß, oder 'Evelyn', zartrosa, die eine Höhe von 40 cm erreichen, in Betracht.

Standort
Nur an einem sonnigen, warmen Platz zeigt der Bartfaden seine ganze Farbenpracht. Die Pflanze darf nicht zu feucht gehalten werden, sie möchte in einer nährstoffreichen, humosen Erde wachsen.

Pflege
Gießen Sie die Pflanze nur mäßig und düngen Sie sie wöchentlich.

Vermehrung
Die Vermehrung erfolgt durch Aussaat in Saatschalen ab Februar/März, die pikierten Pflanzen werden Mitte Mai ausgepflanzt. Auch die Vermehrung über Stecklinge ist möglich; sie müssen im Spätsommer von reich blühenden Pflanzen geschnitten werden.

Gärtnertipp
Die Jungpflanzen der im Herbst geschnittenen Stecklinge können im Haus hell und kühl überwintern.

kon- und Terrassengefäße kommen nur niedrig bleibende Sorten wie 'Penstemon pinifolius' mit korallroten Blütentrauben, 20 cm hoch,

Bartnelke

(Dianthus barbatus)

Blütezeit:	Juli–August
Familie:	Caryophyllaceae
Heimat:	Pyrenäen

Für manche Blumenliebhaber ist die Nelke als Schnittblume langweilig; nicht so die zweijährige Bartnelke. Sie ist eine beliebte Kulturpflanze mit einer Vielzahl von Sorten, z. B. gibt es sie mit rosaroten oder lachsroten bzw. zweifarbigen Blüten, weißgerändert mit roter Mitte und einem hinreißenden Duft.

Standort
Der Standort sollte sonnig, das Erdsubstrat durchlässig

Bartnelke

und nahrhaft sein; gut geeignet ist eine Einheitserde mit Styromull vermischt. Falls Sie diese Mischung nicht erhalten, können Sie auch Styroporflocken verwenden.

Pflege
Die Pflanze sollte nur leicht feucht gehalten und alle 8 Tage mineralisch gedüngt werden. Eine Winterabdeckung mit Reisig ist vor Frostbeginn erforderlich.

Vermehrung
Bartnelken können Sie nur selten als Fertigpflanze kaufen, sie müssen ab Mai bis Juli im Saatkasten ausgesät werden. Im September können Sie die Jungpflanzen an den endgültigen Standort verpflanzen.

Gärtnertipp
Die Bartnelke bildet im ersten Jahr nur eine Blattrosette, im zweiten Jahr kommt die Pflanze dann zur Blüte.

Basilikum
(Ocimum basilicum)

Blütezeit:	Juni–August
Familie:	Lippenblütler
Heimat:	Südasien

Ein Würzkraut, das in keiner Küche fehlen darf und im Volksmund auch unter Königskraut, Königsbalsam, Josefskräutlein, Basilienkraut, Hirnkraut, Pfefferkraut bekannt ist. Basilikum ist ein Pfefferersatz. Sein intensives Aroma wird gerne in der Diätküche verwendet. Die Blätter können sofort nach dem Entfalten geschnitten werden. Folgende Gerichte sind ohne Basilikum kaum denkbar: Tomatensuppe, Pizza, italienische Nudelgerichte, aber auch zu Fleisch und Geflügel wird Basilikum gerne benutzt.

Standort
Die subtropische Pflanze liebt die Wärme. Sie sollte ei-

Basilikum

nen sonnigen, windgeschützten Platz bekommen. Auf dem Balkon ist die Süd-, Ost- oder Westlage am günstigsten. Der Anbau neben Tomaten oder Paprika verstärkt das Wachstum. Es gibt verschiedene Kulturformen. Sie unterscheiden sich in Blattfarbe, Größe, Aroma, Wachstumsart und Ansprüchen. Grundsätzlich sind grünblättrige Sorten robuster und keimen in der Regel auch besser. Die idealen Bodenbedingungen sind sortenabhängig: einmal trockener, dann wieder feuchter. Ocimum basilicum 'Minimum' ist eine grünblättrige Zwergform mit buschigem Wuchs; diese Art möchte etwas feuchter stehen. Dagegen sollte Ocimum basilicum 'Purpuracens' mit tiefroten glänzenden Blättern trockener gehalten werden.

Pflege
Das beliebte Küchenkraut liebt nährstoffreiche, gut durchlüftete Böden. Wer dem Basilikum einen sonnigen, trockenen, gut dränierten Boden bietet, ihn im Herbst ganz zurückschneidet und mit Tannenreisig vor Frost

schützt, kann in milden Gegenden die Pflanze überwintern. Im Balkonkasten hingegen erfriert sie im Winter und muss im Frühjahr neu ausgesät werden.

Vermehrung
Die Aussaat erfolgt aus Samen Ende Mai, vorzugsweise in einem sandig-lehmigen Bodengemisch. Basilikum kann auch als Jungpflanze gekauft werden: besonders empfehlenswert für rotblättrige Sorten.

Gärtnertipp
Basilikum ist anfällig für Wanzen, daher darf die Pflanze nicht in die Nähe von Minze gepflanzt werden. Basilikum duftet so angenehm, dass es auch zur Herstellung von Parfums verwendet wird. Seine aromatischen Öle sind außerdem Bestandteil von vielen Kräuterlikören.

Begonie
(Begonia-Knollenbegonien-Hybriden)

Blütezeit:	Mai–Oktober
Familie:	Begoniengewächse
Heimat:	Amerika, Asien, Afrika

Alle Begonien sind ihrer Herkunft nach Schattengewächse. Sie stammen aus tropischen Regenwäldern oder subtropischen Gebieten. Viele unter ihnen wachsen in Gebirgswäldern in Höhen bis zu 4000 m, und zwar sowohl als bodendeckende Pflanzen als auch in hängender Form als Aufsitzer auf Bäumen (Epiphyten). Daher gibt es auch unter den Begonien eine Großzahl von Ampelpflanzen. Durch Züchtungen sind in den letzten Jahren erstaunliche Blütenformen und -farben entstanden. Preisgekürt wurde die einfachblühende Knollenbegonie 'PINUP'. Das Farbenspiel der Blüte ist sehr apart, das Weiß wird von ei-

Begonie

In der Vertiefung der Knolle erscheinen die neuen Triebe. Vorgetriebene Knollen können Sie dann im Frühjahr mit einem Messer teilen. Dabei müssen Sie darauf achten, dass jedes Teilstück mindestens ein Auge hat.

Gärtnertipp
Knollenbegonien werden in verschiedene Gruppen eingeteilt, großblütige haben einen Blütendurchmesser von 12 cm. Ab August wird nur noch minimal gegossen.

Blattstrohblume
(Helichrysum petiolare 'Silver')

Blütezeit:	August–September
Familie:	Korbblütler
Heimat:	Südafrika

Eine schöne Pflanze mit silbergrün bis weißlichen, gehaarten, flauschigen Blättern. Die Blattstrohblume wirkt auflockernd und gleichzeitig verbindend. Zwischen anderen Blütenpflanzen wird sie gern als ruhender Kontrast gepflanzt.

Standort
Die Blattstrohblume braucht einen sonnigen bis halbschattigen Platz. Sie kommt mit jedem Erdsubstrat zurecht, sofern für eine gute Dränageschicht im Pflanzgefäß gesorgt wird.

Pflege
In einem nährstoffreichen Substrat breitet sich die Pflanze schnell dicht verzweigt mit hängender Tendenz aus. Sie sollten die Pflanze gut gießen, denn sie hat einen hohen Wasserbedarf. Gedüngt wird im Abstand von 14 Tagen.

Vermehrung
Durch Stecklinge im August.

nem tiefrosa Saum umgrenzt. Durch das dunkle Laub wirken die zahlreichen Blüten besonders hübsch.

Standort
Generell halbschattig bis schattig; pralle Sonne verträgt nur die immer blühende Begonie 'Semperflores'. Meist wird die Pflanze als Randeinfassung für Balkon oder Terrasse verwendet. Ein Winterschutz mit Fichtenzweigen ist erforderlich.

Pflege
Begonien brauchen regelmäßig und reichlich Wasser, allerdings sollten Blüten und Blätter beim Gießen nicht nass werden. Staunässe vertragen Begonien überhaupt nicht, deshalb ist eine gute Dränageschicht aus Tonscherben oder Blähton im Pflanzgefäß wichtig. Die Pflanze sollten Sie bis Ende September alle 14 Tage mäßig düngen. Im Spätherbst werden die Knollen von Begonien aus dem Boden genommen, die Triebe abgeschnitten und die Knollen auf Zeitungspapier zum Trocknen ausgelegt. Anschließend können Sie die Knolle bei 10 bis 12 °C im Torfbett überwintern. Wichtig ist, dass Sie die Knollen öfter kontrollieren. Sobald sie zu schrumpeln anfangen, muss der Torfmüll angefeuchtet werden.

Vermehrung
Erfahrene Hobbygärtner können auch Knollen vermehren.

Blattstrohblume

Gärtnertipp
Gewurzelte Stecklinge können kühl, hell und frostfrei im Haus überwintert werden.

Blauer Kartoffelbaum

(Solanum rantonneti)

Blütezeit:	Juli–Oktober
Familie:	Nachtschattengewächse
Heimat:	Argentinien

Diese rankende Pflanze kann an einem Spalier hochgebunden oder als Hochstamm gezogen werden. Freistehend erreicht sie etwa 2 m in der Höhe und Breite. Am Spalier hochgezogen wirkt der Blaue Kartoffelbaum besonders attraktiv, er entwickelt eine bis zu 5 m hohe blaue Wand. Auffällig sind die violettblauen Blüten mit einer leuchtend gelben Mitte. Jede einzelne Blüte hat einen Durchmesser von etwa 3 cm.

Standort
Die Pflanze bevorzugt den halbschattigen Standort.

Pflege
Im Sommer hat der wüchsige Kartoffelbaum einen hohen Wasser- und Nährstoffbedarf. Die Pflanze muss reichlich gegossen und wöchentlich gedüngt werden. Ungeachtet der Blüte, wird der Kartoffelbaum in den ersten Jahren während der Vegetationsperiode ab Mai bis Oktober mehrfach kräftig zurückgeschnitten. Durch den Schnitt bekommt die Pflanze eine bessere Verzweigung. Vor dem Winterquartier ist der Kartoffelbaum abermals um die Hälfte zurückzuschneiden. Dann sollte er möglichst dunkel und kühl bei 4 bis 8 °C, also fast trocken, überwintern.

Vermehrung
Im Juni/Juli sollten Sie mittelharte Stecklinge schneiden und diese unter einer Folie bei hoher Luftfeuchtigkeit bewurzeln.

Gärtnertipp
Vorsicht! Das Nachtschattengewächs ist in allen Pflanzenteilen giftig.

Blauer Kriechwacholder

(Juniperus horizontalis 'Glauca')

Blütezeit:	April–Mai
Familie:	Zypressengewächse
Heimat:	Kulturform

Der Kriechwacholder besitzt blaugraue, spitze, scharfe Nadeln und wird in 10 bis 15 Jahren allenfalls 30 cm hoch, wächst aber bis zu 1 m in die Breite. Nahezu alle Teile des Wacholders enthalten heilkräftige Stoffe. Darüber hinaus geht ein aromatischer, balsamischer Duft von der Pflanze aus. Eingeatmete Öle haben keimtötende Kraft.

Blauer Kriechwacholder

Blaues Gänseblümchen

entfaltet sich die kaskadenartig wachsende Pflanze in Ampel- oder Kübelgefäßen. Sehr ansprechend wirkt sie auch als Unterbepflanzung von Rosenstämmchen oder Hibiscus im Kübelgefäß.

Standort
Die windverträgliche Pflanze sollte möglichst sonnig stehen. Als Erdsubstrat kommt sowohl Balkonblumen- als auch Einheitserde in Betracht. Die einjährige Pflanze verzweigt sich schnell und wächst stark. Bei der Pflanze sollten Sie einen Abstand von 15 cm einhalten.

Pflege
Die üppig blühende Pflanze möchte stets leicht feucht gehalten werden. Ballentrockenheit ist ebenso schädlich wie Staunässe. Wenn Sie das Blaue Gänseblümchen wöchentlich düngen und Verblühtes regelmäßig entfernen, werden Sie viel Freude an der Pflanze haben.

Vermehrung
Im April durch Kopf- oder Teilstecklinge oder im März durch Samen.

Gärtnertipp
In milden Wintern kann die Pflanze, durch Fichtenreisig geschützt, den Winter überstehen. Im zweiten Jahr verholzt sie leicht und ist widerstandsfähiger gegen Kälte.

Blauer Kartoffelbaum

Standort
Der Kriechwacholder gedeiht an sonnigen wie halbschattigen, sogar schattigen Plätzen in allen Bodenarten; er ist auch kalkverträglich und darüber hinaus noch winterfest.

Pflege
Den Kriechwacholder sollten Sie nur mäßig gießen; das Düngen ist kaum erforderlich.

Vermehrung
Die Vermehrung erfolgt durch Stecklinge im Juni bis August.

Gärtnertipp
Der Wacholder ist salzempfindlich. Deswegen darf er keinesfalls überdüngt werden. Ansonsten ist die robuste Pflanze selbst für innerstädtisches Klima geeignet.

Blaues Gänseblümchen
(Brachycome iberidifolia)

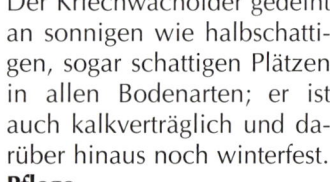

Blütezeit:	Juni–September
Familie:	Korbblütler
Heimat:	Australien

Zu den dankbarsten Pflanzen zählt das Blaue Gänseblümchen. Am häufigsten wird die Pflanze mit violetten Blüten und goldgelben Staubgefäßen angeboten. Es gibt das Blaue Gänseblümchen außer in Blau auch in Weiß und Rosa. Die Blüten der Pflanze duften dezent und wirken in dem zartgefiederten Laub sehr grazil. Besonders anmutig

Blauregen

lich mit einem Volldünger versorgt werden. Das Erdsubstrat sollte nährstoffreich, durchlässig und humos sein. Achtung! Der Blauregen verträgt keinen Kalk. In kalkhaltigen Böden kommt es zur Gelbfärbung der Blätter (Chlorose).

 Vermehrung
Diese sollte dem Fachmann überlassen bleiben.

 Gärtnertipp
Die Pflanze ist in allen Teilen für den Menschen giftig.

Blausternchen
(Scilla)

Blütezeit:	April–Mai
Familie:	Liliengewächse
Heimat:	Afrika, Osteuropa

Das Blausternchen ist eine liebenswerte, unproblematische Staude. An hohen Stängeln wiegen sich die zahllosen, anmutigen, violetten Blüten von 'Scilla hispanica'.
Die Glockenblüten wachsen in Trauben und blühen in jedem Frühjahr wieder. Von den über 80 Arten ist für die Balkonbepflanzung 'Scilla siberica' am geeignetsten.

 Standort
Die Zwiebeln werden gruppenweise im September in Körbe, Schalen oder Balkonkästen gesetzt. Der Pflanzabstand beträgt Zwiebelstärke, die Pflanztiefe etwa 5 cm. Balkonblumen- bzw. Einheitserde haben sich als Substrat bewährt. Die Frühlingsbotin verlangt nach einem hellen und sonnigen Standort. Überwintert werden die Kästen mit einer Abdeckung von Fichtenzweigen als Frostschutz. Sie können auch bereits vorgetriebene, blühende Pflanzen im Frühjahr kaufen.

Blauregen
(Wisteria)

Blütezeit:	April–Mai
Familie:	Hülsenfrüchtler
Heimat:	China

Die 15 bis 30 cm langen blauvioletten Blütentrauben geben dem Blauregen den Namen. Die linkswindende Schlingpflanze kann bis zu 10 m Höhe erreichen und braucht unbedingt eine Rankhilfe, z. B. ein stabiles Lattengerüst oder eine Pergola. Während der Wachstumsperiode bekommt der Blauregen einen Zuwachs von 1 m pro Jahr. Die Pflanze kann bis zu 100 Jahre alt werden. Sie schmückt sich außerdem mit sommergrünen, unpaarig gefiederten Blättern. Ihre exotischen, zart duftenden Blütentrauben entwickeln sich erst nach 5 bis 10 Jahren.

 Standort
Der Blauregen liebt einen warmen und sonnigen Platz, ideal ist eine windgeschützte Süd- oder Westlage.

 Pflege
Während der Sommermonate muss der Blauregen täglich gegossen und einmal monat-

Blausternchen

Bleiwurz

Pflege
Das Blausternchen möchte eher trocken als zu feucht stehen. Vor und während der Blütezeit sollten Sie das Zwiebelgewächs alle zwei Wochen sparsam düngen. Sobald die Pflanze einzieht, wird nicht mehr gegossen. Die Zwiebeln pflanzen Sie in humose, lehmhaltige Gartenerde um, damit sie „verwildern".

Vermehrung
Die Vermehrung erfolgt im Garten durch Brutzwiebeln. Bei der Gefäßkultur ist eine Vermehrung nicht möglich, denn die Bildung von Brutzwiebeln setzt nicht nur viel Platz voraus, sondern auch den lichten Schatten von Laubgehölz, aber vor allem müssen die Zwiebeln ungestört im Boden bleiben.

Gärtnertipp
Der Zwiebelsaft einiger Arten ist giftig. Es kann bei Kontakt damit unter Umständen zu Hautreizungen kommen.

Bleiwurz

(Plumbago)

Blütezeit:	Juni–Oktober
Familie:	Bleiwurzgewächse
Heimat:	Südafrika

Die Bleiwurz trägt rispenartige Blüten, hat einen grazilen buschigen Aufbau und ist ein wahres Blütenwunder. Bekannt ist die Pflanze mit himmelblauen Blüten. Es gibt aber auch eine schneeweiße Sorte mit dem Namen 'Alba'. Im Kübelgefäß kann die Pflanze mehr als 2 m hoch und fast ebenso breit werden. Die Bleiwurz gibt es als Hochstamm, Ampelpflanze und Pyramide.

Standort
Erst Mitte bis Ende Mai sollten Sie die Pflanze an einem sonnigen, möglichst wind-

Blutstorchschnabel

Eine heimische Wildstaude mit intensiv gefärbten, karminroten Schalenblüten. Seine Blätter sind tief eingeschnitten, von dunkelgrüner Farbe; sie färben sich im Herbst rötlich. Besonders gut passt der Blutstorchschnabel zu Gräsern, Buchsbaum, Kiefern und Wacholder.

Standort
Die unproblematische, pflegeleichte Pflanze liebt einen sonnigen bis halbschattigen warmen Standort. Sie gedeiht sowohl in sandig-lehmigen Erdsubstraten als auch in kalkhaltigen Böden.

Pflege
Die Pflanze sollte nur mäßig gegossen und gedüngt werden. Eine monatliche Düngegabe von Mai bis September ist ausreichend. Um den Blutstorchschnabel buschig zu halten, sollten Sie ihn gelegentlich zurückschneiden.

Vermehrung
Die Vermehrung erfolgt von Mai bis August über Teilstecklinge.

Gärtnertipp
Der Blutstorchschnabel Sorte 'Compactum' wächst sehr gedrungen; sie wird vorzugsweise im Alpinum oder in Troggärten angepflanzt.

 wie regengeschützten Platz auf den Balkon oder die Terrasse stellen. Im Oktober wird sie um die Hälfte ihrer Triebe eingekürzt und wandert an einen hellen, frostfreien Standort mit 5 bis 8 °C. Bei kühler Überwinterung kann die Pflanze auch notfalls dunkel stehen; allerdings verliert sie dann ihr Laub. Aus diesem Grunde sollten Sie vor der Überwinterung die Triebe bis auf 10 cm zurückschneiden. Von Oktober bis April die Pflanze fast trocken halten und nicht mehr düngen.

Pflege
Hell überwinterte Pflanzen werden im April oder Mai mutig zurückgeschnitten. Bei diesem Rückschnitt fallen nicht nur Stecklinge an, sondern die Pflanze wird dadurch auch buschiger und blüht intensiver. Von Mai bis August wird die Pflanze reichlich gegossen und wöchentlich gedüngt.

Vermehrung
Von April bis Juli durch Stecklinge, wobei die beste Zeit der Juli ist, weil dann die Stecklinge halbreif sind.

Gärtnertipp
Da die Blüten wegen der klebrig-behaarten Kelche selten von allein abfallen, muss Verblühtes regelmäßig abgezupft werden.

Blutstorchschnabel
(Geranium sanguineum)

Blütezeit:	Mai–September
Familie:	Storchschnabelgewächse
Heimat:	Europa, Asien

Bohnenkraut
(Satureja hortensis)

Blütezeit:	Juli–Oktober
Familie:	Lippenblütler
Heimat:	Mittelmeergebiet

Das Bohnenkraut wird im Volksmund auch Sommer- oder Winterbohnenkraut, Pfeffer-, Wein-, Aal- oder Wurstkraut genannt. Es gibt ein einjähriges Bohnenkraut, das ganz nach Bedarf immer wieder neu gesät werden kann. Neben dem ein-

Bougainvillee

Bohnenkraut

jährigen Bohnenkraut sollten Sie überall da, wo Platz zur Verfügung steht, Bergbohnenkraut (Satureja montana) anbauen. Diese anspruchslose mehrjährige Staude wird allerdings 35 bis 50 cm hoch. Sie kann in jeder Staudengärtnerei gekauft werden. Trotz ihrer Höhe wächst sie im Balkonkasten oder Kübelgefäß problemlos. Beide Arten haben schmale, längliche, dunkelgrüne, leicht behaarte Blättchen mit Öldrüsen. Von Juli bis Oktober blüht das Bohnenkraut mit kleinen weißen bzw. blassrosa oder lilafarbenen Blüten, die gerne von Bienen besucht werden. Bergbohnenkraut ist anspruchsloser und steht auch in den sonnenarmen Monaten zum Schnitt bereit.

 Standort
Je sonniger der Standort ist, desto aromatischer gedeiht das Bohnenkraut. Geeignet ist ein leicht humoses, kalkhaltiges Erdsubstrat.

 Pflege
Düngen Sie nur in der Wachstumszeit von Juni bis September, und zwar äußerst sparsam. Das mehrjährige Bergbohnenkraut muss im Frühjahr stark zurückgeschnitten werden. Die wohlriechenden Zweige des Bohnenkrauts sind grundsätzlich von der Blüte zu ernten und im Schatten zum Trocknen aufzuhängen.

 Vermehrung
Das Bohnenkraut (Satureja hortensis) wird im April bis Mai durch Aussaat auf der Fensterbank herangezogen. Das Bergbohnenkraut (Satureja montana) kann im September durch Teilung der Staude vermehrt werden.

 Gärtnertipp
Die würzigen Blätter des Bohnenkrauts sollten stets gezupft und erst nach Zubereitung der Speise hinzugefügt werden.

Bougainvillee
(Bougainvillea)

Blütezeit: April–Juni	
Familie:	Wunderblumengewächse
Heimat:	Brasilien

Der Zierstrauch mit seinen großen, farbigen Hochblättern ist eine bemerkenswerte Kübelpflanze. Die Sonnenanbeterin braucht wegen ihres buschigen Wuchses reichlich Platz und eine Kletterhilfe.

 Standort
Zum guten Gedeihen der

Bougainvillee

Bougainvillee gehören Luft, Sonne und eine regelmäßige Ernährung. Der Kletterstrauch wächst in Einheitserde. Im Sommer sollte die Pflanze vollsonnig, warm und windgeschützt auf Balkon oder Terrasse stehen. In den Wintermonaten sollten Sie die Bougainvillee in ein helles und kühles Quartier zwischen 8 und 12 °C stellen.

Pflege

In der warmen Jahreszeit wird die Bougainvillee gut feucht gehalten und von April bis August wöchentlich mit einem Volldünger ernährt. Die Sonnenstunden bestimmen Blütenfülle und Blütendauer. In nasskalten und sonnenarmen Jahren kommt es nur zum Blütenansatz – das Blütenerlebnis bleibt aus. Im Winter verträgt die Pflanze einen kräftigen Rückschnitt, danach treibt sie im folgenden Frühjahr umso kräftiger aus.

Vermehrung

Die Bougainvilleen werden durch ausgereifte und noch nicht verholzte Stecklinge vermehrt. Der günstigste Zeitpunkt dafür ist der Januar oder Februar. Allerdings muss die Vermehrung unter Glas bzw. im Anzuchtkasten bei

einer Bodenwärme von 30 bis 35 °C stattfinden, sonst gelingt Ihnen dieses Vorhaben nicht.

Gärtnertipp

Die Bougainvillee zählt zu den sehr kälteempfindlichen Pflanzen. Sofern Sie sie ins Freie stellen, dürfen Sie nicht versäumen, sie schon im zeitigen Herbst wieder ins Haus zu holen.

Brombeere

(Rubus fruticosus)

Blütezeit:	Mai–September
Familie:	Rosengewächse
Heimat:	Mitteleuropa

Wenn Sie einen großen Südbalkon oder eine entsprechende Terrasse besitzen, vielleicht sogar einen Sichtschutz suchen, dann ist die dornenlose Brombeere vermutlich das Richtige. Die Pflanze ist selbstfruchtend. Sie trägt, wenn sie im Frühjahr gepflanzt wird, oft schon im ersten Jahr einige Früchte. Sie kann mit entsprechendem Schutz im Kübelgefäß draußen überwintern. Im Versandhandel werden neuerdings auch schwachwüchsige Ampelbrombeeren angeboten.

Standort

Am besten gedeihen Brombeeren auf einem Südbalkon; sie wachsen zur Not auch auf einem hellen Ost- oder Westbalkon. Brombeeren brauchen eine nährstoffreiche, mit Kompost gemischte Erde; auch Einheitserde ist geeignet.

Pflege

Brombeeren benötigen einen großen Kübel mit entsprechender Dränageschicht. Sie müssen wöchentlich von Mai bis August gedüngt und reichlich gegossen werden. Rankende Sorten brauchen eine

Brombeere

Stütze. Reichliche Ernte setzt einen richtigen Schnitt voraus. Dabei müssen Sie berücksichtigen, dass Brombeeren ihre Früchte stets an den Trieben des Vorjahres bilden. Nach der Ernte werden deshalb alle Triebe, die Früchte getragen haben, dicht über dem Boden weggeschnitten.

Vermehrung

Die Triebenden der Brombeere bewurzeln problemlos direkt in substratgefüllten Töpfen.

Gärtnertipp

Wenn Brombeeren zurückfrieren, treiben sie meist wieder aus, nur ist die folgende Ernte nicht sehr üppig.

Buchsbaum

(Buxus sempervirens 'Suffruticosa')

Blütezeit:	Grünpflanze
Familie:	Buchsbaumgewächse
Heimat:	Nordafrika, Südwesteuropa

Der immergrüne Kleinstrauch wächst dicht buschig mit eiförmig glänzenden, dunkelgrünen Blättern. Neben der Eibe ist der Buchsbaum der Klassiker für den Formschnitt. Die formale Gestaltung wurde schon von den Römern praktiziert.

Brombeeren mit Blüte

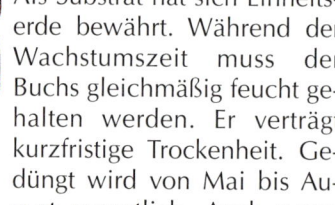
Buchsbaum

Im 16. Jahrhundert erlebte sie ihren Höhepunkt. Bekannt sind Spiralformen, Kugeln, Kegel, Pilze, Pyramiden sowie Buchsbaum-Skulpturen als Vogel, Schwan oder Hase.

Standort
Sonnig bis halbschattig. Die Pflanze kann auch im Freien mit geringem Winterschutz, beispielsweise durch Einstecken von Fichtenzweigen, überwintern.

Pflege
Als Substrat hat sich Einheitserde bewährt. Während der Wachstumszeit muss der Buchs gleichmäßig feucht gehalten werden. Er verträgt kurzfristige Trockenheit. Gedüngt wird von Mai bis August monatlich. Auch wenn Sie auf den Formschnitt keinen Wert legen, wirkt sich der Rückschnitt Ende Juni positiv auf ein dichtes, kompaktes Wachstum aus.

Vermehrung
Die Vermehrung erfolgt am einfachsten durch Teilung. Ab März kann die Pflanze auch aus Stecklingen vermehrt werden, allerdings ist dieser Prozess langwierig.

Gärtnertipp
Vorsicht! In allen Pflanzenteilen, besonders aber in den Blättern, enthält der Buchs hochgiftige Alkaloide.

Buntnessel
(Coleus-Blumei-Hybriden)

Blütezeit:	Grünpflanze
Familie:	Lippenblütler
Heimat:	trop. Asien, Afrika

Die farbenprächtige, interessant gezeichnete Buntnessel ist eine beliebte Strukturpflanze, die vorzugsweise zur Untermalung von Geranien, Margeriten, Hängenelken und Blauen Gänseblümchen Verwendung findet.

Standort
Nur bei voller Sonne bleibt die schöne Färbung der Blätter und der kompakte Wuchs dieser einjährigen Pflanze erhalten. Die Buntnessel gedeiht in jeder Balkonblumenerde.

Pflege
Die Pflanze braucht viel, möglichst Regenwasser. Von Mai bis August ist die Pflanze wöchentlich zu düngen. Damit die Blätter ihre Farbenpracht nicht verlieren, sollten Sie die unscheinbaren Nesselblüten entfernen.

Vermehrung
Durch Stecklinge, die in der

Erde wie im Wasser schnell wurzeln.

Gärtnertipp

Die Vermehrung der Stecklinge im Wasser mit einem Stück Holzkohle ist kinderleicht.

Buschwindröschen

(Anemone nemorosa)

Blütezeit:	März–Mai
Familie:	Hahnenfußgewächse
Heimat:	Europa

Das Buschwindröschen, auch Waldanemone genannt, zählt zu den ersten Frühlingsboten. Die Pflanze bildet ab März strahlend weiße Sternblüten mit leuchtend gelben Staubfäden, apart dazu sind die geteilten dunkelgrünen Blätter. Das Buschwindröschen ist allgemein bekannt,

es bedeckt im Frühjahr weite Flächen unserer heimischen Laubwälder. 'Anemone nemorosa' wächst bodendeckend. Die einzelne Pflanze erreicht eine Höhe von 15 cm. Neuerdings werden auch schöne Zuchtformen angeboten, wie die Sorte 'Robinsoniana' mit blassvioletten Blüten oder 'Alpa plena' mit weißen, gefüllten Blüten.

Standort

Das Knollen bildende Gewächs wird im Herbst etwa 5 cm tief in humusreichen Boden, an einem leicht schattigen Standort eingepflanzt. Es passt zu einer naturbetonten Bepflanzung. Wenn die Pflanze auch nach der Blütezeit ungestört stehen bleibt, vermehrt sie sich schnell.

Pflege

Das Buschwindröschen ist eine genügsame Wildpflanze. Selbst wenn es über längere Zeit nicht gegossen wird,

blüht die Pflanze unermüdlich weiter. Weitere Pflegemaßnahmen wie das Düngen entfallen.

Vermehrung

Die Vermehrung erfolgt durch Teilung der rhizomähnlichen Wurzeln.

Gärtnertipp

Vorsicht ist beim Um- oder Verpflanzen geboten, denn der rhizomähnliche Wurzelstock enthält das früher häufig verwendete Pfeilgift. Eine Kulturform ist die Sorte 'Robinsoniana'. Die Pflanze hat lavendelblaue Blüten, die etwas großblumigere Schwester 'Royal Blue' ist dagegen, wie der Name schon sagt, leuchtend blau.

China-Wacholder

(Juniperus chinesis)

Blütezeit:	Grünpflanze
Familie:	Nadelgehölze
Heimat:	Japan, China

Der Wacholder wird je nach Standort 15 bis 20 cm hoch und erreicht dabei eine Breite von 10 bis 90 cm. Die Solitärpflanze zeigt ein grau- bis blaugrünes Nadelkleid.

Buntnessel mit Tagetes

China-Wacholder

Standort

Die Pflanze wird einzeln oder in Gruppen mit einem Pflanzabstand von mindestens 50 cm und einer Pflanztiefe von 30 cm eingepflanzt. Sie braucht einen sonnigen bis halbschattigen Standort. Wacholder gedeiht in nahezu allen Böden, bevorzugt jedoch ein leicht sandiges Substrat.

Pflege

Die Pflanze sollte regelmäßig, aber nicht übermäßig gegossen werden. Mit dem Düngen sollten Sie zurückhaltend sein. Es genügt, wenn Sie der Pflanze im Spätfrühjahr eine einmalige Nährstoffzufuhr geben.

Vermehrung

Diese erfolgt im Frühherbst durch Stecklinge.

Gärtnertipp

Bei intensiver Wintersonne verbrennen die Nadeln. Schutz dagegen bietet eine Reisigabdeckung.

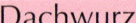

Dachwurz

(Sempervivum)

Blütezeit:	Juni–August
Familie:	Dickblattgewächse
Heimat:	Europa bis Westasien

Der Dachwurz ist äußerst genügsam. Er wächst sehr langsam in kugelförmigen Rosetten. Nach der Blüte stirbt die Einzelrosette ab. Besonders beliebt ist die Pflanze für Troggärten, auf Balkon oder Terrasse. Empfehlenswerte Sorten sind 'Sedum tectorum' mit rosa Blüten und grünen Blättern mit rötlichen Spitzen sowie die 'Sempervivum'-Hybriden in Rosa, Karmin- bis Rubinrot.

Standort

Die Pflanze liebt einen trockenen, sonnigen, möglichst

Buschwindröschen

warmen Standort. Sie braucht ein nährstoffarmes, sandig-kieshaltiges Substrat (z. B. Kakteenerde).

Pflege

Der Haus- oder Dachwurz stellt keine Pflegeansprüche, die Pflanze braucht weder gegossen noch gedüngt zu werden.

Vermehrung

Die Vermehrung erfolgt ganz einfach durch das Abtrennen der Tochterrosetten.

Gärtnertipp

Es dürfen keine starkwüchsigen Pflanzen wie Fetthenne

Dachwurz

Dahlien und Begonien

Blütezeit zu verlängern. Nach dem Frost schneiden Sie die Pflanzen zurück und die Knollen aus. Zur Überwinterung kommen die angetrockneten Knollen in eine Kiste mit Sand-Torf-Gemisch und in den trockenen Keller.

Vermehrung

Die Vermehrung erfolgt durch Aussaat im März oder im Frühling durch Teilen der Knollen mit einem scharfen Messer.

Gärtnertipp

Während der Wintermonate müssen Sie die Knollen kontrollieren und faulende unbedingt aussortieren.

Dattelpalme

(Phönix dactylifera)

Blütezeit:	Grünpflanze
Familie:	Palmengewächse
Heimat:	Nordafrika

Dahlie

(Dahlia-Hybriden)

Blütezeit:	Juni–Oktober
Familie:	Korbblütler
Heimat:	Mexiko

Dahlien gibt es nahezu in allen Blütenfarben, außer in Blau. Die Blütenformen können einfach, halb gefüllt oder gefüllt sein. Neuerdings geht die Bemühung dahin, möglichst niedrige Sorten für Balkonkästen zu züchten. Diese Zwergformen werden in der Regel einjährig kultiviert. Sie sind preiswert und können auch aus Samen selbst herangezogen werden. Empfehlenswerte Sorten sind 'Mignon'-Prachtmischungen, die 30 bis 40 cm hoch werden und einfach blühen; 'Sunny', eine F1-Hybride in schönen Farben wie Dunkelrosa, Goldgelb und Sattrot; auch die 'Figaro'-Mischungen, 30 cm hoch, gefüllt oder halb gefüllt, haben sich für die Bepflanzung in Balkonkästen bewährt.

Standort

Sonnig, aber auch im lichten Schatten können die Dahlien stehen. Sie sollten jedoch windgeschützt und keinesfalls zu feucht in Balkonerde oder in einer lehmig-humosen Gartenerde gehalten werden.

Pflege

Dahlien brauchen viel Wasser und sollten wöchentlich kalibetont gedüngt werden. Verwelkte Blüten müssen Sie regelmäßig entfernen, um die

oder Nelken neben dem Dachwurz gepflanzt werden.

Die echte Dattelpalme hat eine lichtere Blattkrone mit höchstens 20 Blättern. Ihre Fiedern sind breiter als bei 'Phönix canariensis', härter und

Dattelpalme

stechend. Sie können die echte Dattelpalme von der P. canariensis durch die graugrüne Blattfärbung und den wesentlich schlankeren Stamm unterscheiden.

Standort

Die Dattelpalme beansprucht reichlich Platz und liebt einen luftigen, halbschattigen bis sonnigen Platz an einem hellen, frostfreien Standort (8 bis 15 °C).

Pflege

Alle Dattelpalmen brauchen währen der Sommermonate reichlich Wasser und eine wöchentliche Düngung. Vorzugsweise wird mit abgestandenem Regenwasser gegossen. Jeder Rückschnitt der Wedel bedeutet eine Verstümmelung der Pflanze.

Vermehrung

Dattelpalmen lassen sich gut aus frischen Dattelkernen ziehen. Diese müssen allerdings sobald wie möglich in lauwarmem Wasser über 24 Stunden eingeweicht und anschließend in ein Sand-Torf-Gemisch gesteckt werden. Während der Keimzeit ist eine Temperatur von 25 °C erforderlich.

Gärtnertipp

Bei Palmen, die nicht wachsen wollen, sollten Sie die Erde austauschen. Und wenn

Duftsteinrich

Ihre Palme Ihnen zu groß wird, ist ein Wurzelrückschnitt möglich.

(Anethum graveolens)

Blütezeit:	Juli–August
Familie:	Doldenblütler
Heimat:	Mittelmeer, Vorderasien, Indien

Der Dill wird im Volksmund auch Gurkenkraut, Kümmerlingskraut oder Dillfenchel genannt. Das im Mittelmeerraum beheimatete und bereits im alten Ägypten als Heil- und Würzpflanze kultivierte Gewächs ist einjährig. Charakteristische Merkmale sind der lange, bläuliche, bis zu 1,20 m lange, fein gerillte Stängel mit fein gefiederten Blättchen. Die großen Dolden tragen kleine, gelblich grüne, stark duftende Blüten.

Dill

Standort

Dill muss einen lockeren, humosen Boden bekommen, der stets feucht sein sollte. Ab April kann Dill im Freien im Abstand von jeweils 4 bis 6 Wochen immer wieder ausgesät werden. Die Samen werden in Reihen mit 25 cm Abstand nur leicht in die Erde gedrückt. Dieser Abstand ist nötig, wenn die Pflanzen reifen und Samen bilden sollen. Wollen Sie nur die Blätter verwenden, dann genügt ein Abstand von 10 cm.

Pflege

Geerntet werden seine Triebspitzen, Blütendolden und Körner in den Morgenstunden.

Vermehrung

Die Vermehrung erfolgt durch Aussaat ab April.

Gärtnertipp

Dillblüten-Sträuße binden unangenehme Gerüche. Ein Dillblüten-Strauß ist ein natürlicher Luftreiniger für Toilette, Küche und Raucherzimmer. Dill hilft gegen Blähungen, macht Speisen leicht verdaulich, wirkt appetitanregend und verdauungsfördernd.

Duftgeranie

(Pelargonium)

Blütezeit:	Juni–September
Familie:	Storchschnabel-gewächse
Heimat:	Südafrika

Zwar sind die Blüten der Duftgeranie unscheinbar, dafür ist ihr Duft erfrischend und angenehm: mal duften die Blätter nach Rosen, mal nach Zitronen, dann wieder nach Pfefferminz. Duftgeranien gibt es in stehender und hängender Form. Die meisten dieser Pflanzen sind Wildarten, so wie man sie in Südafrika findet.

Duftgeranie

 Standort
 Wichtig für die Pflanze ist ein luftiger, heller und warmer Standort. Im Winter möchte die Duftgeranie – so wie in ihrer Heimat – hell und kühl stehen, vorzugsweise bei 10 bis 15 °C.

Pflege
Die Duftgeranie sollte nur spärlich gegossen und von Mai bis August jede zweite Woche

Duftwicke

gedüngt werden. Während der Überwinterungszeit (Oktober bis März) ist ein Gießen kaum erforderlich.

 Vermehrung
Da die Pflanze mit der Zeit verkahlt, sollte sie im Sommer durch Kopfstecklinge von 10 cm Länge vermehrt werden.

 Gärtnertipp
Bei zu feuchter Erde faulen die Wurzeln.

Duftsteinrich

(Lobularia maritima)

Blütezeit:	Juni–Oktober
Familie:	Kreuzblütler
Heimat:	Azoren, Kanarische Inseln

Diese prächtige Gruppenpflanze bildet ein Blütenmeer in Weiß, Rosa oder Purpurviolett mit angenehmem, honigartigem Duft. Die anspruchsvolle Pflanze trotzt sogar den ersten Frösten und entwickelt sich bei Sonne wie Halbschatten gleichermaßen.

 Standort
An sonnigen Plätzen, in kalkhaltigen, nicht zu nahrhaften Erdsubstraten gedeiht die Pflanze gut. Eine lehmig-sandige Gartenerde oder Einheitserde ist geeignet.

 Pflege
Auf einem gut gedüngten Boden blüht der Duftsteinrich nur spärlich. Wenn Sie die Pflanze nach der Blüte zurückschneiden, können Sie mit einem zweiten Blütenflor rechnen. Nach dem Rückschnitt wird ausnahmsweise einmal gedüngt. Gegossen wird die Pflanze nur, wenn die Erdoberfläche angetrocknet ist.

 Vermehrung
Die Vermehrung erfolgt Mitte

April durch Aussaat an Ort und Stelle.

Gärtnertipp

So schön und blütenreich der Duftsteinrich als Unterbepflanzung in Balkonkästen und Kübelgefäßen auch ist, er hat einen gefährlichen Feind; die Erdflöhe. Um den Schädling abzuwehren, müssen Sie die Pflanze mit Algenkalk oder Gesteinsmehl bestäuben.

Duftwicke

(Lathyrus Odoratus)

Blütezeit:	Juni–September
Familie:	Hülsenfrüchte
Heimat:	Süditalien

Die liebenswerte, einjährige Kletterpflanze bildet an 1 bis 2 m hohen, kantigen Stängeln elliptische Blätter und lockere, wohlriechende Blüten. Die Einzelblüte in Weiß, Rosa, Rosarot, Violett und Blau kann bis zu 5 cm erreichen. Für Balkon- und Kübelgefäße empfehlen sich buschige Sorten, die keine Kletterhilfe benötigen, wie 'Supersnopp' oder 'Little Sweetheart'-Prachtmischung (Höhe 20 bis 25 cm).

Standort

Er sollte sonnig und windgeschützt sein. Die Pflanze ist in lockere, nahrhafte Garten- oder Einheitserde auszusäen.

Pflege

Wicken mögen es gut feucht, sie haben einen hohen Nährstoffbedarf und müssen wöchentlich gedüngt werden. Nur wenn Sie Verblühtes regelmäßig entfernen, bilden sich stets neue Knospen. Gepflanzt werden die vorgezogenen Jungpflanzen im Abstand von 10 cm. Bei höher wachsenden Wicken sollten Sie Drähte oder Schnüre zum Hochranken spannen.

Efeu

Vermehrung

Sie erfolgt durch die Aussaat im März oder ab April direkt in den Balkonkasten.

Gärtnertipp

Der Duftwickesamen ist giftig.

Efeu

(Hedera helix)

Blütezeit:	Grünpflanze, nur ältere Pflanzen blühen
Familie:	Araliengewächse
Heimat:	Europa, Asien

Bescheidene, selbstklimmende Kletter- und Rankpflanze mit Haftwurzeln in zahlreichen Blattformen und -zeichnungen, mit sehr unterschiedlichen Arten und Sorten. Efeu ist eine ideale Strukturpflanze, geeignet zur Ergänzung der Saison- und Dauerbepflanzung in Balkonkästen und Kübelgefäßen. Die Pflanze lässt sich durch entsprechende Rankhilfen und Schnittmaßnahmen an Spalieren bogenförmig, kugelartig, als Säule oder Hochstamm ziehen. Efeu ist auch als Ampelpflanze beliebt. Die großblättrige 'Gloire de Marengo' ist eine der bekanntesten Efeusorten.

Standort

Er sollte schattig bis halbschattig sein; alle buntlaubigen Sorten möchten heller stehen, aber geschützt vor direkter Sonne. Die Pflanze liebt eine sandig-humose Einheitserde.

Pflege

Efeu möchte im Sommer relativ feucht gehalten werden, der Wurzelballen darf dabei nicht vernässen. Von Frühjahr bis Herbst sollten Sie zwei-

mal im Monat düngen. Jungpflanzen können Sie am Stab,
an Spalieren oder Wänden
hochziehen.

Vermehrung
Stecklinge bewurzeln sowohl
in der Erde als auch im Wasser. Sie können auch durch
Absenker Jungpflanzen ge-
winnen, es ist dabei darauf zu
achten, dass mehrere Blatt-
knoten in der Erde liegen.
Nach 6 bis 8 Wochen sind
die Stecklinge bewurzelt.

Gärtnertipp
Die blauen Beeren älterer
Pflanzen sind sehr giftig.

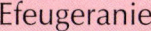
Efeugeranie
(Peltatum-Hybriden)

Blütezeit:	Mai–Oktober
Familie:	Storchschnabel-
gewächse
Heimat:	Südafrika

Efeugeranien sind begehrte Ampelgewächse. Es gibt die Pflanzen in
halbhängender und hängender
Form, mit efeuähnlichen, teils fleischigen Blättern. Bemerkenswert ist
vor allem das Form- und Farbspiel
der Blüten: Sie können gefüllt, halb
gefüllt oder einfach sein, leuchtend
rot, rosa, weiß, purpur und zweifarbig. Besonders beliebt ist die Gruppe der reich blühenden Cascade-
Sorten, die selbstreinigend sind. Die
älteste und bewährteste unter den
Cascade-Sorten heißt 'Ville de Paris'
mit ungefüllter Blüte.

Standort
Wünschenswert ist ein luftiger, sonniger bis halbschattiger Standort. Im Winter sollte
die Pflanze wie in ihrer Heimat hell und kühl stehen,
vorzugsweise bei 10 bis 15
°C.

Pflege
Die Efeugeranie gehört be-

Efeugeranie 'Ville de Paris'

'Pelargonie'

kanntlich zu den Pelargo-
nien, daher verträgt sie auch
keine Staunässe. In den Sommermonaten wird die Pflanze
regelmäßig gegossen und
wöchentlich gedüngt. Wäh-
rend der Überwinterungszeit
wird das Gießen auf ein Minimum reduziert. Verblühtes
ist bei allen nicht selbstreini-
genden Sorten regelmäßig zu
entfernen.

Vermehrung
Da die Pflanze mit der Zeit
verkahlt, sollten Sie im August
Kopfstecklinge von 10 cm
Länge schneiden. F1-Hybri-
den müssen im Januar durch
Samen bei 20 °C Bodenwär-
me angezogen werden.

Gärtnertipp
Bei zu feuchter Erde faulen
die Wurzeln.

'Blue-Blizzard'

'Rote Mini-Cascade'

Eisblume
(Begonia-Semperflorens-Hybriden)

Blütezeit:	Mai–Oktober
Familie:	Schiefblattgewächse
Heimat:	Brasilien

Eine besonders anspruchsvolle,
pflegeleichte und unermüdlich blühende Begonienart ist die Beetbego-
nie, in vielen Gegenden auch Eisblume genannt. Die Farbpalette
reicht von Weiß über die unterschiedlichsten Rosatöne und Lachs
bis hin zum tiefen Rot. Besonders
ausgefallen sind zweifarbige Eisblumen. Es gibt sowohl grün- als auch
braunlaubige Sorten.

Eisblume

Standort
Sonnig bis hell. Blattbegonien sollten an den Kastenrand gepflanzt werden. Eine harmonische Ergänzung dazu sind höhere Gewächse wie aufrecht wachsende Verbenen und Zwergmargeriten.

Pflege
Die Eisblume entwickelt sich besonders üppig in einer guten Balkonblumenerde. Zur optimalen Luft-Wasser-Führung sollten Sie dem Substrat 20 Prozent Styromull beimischen. Die gekauften oder selbst gezogenen Pflanzen werden im Abstand von 15 cm in den Balkonkasten gesetzt. Eisblumen brauchen viel Wasser, sie dürfen aber nicht in Staunässe stehen. Gedüngt wird von Juni bis September alle 14 Tage. Um den Blütenflor zu unterstützen, sollten Sie Verblühtes stets entfernen. Eine Überwinterung entfällt.

Vermehrung
Eisbegonien können Sie ab Dezember aus Samen vermehren. Entscheidend für den Erfolg ist eine gleich bleibende Bodentemperatur von 20 bis 22 °C. Vorteilhaft für eine solche Vermehrung auf der Fensterbank ist eine Keimbox. Wichtig ist noch, dass der Samen nur auf die Aussaaterde gestreut wird (Lichtkeimer).

Gärtnertipp
'Begonia-Semperflorens'-Hybriden enthalten Giftstoffe.

Eisenkraut

(Verbena-Hybriden)

Blütezeit:	Juni–Oktober
Familie:	Verbenengewächse
Heimat:	Südamerika

Das Farbspiel der sehr beliebten, angenehm duftenden Balkonpflanze reicht von Weiß über Lachs bis hin zu Violett und Blau. Die Gattung Verbena umfasst etwa 200 Arten. Die Wuchshöhe liegt zwischen 15 bis 30 cm. Es gibt sowohl aufrecht wachsende als auch hängende Verbenen, die unter dem Namen 'Italienische Verbenen' oder 'Kleopatra Verbenen' im Handel erhältlich sind. Hängeverbenen sind besonders regenunempfindlich und haben bis zu 5 cm große Blütendolden.

Standort
Möglichst sonnig. Verbenen sollten in eine gute Balkonblumen- oder Einheitserde im Abstand von 20 cm gepflanzt werden.

Pflege
Das einjährige Eisenkraut braucht viel Wasser. Gießen Sie also gut und düngen Sie im Abstand von 14 Tagen mit einem Flüssigdünger für Blütenpflanzen. Zur Pflege ge-

Eisenkraut

Eisenkraut

hört auch das regelmäßige Entfernen von Verblühtem.

Gärtnertipp
Hängeverbenen zieht man aus den Hybriden der 'Verbena tenera'. Sie sind regenfest und vertragen sogar Staunässe, ganz im Gegensatz zu den aufrecht wachsenden Verbenen.

Elfenbeinginster
(Cytisus x praecox)

Blütezeit:	Mai–Juni
Familie:	Hülsenfrüchtler
Heimat:	Südeuropa

Ginster ist mit seinen gelb leuchtenden Blüten ein wahrer Frühlingsbote. In 30 bis 40 cm gemauerten Blumenkästen oder in großen Kübelgefäßen gedeiht er besonders üppig. Die Pflanzen werden als krautiger Strauch oder Hochstamm angeboten. Beim Kauf ist auf einen gut durchwurzelten Ballen zu achten, denn Ginsterpflanzen mit lockeren Ballen wachsen schlecht an.

Standort
Der Ginster ist ein Sonnenanbeter. In einer lehmig-sandigen Gartenerde fühlt er sich besonders wohl. Achten Sie auf eine gute Dränageschicht im Pflanzgefäß, denn Staunässe verträgt die Pflanze nicht. Ginster wird häufig als dominierende Leitpflanze eingesetzt. Er gehört gerade mit seiner goldgelben Farbe zu den beliebten Frühjahrsblühern.

Pflege
Ginster darf nur sparsam gegossen und gedüngt werden. Nach der Blüte ist die Pflanze um 1/3 zurückzuschneiden. Die Pflanze kann im Freien überwintern, sofern sie vor Frost durch eine Abdeckung mit Fichtenzweigen geschützt ist.

Vermehrung
Die Vermehrung erfolgt nach der Blüte durch Stecklinge.

Gärtnertipp
Ginster zählt zu den Giftpflanzen.

Elfenspiegel
(Nemesia-Hybriden)

Blütezeit:	Juni–September
Familie:	Braunwurzgewächse
Heimat:	Südafrika

Die reich blühende, hübsche Sommerblume ist einjährig und trägt Blüten in hängenden Doldentrauben. Die Farbpalette reicht von Weiß über Gelb, Orange, Scharlach- und Karminrot bis hin zu Blau. Die einzelnen Blüten können bis zu 3 cm Durchmesser erreichen.

Standort
Warm, vollsonnig, möglichst windgeschützt. Die Erde sollte nahrhaft, locker, aber nicht zu feucht sein.

Vermehrung
Die Vermehrung erfolgt durch Aussaat im Februar bei einer Bodentemperatur von 20 bis 22 °C. Nach dem Keimen sollte die Bodentemperatur niedriger sein. Die Sämlinge werden im Drei-Blatt-Stadium in Töpfe pikiert und, sobald sie 6 bis 8 cm hoch sind, entspitzt, damit sie buschig heranwachsen.

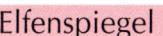

Elfenbeinginster

Engelstrompete

Elfenspiegel

Witterung nur mäßig bis gering. Auch der Nährstoffbedarf ist gering: Von Mai bis August wird dreimal im Monat gedüngt. Wichtig ist, dass die Pflanze nach der Blüte zurückgeschnitten und dabei auch gedüngt wird, damit sie ein zweites Mal zur Blüte kommt.

Vermehrung
Die Vermehrung erfolgt durch Aussaat zwischen März und April. Nach dem Pikieren werden mehrere Pflanzen in kleine Anzuchttöpfe gesetzt. Der Elfenspiegel kann ab Mai auch direkt in den Balkonkasten gesät werden.

Gärtnertipp
Diese Pflanze passt gut zum Duftsteinrich sowie zu Steinkraut oder Sternmoos.

Pflege
Die Pflanze darf nie nass stehen, gießen Sie also je nach

Engelstrompete
(Datura oder Brugmansia)

Blütezeit:	Juli–September
Familie:	Nachtschattengewächse
Heimat:	Südamerika

Die Engelstrompete ist eine sehr dekorative Kübelpflanze mit großen, duftenden, in der Regel elfenbeinfarbenen oder weißen Trompetenblüten. Darüber hinaus gibt es vereinzelt gelbe, rosablütige und blaue Sorten. Jüngste Untersuchungen in den USA haben ergeben, dass die Engelstrompete wieder, wie bereits 1805, der Gattung Brugmansia zuzuordnen ist. Fast jährlich kommen neue Sorten auf den Markt, zum Teil auch mit gefüllten Blüten. Die Pflanze wird als Busch und Hochstamm gezogen. Die Pflanze braucht einen kräftigen Stützstab, damit die Krone bei Wind nicht abbricht. Kunststoffgefäße eignen sich für die Datura aufgrund ihrer Leichtigkeit nicht so gut, besser sind Holzbottiche oder Terrakottagefäße.

Standort
Die Engelstrompete sollte einen windgeschützten, sonnigen bis halbschattigen Standort bekommen. Die anspruchsvolle Pflanze wächst gut in nahrhafter Gartenerde mit Torfzusatz. Auch gedüngte Einheitserde kommt in Betracht.

Pflege
An heißen Tagen muss die Pflanze zweimal kräftig gegossen werden. Aber nicht nur der Wasser-, sondern auch der Nährstoffbedarf ist hoch. Eine üppige Blütenfülle ist nur mit einer wöchentlichen flüssigen Volldüngung (Gebrauchsanweisung beachten) zu erreichen. Bevor Sie die Pflanze ins Winterquartier stellen, muss sie stark

Engelstrompete

zurückgeschnitten werden. Überwintert wird die Kübelpflanze dunkel und kühl, aber nie über 15 °C. Während dieser Periode ist nur minimal zu gießen. Je nach Wuchs wird die Pflanze jedes zweite Jahr im Frühjahr umgetopft. Beim Verpflanzen sollten die Haarwurzeln etwas zurückgeschnitten werden, das fördert das Wurzelwachstum und trägt zur Kräftigung der Pflanze bei.

Vermehrung

Die Vermehrung erfolgt im Sommer durch Bewurzelung krautiger Stecklinge im Wasser oder in einem sandigen Erdsubstrat. Bei der Auswahl der Stecklinge ist darauf zu achten, dass sie keine Blütenansätze zeigen.

Gärtnertipp

Die Datura ist in allen Pflanzenteilen giftig! Bei zu feuchter Überwinterung stellen sich Bodenpilze ein. Größere Löcher auf den Blättern weisen auf Raupen hin.

Enzian, Stängelloser

(Gentiana acaulis)

Blütezeit:	Mai–Juni
Familie:	Enziangewächse
Heimat:	Europa

Mit seinen königsblauen Trichterblüten ist der stängellose Enzian nicht nur eine typische Blume des Gebirges, sondern in Kugelform eine beliebte Staude für Troggärten, Blumenkästen und Steingärten.

Standort

Die bis zu 10 cm hohe Pflanze liebt einen sonnigen, kühlen Standort und nicht zu schwere, torfig-humose lehmige Böden. In Betracht

Enzian

kommt ein Gemisch aus Balkonblumenerde, die mit Azaleenerde und Torf versetzt wird. Die schwachwüchsige Pflanze darf nur mit ebenbürtigen Stauden kombiniert werden, sonst wird sie überwuchert.

Pflege

Der Enzian ist in der Pflege anspruchsvoller. Der Wurzelballen darf nie austrocknen, andererseits aber auch nicht zu feucht stehen. Die Pflanze wird mit Gefühl mäßig gegossen und mit einem Naturdünger versorgt, vorzugsweise mit verrottetem Kuhmist. In schneearmen Wintern ist das

Erdbeerbaum

Abdecken mit Fichtenzweigen unerlässlich.

Vermehrung

Die Vermehrung erfolgt durch Aussaat oder Teilung im September oder Oktober (Frostkeimer).

Gärtnertipp

Vorsicht! Der Enzian zählt zu den geschützten Pflanzen und darf niemals in der Natur gepflückt oder ausgegraben werden.

Erdbeerbaum

(Arbutus unedo)

Blütezeit:	November–März
Familie:	Heidekrautgewächse
Heimat:	Mittelmeerraum

Zu den verbreitetsten Pflanzen der Macchien des Mittelmeergebiets gehören die Zistrose, die Baumheide und der Erdbeerbaum. Es geht hierbei um eine winterblühende, immergrüne Kübelpflanze, die im Sommer durch ihre verkehrt eiförmigen, glänzend grünen, lorbeerähnlichen Blätter angenehm auffällt. Die Pflanze schmückt sich ab Ende Oktober mit überhängenden maiglöckchenartigen Blütenrispen, deren weiße Blütenfarbe rötlich angehaucht ist. Die Früchte des Erdbeerbaumes ähneln der Erdbeere. Sie sind zunächst zitronengelb und im vollreifen Zustand rot. Die aparte Erdbeerfrucht hält sehr lange am Stiel, sie ist auch genießbar, schmeckt aber nicht besonders gut.

Standort

Der Erdbeerbaum gedeiht am besten an einem absonnigen, aber hellen, windgeschützten Standort. Als Pflanzsubstrat eignet sich Einheits- oder Balkonblumenerde.

Pflege

Die Pflanze hat einen hohen Wasser- und Nährstoffbedarf,

sie muss also reichlich gegossen und von Mai bis September wöchentlich gedüngt werden. Entscheidend für die Freude an der Pflanze ist, dass der Ballen nie austrocknet, andererseits aber auch nicht in stauender Nässe steht. Im Kübel verträgt die Pflanze bis -5 °C, ausgepflanzt im Terrassengarten sogar bis -10 °C. Daher muss der Erdbeerbaum erst im November/Dezember ins Winterquartier. Er sollte dort hell, bei 2 bis höchstens 8 °C überwintert werden. Je nach Temperatur können Sie ihn im Februar/März ins Freie stellen. Während der Wintermonate darf der Ballen nicht völlig austrocknen.

Vermehrung
Die Vermehrung erfolgt einfach durch Kopfstecklinge, die bei guter Pflege bereits im ersten Kulturjahr blühen.

Gärtnertipp
Wenn der Erdbeerbaum zu groß wird, lässt er sich beliebig schneiden und in die gewünschte Form bringen.

Erdbeere
(Fragaria vesca)

Blütezeit:	April–September
Familie:	Rosengewächse
Heimat:	Europa

Erdbeeren aus dem Balkonkasten? Warum nicht. Mit etwas Fantasie kann z. B. an einer kahlen, nüchtern wirkenden Garagenwand ein hängender Erdbeergarten entstehen. Damit der Balkonkasten an der Garagenwand nicht so verloren wirkt, ist es sinnvoll, gleich mehrere Kästen von 1 m Länge mit stufenlos verstellbaren Balkonkastenhaltern an der Garagenwand versetzt anzubringen. Eine solche Aufteilung ist nicht nur optisch ansprechend, sie hat auch den Vorteil, dass die Pflanzen sich nicht gegenseitig das Regenwasser wegnehmen. Die Breite und Tiefe der Balkonkästen von 20 cm sind für die Entwicklung der Monatserdbeeren äußerst günstig. Die getesteten Balkonkästen sind schlagfest, frostunempfindlich und daher auch für eine winterfeste Bepflanzung mit Koniferen zu empfehlen.

Erdbeeren

Sehr hübsch wirkt die Monatserdbeere 'Delices', eine kleinfruchtige, aber reich tragende Erdbeersorte, deren Früchte Sie bis in den November hinein ernten können. Wenn Sie großfruchtige Erdbeeren bevorzugen, sollten Sie auf die Neuzüchtung 'Sweetheart', eine F1-Hybride, zurückgreifen. Auch sie hat den typischen Geschmack der Walderdbeere und trägt bis zum ersten Frost Früchte. Die Erdbeeren blühen ab April mit kleinen weißen Sternblüten, die immer wieder bis zum Spätherbst nachkommen, so dass an einer Pflanze durchaus rot leuchtende Früchte, grüne Beeren und weiße Blüten gleichzeitig zu finden sind. Ein schöner Anblick, der stets zum Naschen einlädt. Auch bei Regenwetter oder einem plötzlichen Platzregen können die Erdbeerpflanzen nicht „ertrinken", denn eine Vegetationsmatte, die direkt auf dem Boden des Balkonkastens liegt, sorgt dafür, dass überschüssiges Wasser aufgenommen wird bzw. abfließt. Im Übrigen haben Sie mit dem lästigen Erdaustausch in den nächsten Jahren keine Last, denn diese Vegetationsmatte sorgt für eine optimale Wasser- und Luftführung im Wurzelbereich. Da diese Matte mit einem Vorratsdünger ausgerüstet ist, brauchen Sie nur noch dreimal im Jahr nachdüngen, und zwar im Mai, kurz nach der Blüte und im Sommer nach der ersten Ernte. Monatserdbeeren können Sie als Pflanze kaufen. Erfahrungsgemäß ist es allerdings besser, sie aus Saatgut selbst heranzuziehen, die Erdbeeren schmecken dann nicht nur aromatischer, sie kosten auch nur einen Bruchteil der Fertigpflanzen.

Standort
Der Standort sollte hell und sonnig sein. Im Winter erhalten die Pflanzen einen Frostschutz, und zwar genügt es, sie mit Tannenreisig abzudecken.

Pflege
Die Erdbeere braucht ein humoses Substrat, denn die Pflanze stammt aus humusreichen Waldböden. Erdbeerpflanzen benötigen auch eine ständige Wasserzufuhr und regelmäßige Nährstoffgaben, vorzugsweise flüssig. Herbstpflanzungen werden erstmalig ab April gedüngt. Pflanzen, die Sie dagegen im Frühjahr gesetzt haben, sollten Sie 6 Wochen nach der Pflanzung düngen.

Vermehrung
Sie erfolgt durch Aussaat im Februar oder Anfang März auf der Fensterbank bei Raumtemperaturen von 18 bis 20 °C, auch durch Teilung der Mutterpflanze bzw. durch

Erika

Ausläufer können Sie sie vermehren. Dazu werden im Juni die Triebe in die Erde gedrückt und mit einer Klammer befestigt, so dass sich bald Wurzeln entwickeln. Ab August sollten die gut bewurzelten Jungpflanzen in humusreiche Erde getopft und gut angedrückt werden. Erdbeerpflanzen halten in Balkon- oder Kübelgefäßen 2 bis 3 Jahre, dann müssen sie allerdings durch Jungpflanzen verjüngt werden.

Gärtnertipp
Bei zu starkem Wuchs können Sie die äußeren Blätter abschneiden, sie wachsen dann wieder nach.

Erika
(Erica gracilis)

Blütezeit:	September–Dezember
Familie:	Heidekrautgewächse
Heimat:	Europa

Besonders beliebt ist die Topfheide mit ihren kräftig roten, rosa oder weiß leuchtenden Blütenglöckchen. Sie übersteht als einzige kurzlebige Herbstpflanze auch noch die ersten kräftigen Fröste.

Standort
Bei der kurzlebigen Topfheide spielt es keine Rolle, ob die Pflanze sonnig oder schattig steht. Auch die Bodenverhältnisse haben keinen Einfluss auf die Blütendauer. Der Hobbygärtner kann die Pflanze sogar in die noch vorhandene Erde der Sommerblumen setzen. Ein windgeschützter Standort ist vorzuziehen, da sonst die schönen Glockenblumen zu schnell abgeweht werden.

Pflege
Düngen ist nicht erforderlich, nur das Gießen wird oft vergessen, obwohl die Pflanze zu den besonders durstigen zählt. So muss sie bis in den Winter hinein mit Wasser versorgt werden.

Vermehrung
Entfällt bei der einjährigen Blütenpflanze.

Gärtnertipp
Beim Hobbygärtner hält die blühende Pflanze ohne viel Pflege bis zum ersten Frost im Dezember. Hände weg von rot angespritzter Ware. Es handelt sich hierbei in der Regel um eine minderwertige Qualität und um Pflanzen mit meist schon trockenen Blütenrispen, die mit Farbe aufpoliert wurden.

Eukalyptus
(Eucalyptus ficifolia)

Blütezeit:	Sommer, aber nur in Mittelmeerregionen
Familie:	Myrtengewächse
Heimat:	Australien, Neuseeland

Eine immergrünende, nur selten in Mitteleuropa blühende Kübelpflanze. Wegen ihrer angenehm duftenden Blätter mit den wohltuenden ätherischen Ölen wird der Eukalyptus gerne auf Terrasse oder Balkon gehalten.

Standort
An hellen, sonnigen bis halb-

Eukalyptus

schattigen Plätzen, auf Balkon oder Terrasse. Überwintert wird der Eukalyptus hell und luftig, etwa bei 2 bis 8 °C.

Pflege

Der Eukalyptus braucht viel Feuchtigkeit, er muss also reichlich mit enthärtetem Wasser versorgt werden, wobei die Wassermenge sich nach der Außentemperatur richtet. Damit die Pflanze buschiger heranwächst, sollten Sie die Triebspitzen während der Wachstumszeit mehrmals einkürzen. Nur wenn starkes Wachstum erwünscht ist, sollten Sie von Mai bis September die Pflanze monatlich düngen.

Vermehrung

Die Vermehrung erfolgt sehr einfach durch Samen im Frühjahr.

Gärtnertipp

Abgeschnittene Eukalyptuszweige duften erneut, wenn sie über Wasserdampf gehalten werden. Einen kräftigeren Rückschnitt verträgt nur 'Eucalyptus gunnii'.

Fächerblume

(Scaevola)

Blütezeit:	April–Oktober
Familie:	Goodeniengewächse
Heimat:	Australien

Die blaue Fächerblume ist noch relativ unbekannt. Sie zählt zu den robusteren Pflanzen für Ampeln und Balkonkästen. Kurzfristigere Trockenheit nimmt die aparte Pflanze nicht übel. Sie ist selbstreinigend und witterungsbeständig. Die einjährige Pflanze wächst buschig mit halbhängenden, bis zu 1 m langen Trieben. An ihren Blättern ist zu erkennen, dass es sich um eine halbsukkulente Pflanze handelt, die kurzfristige Ballentrockenheit durchaus verkraftet.

Standort

Die blaue Fächerblume kann sonnig wie halbschattig stehen. Sie begnügt sich mit herkömmlicher Einheitserde.

Pflege

Der Wasserbedarf ist gering, die Pflanze sollte nur leicht feucht gehalten werden. Staunässe ist jedoch unbedingt zu vermeiden. Zum Gießen sollten Sie jedoch nur weiches Wasser verwenden, denn die Pflanze ist salz- und kalkempfindlich. Nur wenn Sie die Pflanze jede Woche mit halber Ration düngen, können Sie auch mit einem üppigen Blütenflor rechnen.

Vermehrung

Die Vermehrung erfolgt über Stecklinge; sie ist jedoch schwierig und sollte lieber dem Fachmann überlassen werden.

Gärtnertipp

Bei einem sonnigen Standort sind die Blüten kräftig violettblau, während die Pflanze im Halbschatten nur zartblau blüht.

Feige

(Ficus carica)

Blütezeit:	Frühjahr und Herbst
Familie:	Maulbeerbaum- gewächse
Heimat:	Mittelmeerraum

Wer kennt nicht das Feigenblatt mit seinen großen, handförmig gelappten Blättern. Eine interessante sommergrüne Kübelpflanze, die mit etwas Glück im zweiten Kulturjahr auch Feigen ansetzt.

Standort

Nach der Überwinterung bis

Fächerblume

Feige

Gärtnertipp
Januarstecklinge können bei guter Pflege bereits im ersten Jahr Früchte tragen.

Felsenmispel

(Cotoneaster-Arten)

Blütezeit:	März–Mai
Familie:	Rosengewächse
Heimat:	Nordamerika

zum Austrieb der neuen Blätter sollte die Pflanze vor starker Sonne geschützt werden. Ab Juni kann sie bis zur Überwinterung in voller Sonne stehen. Die ausladende Pflanze beansprucht reichlich Platz und wirkt besonders gut in einem Terrakottagefäß. Als Substrat kommt eine Einheitserde mit Lehmzusatz in Betracht. Bei etwa 2 °C wird es allerdings Zeit, die Pflanze ins Winterquartier zu bringen. Nach Möglichkeit sollte der Feigenbaum hell, bei 2 bis 8 °C überwintern. Bei einer dunklen Überwinterung verliert die Pflanze ihre Blätter. Im Frühjahr wird sie etwa ab Ende März wieder auf den Balkon gestellt.

Pflege
Von Mai bis August braucht die Pflanze reichlich Wasser und eine wöchentliche Düngegabe. Die Feige ist anfällig für Schild- und Blattläuse. Feigen gehören zu den Kübelpflanzen, die bis zum Spätherbst auf der Terrasse oder dem Balkon stehen können.

Vermehrung
Die Vermehrung erfolgt durch Ausläufer oder Ableger bei 25 °C Bodentemperatur oder im Frühjahr durch vorjährige, 15 bis 20 cm lange Stecklinge.

Die Felsenmispel ist ein bemerkenswertes Gehölz, weil sie das ganze Jahr über eine Zierde ist. Im Frühjahr schmückt sich die Pflanze über und über mit weißen Blüten, während des Sommers erscheinen dann dunkelrote Früchte, die der Johannisbeere gleichen und auch als Kompott Verwendung finden. Malerisch ist auch die Färbung der oval geformten grünen Blätter, die der Herbst in ein leuchtendes Orangerot taucht.

Standort
Bei Sonne oder Halbschatten, auf kargen, kalkhaltigen Böden, ebenso in Einheitserde gedeiht die Felsenmispel, sofern sie ein großes Kübelgefäß oder einen Blumenkasten vorfindet.

Pflege
Die Pflanze ist pflegeleicht und kann im Freien in großflächigen Gefäßen überwintern. Dem Pflanzenwuchs muss im Frühjahr mit der Schere Einhalt geboten werden, sonst entwächst die Felsenmispel dem Kübelgefäß schnell. Gießen Sie die Pflanze nur mäßig und düngen Sie sie während der Wachstumsperiode zweimal.

Vermehrung
Die Vermehrung erfolgt durch Stecklinge oder Aussaat im März oder April.

Gärtnertipp
Mit etwas Geschick lässt sich die Felsenmispel bonsaiartig ziehen.

Felsenmispel

Fetthenne

Fetthenne

Fetthenne

(Sedum)

Blütezeit:	Januar–Oktober
Familie:	Dickblattgewächse
Heimat:	Europa, Asien

Die artenreiche, genügsame Fetthenne wird vorzugsweise zur Bepflanzung von Balkonschalen, Trögen sowie zur Begrünung von Dächern verwendet. Selbst in Steinfugen findet die Fetthenne, die bezeichnenderweise auch Mauerpfeffer genannt wird, ausreichend Halt und Nahrung.
Die sukkulenten Sedum-Arten haben fleischig verdickte Blätter, die als wasserspeichernde Organe dienen. Bei großer Hitze und Trockenheit, aber auch bei Kälte verfärben sich die Blätter rötlich. Sobald sich die Temperaturen und Witterungsverhältnisse normalisieren, nehmen die Blätter wieder ihre grüne Farbe an. Empfehlenswerte Arten: Gold Fetthenne 'Sedum floriferum' mit leuchtend gelben Sternblüten. Die Pflanze bildet 10 bis 15 cm hohe Polster. Die aus dem Kaukasus stammende Fetthenne 'Sedum spurium' blüht von Juni bis Juli in flachen, doldenartigen rosa Trauben. Die sich schnell fächerartig ausbreitende Pflanze verträgt auch einen halbschattigen Standort. Besonders attraktiv für vollsonnige Standorte ist auch die Purpur Fetthenne 'Sedum telephium'. Sie blüht von Juli bis September. Ihre großen, flachen Trugdolden erreichen eine Höhe von 40 bis 60 cm.

Standort
Die Fetthenne ist bestens geeignet für sonnige bis halbschattige Plätze. Sie gedeiht in durchlässigen, sandig-kiesigen oder sandig-lehmigen Böden.

Pflege
Pflegemaßnahmen fallen nicht an, gegebenenfalls werden die Stauden alle 3 bis 4 Jahre etwas nachgedüngt und nur gering gegossen.

Vermehrung
Die Vermehrung erfolgt durch Stecklinge oder Teilung. Alle Sedum-Arten bewurzeln leicht und schnell durch kurze Teilstücke, z. B. auch nur über einzelne Blätter.

Gärtnertipp
Die rötlich blühende Fetthenne 'Sedum dauticolum' ist anspruchslos und vermehrt sich schnell zu einem dichten Blütenteppich.

Feuerbohne

(Phaseolus coccineus)

Blütezeit:	Juli–September
Familie:	Hülsenfrüchtler
Heimat:	Südamerika

Der einjährige Schlinger kann bis zu 4 m hoch ranken, ist preiswert und raschwüchsig. Seine Blätter sind weich und dreilappig gefiedert. Stängel wie Blätter sind rau behaart. Die Pflanze hat neben dem Schmuck auch einen Nutzwert. Junge Bohnen oder Samenkerne kön-

Feuerbohne

nen für Suppe, Salat und Gemüse Verwendung finden.

Standort
Die Feuerbohne sollte sonnig bis halbschattig stehen; Süd- oder Westlagen sind ideal. Für das Kübelgefäß verwenden Sie eine gedüngte Einheitserde oder eine mit Kompost versetzte Gartenerde.

Pflege
Die Pflanze sollten Sie im Sommer bei Trockenheit im Kübel täglich gießen und monatlich mit Volldünger versorgen. Eine Rankhilfe aus Draht oder Holz ist erforderlich. Bei mehreren Pflanzen ist ein Abstand von 25 bis 30 cm einzuhalten.

Vermehrung
Die Vermehrung geschieht durch die Aussaat im Mai. Empfehlenswert ist es, den Bohnensamen über Nacht in handwarmem Wasser einzuweichen, damit er schneller keimt.

Gärtnertipp
Vorsicht! Grüne Bohnen sind roh verzehrt giftig, gekocht jedoch genießbar und schmackhaft.

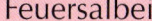

Feuersalbei
(Salvia splendens)

Blütezeit:	Mai–September
Familie:	Lippenblütler
Heimat:	Brasilien

Für Balkon und Terrasse sollten Sie niedrig bleibende, kompakt wachsende Sorten verwenden. Geeignet dafür sind: 'Carabiniere', 20 cm, scharlachrot mit apartem, dunklem Laub; 'Laser Purple', 25 cm, dunkelviolett; 'Melba', 25 cm, hellrosa bis lachsfarben; 'Johannisfeuer', 25 cm, feurigrot. Die einfach oder rispig verzweigten Blütentrauben blühen je nach Sorte lachsrosa, feuerrot oder dunkelviolett.

Feuersalbei

Standort
Alle Salbeiarten lieben einen sonnigen, keinesfalls feuchten Standort. Salbei sollte wind- und regengeschützt stehen. Er verträgt kalkhaltige Böden. Als Pflanzsubstrat verwenden Sie eine Einheitserde mit einer guten Dränageschicht als Untergrund.

Pflege
Beim Pflanzen ist auf einen Abstand von 20 cm zu achten. Gießen Sie Salbei nur mäßig und düngen Sie einmal wöchentlich (mit der Hälfte der auf der Packung angegebenen Menge) von Mai bis September. Staunässe ist unbedingt zu vermeiden, es wäre der sichere Tod der Pflanze. Nach dem ersten Blütenflor werden die braunen Blütenstände abgeschnitten, damit es zu einer zweiten Blühperiode kommt. Ein Überwintern der Pflanze ist nicht möglich.

Vermehrung
Die Vermehrung geschieht durch Samen und Triebstecklinge. Ab März erfolgt die Aussaat in Schalen auf der Fensterbank. Nach 14 Tagen ist mit dem Aufgehen der Saat zu rechnen. Die Jungpflanzen setzen Sie vereinzelt und ab Mitte Mai in den Balkonkasten. Auch aus Triebspitzen lassen sich bei einer Wuchshöhe von 8 cm Jungpflanzen ziehen.

Gärtnertipp
In regenreichen, sonnenarmen Jahren entwickelt der Feuersalbei nur spärliche Blüten. Ein Regenschutz für Bal-

konkästen, bespannt mit einer UV-stabilisierten Folie, ist empfehlenswert. Der im Handel erhältliche Schutz überdacht den Balkonkasten in voller Länge bei einer Breite von 50 cm.

Fichte

(Picea abies)

Blütezeit:	Nadelgehölz
Familie:	Kieferngewächse
Heimat:	Kulturform

Fichten haben in der Regel spitze, vierkantige Nadeln. Eine Fichte ist eindeutig erkennbar. Wenn Sie eine Nadel abreißen, dann löst sich gleichzeitig ein Stück der Rinde. Es geht hierbei um eine anspruchsvolle Pflanze, die stets ausreichend mit Wasser versorgt sein will. Das Wurzelwerk der Fichte ist flach und dicht. Das bedeutet, das Pflanzgefäß muss mindestens eine Breite von 30 cm aufweisen. Für die Balkonbepflanzung eignen sich Zwergformen, die es in vielen verschiedenen Formen gibt. Besonders beliebt ist

Fichte

Fingerkraut

Picea abies 'Echiniformis', die Igelfichte. Die Pflanze wächst äußerst langsam. Sie trägt gelb- bis graugrüne, etwa 15 cm lange Nadeln und bildet in 30 Jahren ein Kissen von etwa 20 cm Höhe und 40 cm Breite. Erwähnenswert sind Picea abies 'Pulila Glauca', die Zwergfichte; Picea abies 'Pygmaea', die Gnomenfichte.

  Standort
Hell bis sonnig, in feuchtfrischer, nahrhafter, schwach saurer Rhododendronerde. Die Pflanze reagiert empfindlich auf trockenes, smogreiches Innenstadtklima.

 Pflege
Die Fichte sollten Sie regelmäßig, aber mäßig gießen. Trockenheit verkraftet die Pflanze nicht, ebenso wenig stauende Nässe. Ab dem zweiten Kulturjahr sollten Sie die Fichte alle 2 Wochen mit einem Koniferendünger nähren.

 Vermehrung
Bei den Kulturformen lässt sich die Pflanze nur durch Stecklinge vermehren, weil die Anzucht aus Samen mehrere Jahre dauert.

 Gärtnertipp
Die Igelfichte verträgt Kalk. Ihre Blüten- und Fruchtbildung ist ohne Bedeutung. Die Pflanze benötigt auch im Balkonkasten keinen Winterschutz.

Fingerkraut

(Potentilla fruticosa)

Blütezeit:	März–September
Familie:	Rosengewächse
Heimat:	Himalaja

Fingerkraut ist eine dankbare, blühende Gartenstaude bzw. je nach

Art auch ein verholzender Strauch, der dem Namen entsprechend fünfteilige Blätter und Blüten trägt. Die anspruchslose Pflanze bildet dichte Teppiche und wird gern zur Bepflanzung fest eingebauter, betonierter Balkonkästen verwendet. Besonders beliebt ist 'Potentilla fruticosa' aufgrund der zahlreichen gelben Blüten und der langen Blütezeit von Mai bis August. Die Pflanze kann bedenkenlos beschnitten werden, ohne dass die intensive Blühfähigkeit nachlässt.

Standort
Bis auf 'Potentilla alba', die den Halbschatten vorzieht, lieben alle anderen Arten die Sonne, begnügen sich aber auch mit halbschattigem Standort. Das Fingerkraut braucht wenig Wasser und wächst auch auf relativ trockenen Böden. Wichtig ist eine gute Dränageschicht im Pflanzgefäß, denn Staunässe verkraftet das Fingerkraut nicht.

Pflege
Die robuste, winterharte Staude braucht praktisch keine Pflege. Gedüngt wird nur einmal während der Saison, gießen müssen Sie nur bei extremer Trockenheit. Wichtig ist das Auslichten und Beschneiden der Pflanze, damit sie nicht zu üppig gerät und zu stark in die Höhe schießt.

Vermehrung
Die Vermehrung erfolgt durch Aussaat, Stecklinge oder Teilung.

Gärtnertipp
Niedrige Stauden wie 'P. nana' oder 'P. ambigua' werden vorzugsweise durch Teilung vermehrt, höher wachsende wie 'P. fruticosa' durch Stecklinge, die in den Sommermonaten geschnitten, getopft und erst im darauf folgenden Frühjahr an Ort und Stelle ausgepflanzt werden.

Fleißiges Lieschen

Fleißiges Lieschen
(Impatiens walleriana)

Blütezeit:	Juni–Oktober
Familie:	Springkrautgewächse
Heimat:	Trop. Ostafrika, Ceylon

Wenn Sie für den Schatten oder Halbschatten eine Pflanze suchen, dann empfiehlt sich das Fleißige Lieschen. Es gibt wohl keine Pflanze, die widerstandsfähiger und robuster ist. Selbst in verregneten Sommern gedeiht diese Pflanze und blüht unermüdlich. Impatiens gibt es in reinweißem Farbton mit rot gezeichneter Mitte und in vielen Rottönen.

Standort
An sonnigen bis schattigen Plätzen in Einheits- oder Balkonblumenerde. Die einjährige Pflanze eignet sich auch zum Bepflanzen flacherer Schalen.

Pflege
Von Mai bis September ist das Fleißige Lieschen gut feucht zu halten und einmal wöchentlich mit der Hälfte der angegebenen Düngeportion zu versorgen. Sobald die Triebspitzen etwas länger ge-

Fleißiges Lieschen

worden sind, sollten Sie die Pflanze stutzen, damit sie kompakt bleibt, sich stärker verzweigt und kräftiger blüht.

Vermehrung
Schon Ende Februar können Sie mit der Aussaat auf der Fensterbank beginnen. Im Frühjahr ist auch die Vermehrung durch Stecklinge einfach.

Gärtnertipp
Im Handel sind auch gefüllte Impatiens-Walleriana-Hybriden erhältlich, die wie kleine Kussröschen wirken.

Flieder
(Syringa Microphylla)

Blütezeit:	Mai–Juli
Familie:	Ölbaumgewächse
Heimat:	China

Der reich blühende Strauch ist gegen Kälte nicht empfindlich, schließlich wächst er in seiner Heimat in Höhen von über 2000 m. Die charakteristischen Merkmale des 60 cm hohen buschigen Strauches, der besonders für Balkon und Terrassengärten geeignet ist, sind: ovale, mittelgrüne Blätter und stark duftende lila- bis rosafarbene Blüten. Kein

Flieder

Wunder, dass der anspruchslose Flieder auch gern in Balkonkästen oder Terrassengärten gesetzt wird. Nur wenige Sträucher verströmen einen angenehmeren Duft als diese Pflanze; daher ist Flieder auch sehr begehrt als Schmuck größerer Kübel. Er ist eine Pflanze für Romantiker, die das Aroma des Flieders lieben.

Standort
Der Flieder verträgt sowohl einen vollsonnigen als auch einen halbschattigen Platz. Vor dem Pflanzen in Einheitserde müssen Sie eine gute Dränageschicht aus Blähton einfüllen, denn stehende Nässe schadet dem Flieder.

Pflege
Welke Blüten sind stets zu entfernen, weil die Samenbildung die Pflanze schwächt. Außerdem sehen die Samenrispen auch nicht besonders schön aus. Eine kräftige Volldüngung Anfang August, möglichst auf organischer Basis, fördert die Bildung der Blütenknospen für das kommende Jahr.

Vermehrung
Diese erfolgt durch Sommersteckhölzer. Die Aussaat ist langwierig und schwierig, sie sollte daher dem Fachmann überlassen bleiben.

Gärtnertipp
In einem kalkhaltigen Substrat gedeiht Flieder besonders gut.

Fuchsie
(Fuchsia)

Blütezeit:	Juni–Oktober
Familie:	Nachtkerzengewächse
Heimat:	Zentral-, Südamerika

Anfang des 20. Jahrhunderts waren bereits über 900 Fuchsienzüchtungen bekannt. Heute gehen die Schätzungen bis zu 9000 Hybriden (Züchtungen). Die Fuchsie eignet sich, je nach Sorte, für die Bepflanzung von Balkonkästen, Ampeln, Schalen und Kübeln. Sie sind weniger regenempfindlich als beispielsweise Pelargonien oder Petunien. Die Formierung zu Büschen, Pyramiden, Halb- und Hochstämmchen ist leicht.

Standort
Von Mai bis Ende Oktober können die Fuchsien im Freien stehen. Dabei sollte der Standort hell bis halbschattig sein. Wichtig: Fuchsien wollen den Wind spüren! Es ist ein weit verbreiteter Irrtum, dass alle Sorten keine Sonne vertragen.
Es gibt tatsächlich viele Züchtungen, die auch in der Sonne prächtig blühen, z. B. die Triphylla-Hybriden oder Traubenfuchsien. Zur Überwinterung schneiden Sie die noch

Fuchsie

Gebirgshängenelke

blühende Fuchsie um 1/3 zurück – auch wenn es Ihnen leid tut. An den abgeschnittenen Blütenzweigen können Sie sich in der Vase noch lange erfreuen. Das Winterquartier muss hell und luftig bei einer Temperatur von 2 bis 8 °C sein. Im Februar/März, wenn der Austrieb beginnt, schneiden Sie die Triebe noch einmal um 1/3 zurück und stellen die Pflanze anschließend heller. In Weinbaugebieten können Fuchsien, entsprechend geschützt, auch im Freien überwintern. Nach dem Rückschnitt werden hierfür die Pflanzen in ihrem Topf in die Erde eingegraben und mit einem Torf-Sand-Gemisch umhäufelt. Darüber breiten Sie Laub und decken das Ganze mit Tannenreisig ab.

Pflege
In der Wachstumszeit von Mai bis August muss die Pflanze reichlich gegossen und wöchentlich gedüngt werden. Der Boden darf niemals völlig austrocknen. An heißen, windigen Sommertagen müssen Sie mehrmals täglich gießen. Düngen Sie niemals eine trockene Pflanze!

Vermehrung
Sie erfolgt durch Stecklinge von Frühjahr bis Herbst. Die Stecklinge werden auf drei Blattpaare zurückgeschnitten, die Blätter gekappt und in ein Torf-Sand-Gemisch gesteckt. Nach dem Angießen wird als Verdunstungsschutz eine Plastikfolie übergestülpt. So geschützt, bewurzeln die Stecklinge problemlos.

Gebirgshängenelke
(Dianthus caryophyllus)

Blütezeit:	Mai–November
Familie:	Nelkengewächse
Heimat:	Alpen

Die duftende Gebirgshängenelke aus Großmutters Zeiten ist groß im Kommen, und das zu Recht. Nelken haben im Freien keine Schädlinge. Zu den Gebirgshängenelken zählen auch 'Landnelken', 'Chornelken', 'Hängenelken', 'Malmaisonnelken', 'Remontantnelken', 'Rivieranelken', 'Margeritennelken' und 'Chabaudnelken'.

Standort
Gebirgsnelken lieben ein geschütztes, möglichst sonniges Plätzchen. Sie passen gut zu Steingartenpflanzen. Sie sehen aufgrund ihrer anmutig hängenden Wuchsform auch sehr gut in Ampelgefäßen aus. Die Blütentriebe werden bis zu 30 cm lang. Als Substrat sollten sie eine lehmig-sandige Garten- oder eine gute Balkonblumenerde verwenden.

Pflege
Die Gebirgsnelke möchte regelmäßig, aber nicht übermäßig gegossen werden, denn Staunässe verkraftet sie nicht. Aus diesem Grund ist beim Pflanzen auf eine Dränageschicht zu achten. Da die Gebirgshängenelke ein Erdsubstrat mit einem ph-Wert von 6,5 bis 7 bevorzugt und in vielen Gegenden das Wasser zum sauren Bereich hin tendiert, ist es ratsam, während der Wachstumsphase die Pflanze mit einer Hand voll Kalk, der unter die Erde gemischt wird, zu versorgen. Die angegebene Menge reicht für einen Balkonkasten von 1 m.

Vermehrung
Die Vermehrung erfolgt durch Samen im Februar/März bei 15 bis 18 °C Bodenwärme.

Gärtnertipp
Zur erfolgreichen Überwinterung sollten die Nelken im Spätherbst in den Garten ausgepflanzt werden. Gebirgshängenelken sind keine Wegwerfpflanzen wie viele ande-

re Balkongewächse. Sie überstehen den Winter aber nur, wenn sie von genügend Erde umgeben sind. Im kommenden Jahr blüht die überwinterte Pflanze kräftiger und ist noch robuster.

Geißklee

(Cytisus canariensis)

Blütezeit:	April–August
Familie:	Hülsenfrüchtler
Heimat:	Ungarn, Bulgarien

Der reich blühende Zierstrauch ähnelt dem Ginster. In der Tat hat auch der Botaniker erhebliche Mühe, den Geißklee von dem Ginster zu unterscheiden. Eine besonders kleine, dreiblättrige Belaubung weist der ʼCytisus albusʼ aus Südosteuropa auf. Die gelblich weiß blühende Pflanze wird nicht höher als 30 cm

und eignet sich hervorragend für Balkonkästen.

 Standort

Der Geißklee liebt einen sonnigen Platz, um gut gedeihen zu können.

 Pflege

Die Pflanze sollten Sie reichlich gießen, dabei ist aber Staunässe zu vermeiden. Unbedingt empfehlenswert ist es, die Pflanze nach der Blüte etwas zurückzuschneiden; ebenso sollten Sie die Fruchthülsen immer entfernen. Im Balkon- und Kübelgefäß brauchen alle niedrigen Arten Winterschutz. Sie werden mit Fichtenzweigen abgedeckt. Beim Verpflanzen ist auf die kräftige Pfahlwurzel zu achten.

 Vermehrung

Durch halbverholzte Stecklinge erfolgt die Vermehrung im September.

Gärtnertipp

Achtung! Der Geißklee ist giftig, er zählt zu den Alkaloiden.

Geranie

(Pelargonium-Hybriden)

Blütezeit:	April–Oktober
Familie:	Storchschnabelgewächse
Heimat:	Südafrika

Eigentlich heißen sie Pelargonien, aber der Name Geranie hat sich so eingebürgert, dass er im Sprachgebrauch nicht wegzudenken ist. Das Sortiment ist umfangreich. Es gibt einfach blühende, kompakte, mittelstark wachsende, zonale Sorten, wie z. B. die kardinalrote Sorte ʼKardinoʼ, die besonders große Blütendolden und ein kräftiges Laub hat, oder die ʼSchöne Helenaʼ in Lachsrosa mit hellem Blütenrand, halb gefüllt bis gefüllt. Beliebt sind auch die dunkellaubigen, halb gefüllten Sorten, mit stark zonierten Blättern in bemerkenswerten Farbkontrasten zwischen Blüten und Blättern, z. B. die scharlachrote, robuste Sorte ʼRumbaʼ mit eleganten Einzelblüten und frisch grünem, in der Mitte rotbraun zoniertem Laub. Sehr begehrt sind die wüchsigen, reich blühenden Kaskaden-Sorten Peltaten, z. B. die hellrosa blühende ʼFeuerkaska-

Geißklee

Geranie ʼKardinoʼ

Geranien mit Fuchsien und Petunien

Es gibt unter den Pelargonien auch selbstreinigende Sorten. Dazu zählen vor allen Dingen die einfach blühenden Kaskaden-Arten. Neu auf dem Markt sind samenvermehrende F1-Hybriden von zonalen Sorten.

Gewürzrinde

(Cassia corymbosa)

Blütezeit:	Juli–Oktober
Familie:	Hülsenfrüchtler
Heimat:	Südamerika

Die Gewürzrinde macht ihrem Namen alle Ehre und duftet tatsächlich nach Gewürzen. Sie ist eine reich blühende, unproblematische Kübel-

de' oder die weiß blühende Pelargonie 'Blizzard'. Geranien zählen zu den beliebtesten Balkonpflanzen, die selten enttäuschen und selbst in regenreichen Sommermonaten Blüten tragen.

Standort

Der Platz für Geranien sollte sonnig bis halbschattig sein. Sie lieben einen lehmig-humosen Boden, auch Einheitserde kommt in Betracht. Der Pflanzabstand sollte etwa 20 cm betragen.

Pflege

Je nach Standort müssen Sie Geranien mehr oder weniger gießen und von Mai bis August wöchentlich düngen. Verblühtes ist regelmäßig zu entfernen.

Vermehrung

Sie erfolgt durch Aussaat im Januar bei einer Bodenwärme von 20 °C oder durch Stecklinge ab August.

Hängegeranie

ist, dass Sie die Pflanze mit angetrocknetem Ballen ins Winterquartier stellen, sonst besteht die Gefahr der Wurzelfäule.

Vermehrung
Die Vermehrung erfolgt durch halbreife Stecklinge unter Folie oder durch Samen im April.

Gärtnertipp
Vorsicht! Alle Cassia-Arten enthalten Giftstoffe.

Gletscherschwingel

(Festuca glacialis)

Blütezeit:	Grünpflanze
Familie:	Gräser
Heimat:	Pyrenäen

Es gibt etwa 200 Arten der Schwingelgräser, die mit Ausnahme von Grönland in der ganzen Welt vorkommen. Einige von Ihnen bevorzugen trockene Böden, andere wiederum lieben feuchte Standorte.

Die winterharten Gräser eignen sich als grüne Polster in Troggärten und Schalen auf Balkon und Terrasse sowie für Stein- und Heidegärten. Besonders gut können Sie den Gletscherschwingel zur Befestigung von

Gewürzrinde

pflanze, die während der Wintermonate frostfrei eingelagert werden muss. Die Blüten sind etwa pfenniggroß, goldgelb und entwickeln sich in achselständigen Doldentrauben an den Triebspitzen. Wer die Möglichkeit hat, die Pflanze in einen frostfreien Wintergarten zu stellen, kann mit einem Blütenflor bis März rechnen.

Standort
Die Gewürzrinde verlangt nach einem vollsonnigen Standort. Je mehr Sonne die Pflanze bekommt, desto intensiver blüht sie. Zum Pflanzen sollten Sie Einheitserde verwenden.

Pflege
Die Gewürzrinde braucht

reichlich Wasser. An heißen Tagen müssen Sie die Kübelpflanze morgens und abends gießen. Auch der Düngebedarf ist entsprechend zum Blütenreichtum hoch. Am besten wird die Gewürzrinde von Mai bis Ende August wöchentlich mit einem Volldünger versorgt. Sofern kein Wintergarten vorhanden ist, wird die Pflanze im Spätherbst, nach dem ersten Frost, auf ein Viertel ihrer Jahrestriebe gekürzt. Eine frostfreie Überwinterung reicht aus. Falls Sie keine anderen Möglichkeiten haben, kann die Pflanze auch in einem dunklen Keller, der hin und wieder belüftbar ist, überwintern. Entscheidend

Gletscherschwingel

Böschungen oder Terrasseneinfassungen einsetzen. Der Gletscherschwingel wird 10 bis 15 cm hoch und wächst mit der Zeit zu einem dichten Teppich zusammen. Seine Blätter sind dünn und blaugrün. Der Blauschwingel (Festuca glauca) hat blausilbrige Blätter, wird etwa 20 cm hoch und bildet halbkugelige Büsche. Er wird vorzugsweise auf trockene Plätze gepflanzt. Die Lebenserwartung dieser Gräser beträgt 8 bis 10 Jahre.

Standort
Der Gletscherschwingel ist anspruchslos, liebt die Sonne sowie magere, sandige bzw. steinige Böden. In fetter Erde bildet die Pflanze kein geschlossenes Polster.

Pflege
Diese Pflanze brauchen Sie nur mäßig gießen. Wenn es möglich ist, sollten Sie den Gletscherschwingel im Frühjahr mit reifem Kompost oder mit einem flüssigen Grünpflanzendünger versorgen.

Vermehrung
Sie erfolgt durch Teilung im Frühjahr. Der erfahrene Gärtner kann es auch mit der Aussaat versuchen.

Glockenblume

Gärtnertipp
Schwingelgräser besitzen meist rispige, teilweise auch ährenförmige, unscheinbare Blütenstände. Sie sollten bis zum Frühjahr nicht geschnitten werden, denn erst in den Herbst- und Wintermonaten kommen diese Rispen richtig zur Geltung.

Glockenblume
(Campanula carpatica)

Blütezeit:	Juni–Juli
Familie:	Glockenblumengewächse
Heimat:	Karpaten

Die Glockenblume verdankt ihren Namen der zarten Blütenform. Die Campanula carpatica wird nur 15 bis 20 cm hoch. Neuzüchtungen haben schöne, großblütige Glocken von sattem Blau.

Standort
Die Pflanze liebt volle Sonne und eine durchlässige, kalkhaltige Gartenerde.

Pflege
Im Sommer wird mäßig nach Bedarf und Witterung gegossen. Staunässe verkraftet die Glockenblume nicht. Gedüngt wird von Mai bis September alle 14 Tage. Nicht nur des Äußeren wegen, sondern vor allem um den Blütenflor zu verlängern, muss Verblühtes regelmäßig entfernt werden. Vor Schneckenfraß ist die Pflanze beispielsweise durch die unmittelbare Nähe von Tagetes (→ Studentenblume) zu schützen.

Vermehrung
Im Frühjahr durch Stecklinge, Teilung oder Aussaat.

Gärtnertipp
Nach der Hauptblüte sollte die Pflanze um die Hälfte zu-

rückgeschnitten werden, damit sie ihre Wuchsform beibehält. Bei einer zu reichlichen Nährstoffversorgung fällt die polsterbildende Staude auseinander.

Glockenrebe
(Cobaea scandens)

Blütezeit:	Juli–Oktober
Familie:	Sperrkrautgewächse
Heimat:	Mexiko

Die attraktive Blütenpflanze ist nur bei sorgfältigem Schutz und im Wintergarten mehrjährig. Auch im Kübelgefäß kann sich die Glockenrebe mit entsprechender Rankhilfe bis zu 4 cm emporwinden. Ihre Blütenglocken gibt es, je nach Sorte, in Weiß-, Rot- und Blauviolett. Zunächst erscheinen die gefiederten Blätter leicht rötlich gefärbt. Sie nehmen erst im Laufe der Zeit ihre grünliche Farbe an.

Standort
Die Glockenrebe bevorzugt einen sonnigen bis halbschat-

Glockenrebe

tigen und luftigen Platz; ideal ist die Ost- oder Westseite. Besonders gut gedeiht die aparte Rankpflanze in Balkonkästen, die mit nahrhafter Humuserde, der etwas Sand beigemengt wurde, gefüllt sind. Vorgezogene Pflanzen dürfen erst ausgepflanzt werden, wenn die Eisheiligen vorbei sind.

Pflege

Als Pflanzsubstrat sollten Sie Einheits- oder Komposterde mit 1/3 Sand gemischt verwenden. Die Pflanze braucht unbedingt eine Rankhilfe. Die Glockenrebe verlangt nach reichlichen Wassergaben und sollte alle 2 Wochen gedüngt werden. Durch das Schneiden der Triebspitzen sorgen Sie für eine Dauerblüte, gleichzeitig wird dadurch die Verzweigung angeregt.

Vermehrung

Die Vermehrung erfolgt mit Samen im März bei einer Bodentemperatur von 18 °C. Auch eine Stecklingsvermehrung ab August ist möglich.

Gärtnertipp

Der Kletterer wächst beson-

Glockenrebe

ders gerne an der Ost- oder Westseite. Er bildet dann einen besonders schnellen Sichtschutz. Die Methode, die Glockenrebe durch Teilung zu vermehren, klappt leider nur ganz selten, da der Wurzelstock der Pflanze äußerst empfindlich ist. Aus Samen angezogene Jungpflanzen sollten mehrfach umgetopft werden, weil sie dann entsprechend abgehärtet sind und schneller anwachsen. Den kräftigsten Wuchs entwickeln Pflanzen, die schon im Herbst aus Stecklingen gezogen werden und im hellen Keller bei 10 °C überwintert haben. Erfahrene Hobbygärtner mit dem entsprechenden Platz überwintern die Glockenrebe sogar als zurückgeschnittenen ausgewachsenen Strauch.

Goldkamille

(Chrysanthemum parthenium)

Blütezeit:	Mai–Juli
Familie:	Korbblütler
Heimat:	Europa

Die dankbare Chrysanthemenart wird auch Mutterkraut bzw. gefüllte Kamille genannt. Im Handel sind mehrere Sorten erhältlich: 'Santana', 25 cm hoch, cremeweiße Blüte, 'Prinzess Daisy', 25 cm hoch, flache, weiße Blüten; 'Fortuna', 50 cm hoch, weiße, stark gefüllte Blüten.

Standort

Wie alle Chrysanthemen braucht auch die Goldkamille einen möglichst sonnigen Standort und eine gute Einheitserde. Das Überwintern der Pflanzen lohnt sich nicht.

Pflege

Von Mai bis Anfang September muss die Pflanze stets

Goldkamille

mäßig feucht gehalten und wöchentlich gedüngt werden. Nach der Blüte, Anfang August, sollten Sie die Pflanzen zurückschneiden, damit es zu einem zweiten Blütenflor kommt. Da die Goldkamille empfindlich gegen Blattläuse, Spinnmilben und Mehltau ist, sollten in ihrer Nachbarschaft Knoblauch oder Lavendel bzw. Geranien und Kapuzinerkresse wachsen. Beim Gießen ist darauf zu achten, dass Blätter und Blüten möglichst trocken bleiben.

Vermehrung

Die Vermehrung erfolgt durch Samen im Frühjahr.

Gärtnertipp

Alle Varianten der Goldkamille enthalten Stoffe, die Allergien auslösen können.

Goldlack

(Cheiranthus cheiri)

Blütezeit:	April–Juni
Familie:	Kreuzblütler
Heimat:	Griechenland

Die warmen Farben und der angenehme Duft machen den eigentlichen Charme dieser liebenswerten, bäuerlich wirkenden Pflanze aus. Das Farbspektrum der gefüllten oder ungefüllten Blüten reicht von gelben über goldgelben bis hin zu sanftroten und braunroten Tönen. Es gibt aber auch violette und schwarzbraune Sorten. Empfehlenswert für Balkon und Terrasse: 'Gefüllter Zwergbusch', 'Schwarzbrauner Zwerg', 'Kanariengelber Zwerg' sowie die Sorten der 'Bedder'-Serie; sie alle werden nicht höher als 25 bis 30 cm.

Standort
Der Goldlack wünscht sich einen sonnigen bis halbschattigen Platz. Er liebt eine lehmige, nahrhafte Garten- oder Einheitserde. Er wird im Abstand von 15 cm gepflanzt und zweijährig kultiviert.

Pflege
Von Mai bis Juli ist für gleichmäßige Wassergaben und vierzehntätige Düngung zu sorgen. Um eine längere Blütezeit zu erreichen, wird Verblühtes regelmäßig entfernt. In den Wintermonaten ist die zweijährige Pflanze durch eine Reisigabdeckung vor Kälte zu schützen.

Vermehrung
Sie erfolgt durch Aussaat von Mai bis Juli bei einer Bodenwärme von 18 °C.

Gärtnertipp
Goldlack enthält in den Samen giftige Glykoside.

Goldlack

Goldrute

Goldrute
(Solidago x hybrida 'Strahlenkrone')

Blütezeit:	Juli–September
Familie:	Korbblütler
Heimat:	Nordamerika

An den festen Stängeln trägt die Goldrute ovale, spitz zulaufende, kleine Blätter. Zahlreiche winzige, goldgelbe Blüten schmücken in endständigen Rispen von Juli bis September den Stängel. Wegen ihrer bemerkenswerten Haltbarkeit ist die Goldrute auch als Vasenschmuck sehr begehrt.

Standort
Wichtig ist, dass die Goldrute, die recht voluminös werden kann, ein großräumiges Pflanzgefäß erhält, z. B. ein halbiertes Fass oder einen Terrakottakübel. An einem vollsonnigen, warmen Platz werden Sie viel Freude an den goldgelben Blütenrispen haben. Als Pflanzsubstrat können Sie sowohl Einheitserde als auch eine lehmige, mit etwas Sand durchsetzte Gartenerde verwenden.

Pflege
In heißen Sommermonaten braucht die Goldrute reichlich Wasser, auch sollte sie alle 14 Tage mit einem Volldünger versorgt werden. Um die lästige Selbstaussaat der Goldrute zu verhindern, ist es ratsam, nach der Blütezeit im Herbst die Stängel der Pflanze bis auf 15 cm zurückzuschneiden.

Vermehrung
Die Vermehrung durch Teilung im April ist kinderleicht. Dagegen ist die Aussaat nicht empfehlenswert, da sich bei Solidago-Hybriden kein einheitliches Bild ergibt.

Gärtnertipp
Für Balkon oder Terrasse eignen sich nur niedrig bleiben-

de Sorten wie Solidago x hybrida 'Strahlenkrone'; die Pflanze wird nur 60 cm hoch; ebenso die Solidago y hybride 'Goldwedel'.

Granatapfel

Granatapfel

(Punica)

Blütezeit:	Juli–September
Familie:	Granatapfelgewächse
Heimat:	Nordafrika

Der Granatapfel war eine bekannte Kübelpflanze der Orangerien um die Jahrhundertwende. Als Strauch kann diese Pflanze bis zu 2 m hoch werden. Sie trägt kleine, spitz bis eirund zulaufende Blätter, die paarig an rötlichen Stielen sitzen. Von Juli bis September blüht der Granatapfel mit dekorativen, granatroten Blütenkelchen, die zu mehreren an dicken Kurzzweigen hängen. Der Kelchrand ist fleischig verdickt, aus dem Kelch ragen lange Staubfäden. Die Zwergsorte 'Nana' bleibt kleiner, blüht reichhaltig und früher.

Standort
Von Mai bis Oktober steht die Pflanze auf Balkon, Terrasse oder im Garten. Der Standort sollte sonnig und windgeschützt sein. Zugluft ist unbe-

dingt zu vermeiden. Überwintert wird der Granatapfel in einem hellen Raum bei 2 bis 6 °C.

Pflege
Im Februar oder März muss die Pflanze etwas zurückgeschnitten werden, damit sie ihren buschigen Charakter behält. Gleichzeitig wird die Gießmenge dem Pflanzenwachstum angeglichen und ständig etwas erhöht. Ab April sollte die Pflanze wöchentlich mit einem phosphorbetonten Flüssigdünger ernährt werden. Der Granatapfelbaum kann bei richtiger Pflege sehr alt werden.

Vermehrung
Den Zwerggranatapfelbaum können Sie im Februar durch Steckhölzer vermehren. Die 10 cm langen Stöcke bewurzeln schnell. Zur Bildung der Granatäpfel kommt es nur bei optimalem Standort, also wenn Sie ihn während der frostfreien Jahreszeit auf Balkon oder Terrasse und anschließend wieder in den Wintergarten stellen.

Gärtnertipp
Granatäpfel enthalten Gerbsäure, die in Textilien Flecken hinterlässt, die selbst bei chemischer Reinigung kaum zu entfernen sind.

Günsel

(Ajuga reptans)

Blütezeit:	April–Mai
Familie:	Lippenblütler
Heimat:	Europa

Die blauen Lippenblüten dieser Pflanze sind eine bevorzugte Bienenweide. Aber nicht nur deshalb, sondern vor allem, weil die Pflanze außerordentlich bescheiden ist und schnell das Pflanzgefäß bedeckt, ist

Günsel

die Wildstaude neuerdings auch für Balkonkästen und Steingärten begehrt. Der Heidegünsel 'Ajuga genevensis' kann an günstigen Standorten bis zu 40 cm erreichen. Es gibt Varietäten mit rein weißen Blüten ('Alba') oder mit rötlichem Blütenflor ('Rosea'). Besonders auffällig ist die Varietät 'Metallica crispa' mit rotbraunen, metallisch glänzenden Blättern und blauen Blüten. Letztere bilden einen reizvollen Kontrast zu den aparten Blättern.

Standort

Die Pflanze gedeiht am besten in lichtem Schatten, verträgt aber auch volle Sonne, sofern sie reichlich mit Wasser versorgt wird.

Pflege
Wenn Sie die Pflanze alle 14 Tage von Mai bis September düngen, kann sie über viele Jahre hinweg an der gleichen Stelle wachsen, wobei jeweils im Frühjahr die Balkonblumenerde erneuert werden sollte.

Vermehrung
Durch Teilung und Ausläufer.
Gärtnertipp
Da der Günsel sich kriechend durch Ausläufer verbreitet, kann es notwendig werden, das schnelle Wachstum zu unterbinden. Dazu reicht es, etwas Kalk um die Pflanzenränder zu streuen, denn Kalk

hemmt das Wachstum der Pflanze.

Hammerstrauch

(Cestrum elegans)

Blütezeit:	April–September
Familie:	Nachtschattengewächse
Heimat:	trop. Afrika

Der immergrüne Strauch, der im Kübelgefäß 1 bis 2 m hoch werden kann, ist vieltriebig. Seine Zweige sind überhängend und an den Enden zeigen sich röhrenförmige Blüten, die in Rispen zusammenstehen. Die Blätter des Hammerstrauchs sind sumpfgrün, lanzettlich, weich behaart, glattrandig zugespitzt, zur Basis hin rund bis herzförmig.

Hammerstrauch

Standort
Der Standort sollte sonnig, dennoch vor zu starker Sonnenbestrahlung geschützt sein; ebenso mag die Pflanze keine Zugluft und keinen Wind.
Pflege

Überwintert wird die Pflanze hell bei 8 °C. Zu hohe Luftfeuchtigkeit ist im Winterquartier unbedingt zu vermeiden, da es sonst zu Befall von Grauschimmel kommt. Aus diesem Grund wird auch das Gießen während der Überwinterung auf ein Minimum reduziert. Im Sommer dagegen müssen Sie reichlich gießen.

Vermehrung
Im Frühjahr wird die Vermehrung durch Stecklinge bei einer Bodentemperatur von 20 °C durchgeführt.
Gärtnertipp
Vorsicht! Der Hammerstrauch zählt zu den Nachtschattengewächsen, er ist somit in allen Pflanzenteilen giftig.

Hanfpalme

(Palmae trachycarpus)

Blütezeit:	Grünpflanze
Familie:	Palmen
Heimat:	Ostasien, Mitteleuropa

Die Hanfpflanze besitzt einen schmalen, verfilzten Stamm, der sich nach oben hin verjüngt. Die Pflanze, die in ihrer Heimat in Höhen bis zu 2400 m wächst, kann in Weinanbaugebieten im Freien überwintern. Die Hanfpflanze beansprucht viel Platz, sowohl in der Breite als auch in der Höhe, denn sie kann immerhin die stattliche Größe von 2 bis 3 m erreichen.

Standort
Sehr hell. Jungpflanzen müssen vor praller Sonne geschützt werden, ältere bedürfen dieses Schutzes nicht mehr. Während der Wintermonate in kälteren Regionen müssen Hanfpalmen in einem Kalthaus überwintern (0 bis 7 °C). In milden Klimazonen kann die Hanfpalme durch Luftpolsterfolie geschützt auch im Freien überwintern. Ab März erhält die Pflanze einen geschützten Standort auf Balkon oder Terrasse.

Hanfpalme

Pflege

Der Wasserbedarf der Palme ist temperaturabhängig. Während der warmen Sommermonate ist sie ausreichend zu gießen und alle 14 Tage zu düngen. Sobald es kühler wird, entfällt das Düngen, und das Gießen wird stark reduziert, denn weder Staunässe noch Trockenheit verkraftet die Hanfpalme. Zum Umtopfen verwenden Sie eine humose Erdmischung in der Zusammensetzung von 2/3 Kompost oder Gartenerde, 1/3 Torf oder Rindenhumus; Sie können auch eine sandige Einheitserde verwenden.

Vermehrung

Die Vermehrung sollte vorzugsweise im Frühjahr stattfinden. Frische Samen keimen in gespannter Luft unter Glas oder Folie. Die Keimzeit kann allerdings 3 bis 6 Monate betragen.

Gärtnertipp

Die Hanfpflanze sollten Sie nur alle 3 bis 5 Jahre umpflanzen. Sie beansprucht besonders großräumige Gefäße, die mit einer hohen Dränageschicht ausgelegt sind.

Heidekraut

(Calluna vulgaris)

Blütezeit:	Juli–September
Familie:	Heidekrautgewächse
Heimat:	Südafrika

Der kleine, niedrige Strauch ist äußerst anspruchslos. Die Pflanze ist weder gegen Kälte noch gegen Wärme, weder gegen Trockenheit noch gegen Nässe empfindlich. Ein kalkhaltiger Boden oder ein schwerer, nahrhafter Boden sind jedoch für die Besenheide schädlich. Das Heidekraut hat kurze, behaarte Äste mit schmalen, hellgrünen Blättern. An der Spitze der Ästchen entwickeln sich die Blüten in Rosa, Lachs oder Weiß (vgl. → S. 37).

Standort

Das ganze Jahr über braucht die Pflanze viel Licht. Auf Balkon oder Terrasse sollte das Heidekraut möglichst einen sonnigen, allenfalls halbschattigen Platz bekommen. Das Erdsubstrat sollte sandig und kalkfrei sein.

Pflege

Gießen Sie die Pflanze stets mit kalkarmem Wasser, dabei ist Staunässe unbedingt zu vermeiden. Im Winter reduzieren Sie das Gießen erheblich. Im Frühjahr heißt es dann, zur Schere zu greifen und das Heidekraut bis auf 10 cm Höhe zu stutzen. Ab Mai bis September sollten Sie wöchentlich düngen.

Vermehrung

Diese ist sehr einfach. Sie legen im Herbst einen Zweig mit verblühtem Flor im Garten aus. Die Pflanzen entwickeln sich aus dem ausgefallenen Samen. Nach dem Keimen gibt der Zweig den Jungpflanzen den Winter über Schutz.

Gärtnertipp

Nach der Blüte sollten Sie die Pflanze um 5 cm zurückschneiden. Das Heidekraut ist zur Unterpflanzung von kleinen Gehölzen in Körben und Schalen bestens geeignet.

Hornklee

(Lotus berthelotti)

Blütezeit:	März–April
Familie:	Hülsenfrüchtler
Heimat:	Kanarische Inseln

Diese Ampelpflanze ist neu auf dem Markt. Der Hornklee wächst flächig und bildet mit der Zeit an der Basis verholzende, herabhängende Triebe. Die achselständigen, bizarren

Heidekraut (Calluna vulgaris)

Hornklee

3 cm langen Blüten befinden sich an den Zweigenden. Sie sind in der Regel scharlachrot gefärbt; es gibt aber auch eine gelblich bis kupferfarbene Sorte. Die Blätter der Pflanze sind fein und silbrig, vergleichbar mit Asparagus.

 Standort
Der Hornklee benötigt einen hellen bis sonnigen Standort. Zum Pflanzen sollten Sie eine humose Balkonblumenerde verwenden. Beim Einsetzen mehrerer Jungpflanzen ist ein Abstand von 30 cm einzuhalten.

 Pflege
Wichtigstes Gesetz: Der Hornklee darf niemals austrocknen; die Folge wäre ein sofortiger Blatt- und Blütenfall. Andererseits verträgt die Pflanze auch keine stauende Nässe. Der Hornklee hat einen hohen Nährstoffbedarf und muss ab Februar bis September wöchentlich gedüngt werden. Ab Oktober wird die kälteempfindliche Pflanze zum Überwintern in ein helles, kühles Quartier, das nicht wärmer als 10 °C sein darf, umgesiedelt. Danach sollten Sie nur noch ganz sparsam gießen.

 Vermehrung
Der Hornklee ist leicht durch Kopfstecklinge im März oder August/September zu ziehen.

 Gärtnertipp
Nicht nur als Blütenpflanze, sondern auch als Blattpflanze wirkt der Hornklee exotisch. Seine flache, herabhängende Wuchsform kommt auf Säulen oder Balustraden besonders gut zur Geltung.

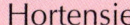

Hortensie
(Hydrangea macrophylla)

Blütezeit:	Juni–Juli
Familie:	Steinbrechgewächse
Heimat:	Südostasien

Hortensien sind wieder sehr beliebt. Es gibt deshalb eine Fülle von Neuzüchtungen, in vielen Größen. Sie können nicht nur die großblütigen 'Ballhortensien' in Rot, Rosa, Blau und Weiß, sondern auch die schönen 'Tellerhortensien', bei denen ein Kranz kleiner Blüten von einem Rand großer Einzelblüten umgeben ist, im Handel kaufen. Ebenso ist seit einiger Zeit die aparte 'Fliederhortensie' erhältlich. Die neue Hortensien-Generation ist von niedriger, kompakter Wuchsform mit langer Blütenhaltbarkeit. Die schönen Blüten der Hortensien sind in Wahrheit umgewandelte Laubblätter, die vom

Hortensien (im Vordergrund rechts)

Husarenknopf

Fachmann als Hochblatt oder Perigon bezeichnet werden. Hydrangea macrophylla wird ab März in Geschäften blühend angeboten.

Nachdem sie im Zimmer geblüht hat, kann sie ab Mai im Garten ausgepflanzt werden. Der Name Hortensie kommt von Hortus (= Garten) und Hydrangea heißt Wasserstrauch. Es handelt sich also um eine „Wasserschlürferin".

Standort

Halbschattig. Hortensien sollten in eine spezielle Azaleen- oder Rhododendronerde gepflanzt werden. Die Hortensie ist eine eindrucksvolle Kübelpflanze; sie fühlt sich in der Lebensgemeinschaft von Moorbeetpflanzen wie Rhododendren, Azaleen und Koniferen besonders wohl. Im Winter ist ein Frostschutz mit Fichten- oder Tannenreisig anzuraten.

Pflege

Das A und O ist die Wasserversorgung. Die leuchtende Blütenpracht bleibt nur erhalten, wenn Sie Hortensien reichlich, an wärmeren Tagen mehrmals täglich mit Wasser versorgen, vorzugsweise mit Regen- bzw. enthärtetem Wasser. Bei Hortensien darf der Ballen keinesfalls austrocknen. Sollte es dennoch passieren, hilft nur noch, die Pflanze bis zum Topfrand in einen Eimer mit Wasser einzutauchen, dem ein Tropfen Spülmittel beigefügt wird. Die Pflanze bleibt im Wasser stehen, bis keine Luftblasen mehr aufsteigen. Anschließend lassen Sie sie gut abtropfen, danach kommt sie in den Übertopf zurück. Blühende Hortensien werden von Februar bis Juli angeboten. Erst ab Juni wird wöchentlich mit einem Volldünger für Blütenpflanzen gedüngt. Nach der Blüte können Sie die Triebe etwas zurückschneiden. Im Herbst ist es dafür jedoch zu spät, da in den Trieben die Blütenknospen für das nächste Frühjahr bereits angelegt sind.

Ab September ist eine stickstoffhaltige Düngung einzustellen, hingegen ist ein Kalidünger zur besseren Triebreife empfehlenswert.

Vermehrung

Hortensien können Sie im Sommer einfach über Triebstecklinge in einem Glas Wasser oder in Anzuchtserde bewurzeln. Die Jungpflanzen müssen Sie einige Male stutzen, damit sie buschig wachsen.

Gärtnertipp

Hortensienblüten sind begehrte Trockenblumen. Entscheidend ist, dass die Blüten am Strauch ausreifen und geschnitten werden, bevor sie anfangen zu vergrünen.

Husarenknopf

(Sanvitalia procumbens)

Blütezeit:	Juni–Oktober
Familie:	Korbblütler
Heimat:	Mexiko, Guatemala

Der Husarenknopf wird nicht höher als 10 bis 15 cm. Er entfaltet seine kleinen Sonnenblumen besonders

Husarenknopf (im Vordergrund)

schön in hängender Form. Die Pflanze ist einjährig, verzweigt sich stark, trägt pfenniggroße, intensiv gelbe Blüten mit einer fast schwarzen Blütenmitte. Seit Ende der 80er-Jahre gibt es auch eine orangefarbene Sorte.

Standort

Die Pflanze bevorzugt einen sonnigen Platz.

Pflege

Eine sandige Garten- oder Einheitserde ist empfehlenswert. Der Husarenknopf darf nur mäßig gegossen werden, muss dafür aber alle 14 Tage niedrig dosiert gedüngt werden. Nur wenn Sie Verblühtes regelmäßig entfernen, können Sie mit einer reichen Nachblüte rechnen.

Vermehrung

Die Vermehrung erfolgt durch Aussaat im Mai an Ort und Stelle; 1 g Samen enthält etwa 1500 Körnchen.

Gärtnertipp

Der Husarenknopf ist als Ampelpflanze für den Südbalkon sehr geeignet. Auch als Unterbepflanzung im Kübelgefäß ist er empfehlenswert.

Hyazinthe

(Hyacinthus)

Blütezeit:	April–Mai
Familie:	Liliengewächse
Heimat:	Mittelmeerraum

Die bekannte einjährige Hyazinthe ist eine Frühlingsbotin. Sie erfreut mit großen duftenden Blüten in Blau, Weiß, Violett, Rosa, Karminrot, Aprikose, selten auch in Gelb.

Standort

Im September bis Oktober werden die Hyazinthenzwiebeln in Balkonkästen mit einer Dränageschicht eingepflanzt.

Zur optimalen Blütenentwicklung ist ein sonniger, warmer Platz erforderlich. Das Erdsubstrat sollte durchlässig und nicht zu feucht sein.

Pflege

Sobald das Zwiebelgewächs zum Blühen kommt, müssen Sie die Pflanze mit kalkfreiem Wasser mäßig gießen. Die Erdoberfläche sollte stets leicht feucht sein. Das Düngen entfällt, die Zwiebel wird nach der Blüte, wenn die Blätter eingezogen sind, in den Garten gepflanzt.

Vermehrung

Nur wer einen Garten besitzt, kann durch Abnahme von Brutzwiebeln die Pflanze vermehren.

Gärtnertipp

Mehrjährige Pflanzen verlieren ihre dichte Blütenfülle. Blaue und weiße Sorten bleiben fülliger als andersfarbige.

Indisches Blumenrohr
(Canna-Indica-Hybriden)

Blütezeit:	Juni–August
Familie:	Cannagewächse
Heimat:	Westindien, Südamerika

Die nach Wasser lechzende Pflanze wird, je nach Sorte, 30 bis 200 cm hoch. Die Farbskala des Indischen Blumenrohrs reicht von Weiß über Gelb, Orange, Lachsrosa bis zum tiefen Rot. Interessant sind auch die zweifarbigen Sorten. Exotisch wirken zu den farbstarken Blüten die rotbraunen oder sattgrünen Blätter. Für Kübelgefäße eignen sich Zwergsorten am besten.

Standort

Die Pflanze liebt einen sonnigen, windgeschützten Platz.

Hyazinthen (links)

Pflege

Eine humose Einheits- oder Balkonblumenerde garantiert eine gute Entwicklung der nährstoffbedürftigen Pflanze. Ab Mai muss das Indische Blumenrohr reichlich gegossen und wöchentlich gedüngt werden. Achten Sie darauf, dass die Erde niemals trocken und Verblühtes entfernt wird, damit ein dauerhafter üppiger Blütenflor erhalten bleibt. Nach den ersten Frösten schneiden Sie die Triebe handbreit zurück. Die Rhizome nehmen Sie dann aus dem Gefäß und legen sie nach dem Antrocknen auf Zeitungspapier in trockenen Torf oder Sand. Überwintert werden die Pflanzen dunkel, etwa bei 8 °C. Im März torfen Sie die Rhizome erneut ein, so dass sie in der Zimmerwärme treiben können. Nachdem sich die ersten Triebe zeigen, stellen Sie die Pflanzen heller und gießen sie gleichmäßig.

Vermehrung

Sie erfolgt durch Teilung der Rhizome im Frühjahr. Jedes Teilstück sollte 3 bis 5 Augen aufweisen.

Gärtnertipp

Vorsicht! Bei zu feuchter Überwinterung kommt es zu Rhizomfäule. Auch im Win-

Indisches Blumenrohr (links)

terquartier sind die Rhizome zu kontrollieren.

Iris

(Iris reticulata)

Blütezeit:	März
Familie:	Schwertliliengewächse
Heimat:	Kaukasus, Kleinasien

Die Iris-Arten können in Blau-, Gelb- und Weißtönen von März an blühen. Die Mehrzahl unter ihnen ist purpurviolett. Diese Iris trägt einen gelblichen Lippenfleck mit einem orangen Mittelstreifen. Ihre Blüten duften angenehm. Diese Iris-Art wird höchstens 20 cm hoch. Ihre schmalen etwa 30 cm langen Blätter erscheinen mit der Blüte.

Standort
Die Iris gedeiht sowohl an einem sonnigen als auch an einem halbschattigen Standort. Dieser liebenswerte Frühlingsbote liebt eine durchlässige, lehmig-sandige Einheits- oder Gartenerde. Die kleinen Zwiebeln mit der netzartigen Haut werden im Oktober in den Balkonkasten im Abstand von 10 cm bei einer Pflanz-

Iris

tiefe von 6 bis 8 cm gesetzt.

Pflege
Beim Pflanzen im Oktober ist auf eine gute Dränageschicht zu achten, sonst faulen die Zwiebeln. Die Pflanzgefäße sollten einen Mindestdurchmesser von 20 cm haben. Setzen Sie die Zwiebel im richtigen Abstand ein; bei kleineren Zwiebeln sind 10 cm ideal. Für alle Zwiebelgewächse gilt, dass der Boden möglichst sandig sein sollte. Von Beginn des Austriebs an bis zum Gelbwerden ihrer Blätter muss die Iris regelmäßig gegossen und auch zweimal gedüngt werden. Blühende Pflanzen sollten mit einem Pflanzvlies vor Frühjahrsfrösten geschützt und Verblühtes stets entfernt werden.

Vermehrung
In Balkonkästen und Schalen möglich.

Gärtnertipp
Wenn auch das Blattwerk der abgeblühten Zwiebelblume alles andere als attraktiv ist, müssen Sie die Rückbildung der Blätter für die Entwicklung der Zwiebeln und deren Blüte im nächsten Jahr abwarten.

Japansegge

(Carex morrowii)

Blütezeit:	Grünpflanze
Familie:	Gräser
Heimat:	Japan, Mittelasien

Entscheidend für das Gedeihen von Gräsern in Balkonkästen und Kübelgefäßen ist ein guter Wasserabzug. Das Abzugsloch im Gefäß ist also eine wichtige Voraussetzung für die Japansegge. Es wird mit Tonscherben abgedeckt, damit es nicht verstopft. Darüber kommt eine mindes-

Carex-Art (links)

tens 3 cm hohe Dränageschicht aus Tonscherben oder Blähton, darauf ein Dränvlies, damit die Dränageschicht nicht verschlämmt. Gräser stellen keine besonderen Bodenansprüche, aber sie brauchen ein durchlässiges Substrat. Die wintergrünen, hübschen, nach unten gebogenen Blätter mit ihren breiten, gelben Mittelstreifen sind eine Zierde für Gehölze und blühende Pflanzen.

Standort
Die Japansegge möchte schattig oder halbschattig im Schutz von Gehölzen wachsen. Sie braucht einen normalen bis humosen Boden.

Pflege
Das anspruchslose, ausdauernde Gras dürfen Sie nur mäßig gießen und ein- bis zweimal während der Wachstumsphase düngen. Eine ganz ähnliche Behandlung benötigt die hier abgebildete Carex-Art.

Vermehrung
Die Vermehrung erfolgt durch Teilung im Frühjahr.

Gärtnertipp
Die Blütenstände, kleine knollenförmige Ähren, sind bedeutungslos. Der eigentliche Schmuck sind die Grashalme mit ihren gelben Streifen in der Mitte. Während der

Frostperiode müssen Sie die Pflanze durch eine Reisigabdeckung vor der Wintersonne schützen.

Jasmin

(Jasminum nudiflorum)

Blütezeit:	Dezember–März
Familie:	Ölbaumgewächse
Heimat:	Westchina

Trotz Kälte und dunkler Jahreszeit entfaltet der Winterjasmin seine zitronengelben Blüten bereits im Dezember. Der ginstergrüne Strauch mit seinen herabhängenden Rutenzweigen ist anspruchslos und kann problemlos in Balkonkästen überwintern. Nur in extrem kalten Gegenden ist ein Frostschutz mit Fichtenzweigen erforderlich. Durch seine kaskadenartige Wuchsform und die außergewöhnlich frühe Blütezeit ist der Winterjasmin für Balkonkästen und Kübelgefäße besonders beliebt.

 Standort
Die Pflanze ist winterhart; sie gedeiht in geschützter und

Jasmin

 sonniger bis halbschattiger Lage gut.

 Pflege
Als Pflanzsubstrat ist eine humose, lehmhaltige Garten- oder Einheitserde zu verwenden. Die Pflanze ist zudem kalkliebend. Der Winterjasmin wird mäßig gegossen und ab März nach der Blütezeit bis August monatlich gedüngt.

 Vermehrung
Diese erfolgt durch Triebstücke, die bei Erdkontakt wurzeln. Auch über Stecklinge, die in den Sommermonaten Juni oder Juli geschnitten werden, können Sie die Vermehrung vornehmen.

 Gärtnertipp
Der Winterjasmin lässt sich nicht nur als Blütenfontäne, sondern auch mit entsprechender Rankhilfe als Kletterpflanze ziehen. In der Vase gehen die frisch geschnittenen Blütenzweige bis zur letzten Knospe auf.

Jelängerjelieber

(Lonicera caprifolium)

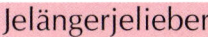

Blütezeit:	Mai–September
Familie:	Geißblattgewächse
Heimat:	Westchina

Das Geißblattgewächs schlingt sich 3 bis 4 m hoch. Die Pflanze mit dem lieblichen Blütenduft, der sich vor allem in den Abendstunden entfaltet, ist für die Kübelbepflanzung besonders geeignet und beliebt: einmal wegen der schön geformten, lanzettähnlichen Blätter, zum andern wegen der gelbroten Blüten, aber vor allem aufgrund seines dichten Wuchses. Interessant ist auch der dekorative Beerenschmuck im Herbst.

Jelängerjelieber

 Standort
Die Pflanze bevorzugt einen sonnigen bis halbschattigen Platz. Geeignet ist jeder gute Gartenboden mit Einheitserde bzw. einer qualitativ hochwertigen Blumenerde.

 **Pflege**
Die Pflanze braucht reichlich Wasser, der Ballen darf niemals trocken werden. Von Mai bis August wird die üppig wachsende Pflanze alle 4 Wochen gedüngt. Das Geißblatt braucht unbedingt eine Kletterhilfe. Das kann ein Gitter, Spalier oder ein Drahtgerüst sein. Nach der Blüte können Sie sie zurückschneiden und im Freien überwintern. Vergessen Sie aber nicht, an frostfreien Tagen mäßig zu gießen.

 Vermehrung
Sie erfolgt durch Stecklinge im Frühsommer.

 Gärtnertipp
Bewährt hat sich eine Unterpflanzung mit Efeu. Auf diese Weise wird der Boden feucht gehalten, damit trocknet der Ballen nicht so schnell aus. Vorsicht! Die Beeren der Pflanze sind giftig.

Kängurubaum

(Casuarina)

Blütezeit:	Grünpflanze
Familie:	Casuarinaceae
Heimat:	Südaustralien

Der Kängurubaum ist eine aparte, exotische Grünpflanze mit wogendem, federartigem Laub, das aus vielen langen, herabhängenden, gegliederten Zweigen besteht, vergleichbar mit verzweigtem Schachtelhalm oder der in vielen Gärten stehenden Tamariske.

Standort

Die extrem anspruchslose Pflanze wächst in ihrer Heimat überall dort, wo fast nichts mehr wächst.

Sie kann baum- oder strauchartig gezogen werden und ist selbst für Trockengebiete geeignet. Als Erde hat sich eine lehmig-humose Mischung bewährt. Der Kängurubaum ist unempfindlich gegen Wind, sollte jedoch an einem möglichst hellen, sonnigen Platz stehen.

Pflege

Die genügsame Pflanze braucht wenig Wasser. Eine ein- bis zweimonatige Düngung ist ausreichend und abhängig von dem gewünschten Wachstum. Da die Pflanze sehr wüchsig ist, muss mit dem Rückschnitt rechtzeitig begonnen werden. Überwintert wird die Pflanze hell bei ungefähr 5 bis 10 °C.

Vermehrung

Diese erfolgt im Frühjahr durch Aussaat auf der Fensterbank oder im Sommer aus Stecklingen bei einer Bodentemperatur von 20 °C.

Gärtnertipp

Wer die Pflanze in den Wintergarten stellt, kann mit dem Erscheinen unscheinbarer Blüten rechnen.

Kamelie

(Camellia)

Blütezeit:	Dezember–April
Familie:	Teegewächse
Heimat:	Ostasien

Kamelie

Dieses Teegewächs aus den ostasiatischen Gebirgswäldern ist eine Pflanze für Fortgeschrittene. Kaum eine Pflanze reagiert so empfindlich auf abrupte Veränderungen wie die Kamelie. Sie verträgt keinen plötzlichen Wechsel von Dürre zur Nässe, von Lufttrockenheit zur Luftfeuchte, von Wärme zur Kälte; sie mag kein Drehen des Pflanzgefäßes und keine Zugluft.

Standort

Diese Pflanze liebt einen hellen und halbschattigen Platz. Sie braucht einen gut durchlässigen Boden, viel Torf und keinen Kalk. In Weinanbaugebieten kann die Kamelie bei absonnigem Standort und entsprechendem Winterschutz mit Rohrmatten im Freien überwintern.

Pflege

Gießen sollten Sie möglichst mit kalkfreiem Wasser. Während der Blütezeit braucht die Pflanze viel Wasser. Nach der Blütezeit ist sie nur mäßig feucht zu halten. Während der Blütezeit dürfen die Blüten nicht mit Wasser in Berührung kommen, sonst bekommen sie Flecken. Von April bis Ende Juli sollten Sie sie wöchentlich mit Azaleendünger versorgen.

In kalten, frostreichen Gegenden muss die Kamelie während der Wintermonate in ein lichtes, kühles Treppenhaus oder, sofern vorhanden, in den Wintergarten übersiedeln. Ideal ist ein Winterquartier, das luftig, kühl und hell ist und eine Temperatur von 6 bis 16 °C aufweist.

Vermehrung

Sie erfolgt im August durch knospenlose Kopfstecklinge.

Gärtnertipp

Kamelien gibt es mit einfachen, halb gefüllten und gefüllten Blüten. Ähnlich wie bei den Azaleen, vertragen die Wurzeln der Kamelie keine Hitze. Kamelien können Sie beliebig schneiden, zweckmäßig ist ein Formschnitt nach der Blüte. Im August sollten Sie alle langen herausschießenden Triebe kürzen.

Kanarische Dattelpalme

(Phoenix canariensis)

Blütezeit:	Grünpflanze
Familie:	Palmengewächse
Heimat:	Westafrika, Asien

Die Kanarische Dattelpalme ist sehr beliebt, weil sie bei guter Pflege schnell zu einer ausladenden, stattlichen Pflanze heranwächst, wobei der geschuppte Stamm relativ kurz bleibt, die Wedel aber bis zu 2 m Länge erreichen. Die exotische Pflanze kommt am besten in einem großen Holzkübel zur Geltung.

Standort

Die Dattelpalme benötigt einen sonnigen Platz. Am besten gedeiht sie in einem Substrat von 2/3 Lehmerde und 1/3 Laubkompost bzw. Torf, dem Sie etwas Sand untermischen. Überwintert wird diese Palme hell bei 5 bis 10 °C.

Pflege

Das Wachstum der Pflanze wird durch die Wassermenge und Düngung stark beeinflusst. Wenn Sie aus Platzgründen ein schnelles Heranwachsen verhindern wollen, sollten Sie die Pflanze nur einmal während der Saison mit einem Blattpflanzendünger ernähren und nur mäßig gießen. Bei wöchentlichem Düngen und reichlichem Gießen ist die Kanarische Dattelpalme sehr wüchsig. Achten Sie auf eine 5 cm hohe Dränageschicht im Kübelgefäß, denn Staunässe verkraftet die Dattelpalme nicht.

Vermehrung

Die Vermehrung erfolgt durch Samen.

Gärtnertipp

In den Sommermonaten sollten Sie die Dattelpalme öfter mit dem Schlauch abspritzen, sie wird auf diese Weise entstaubt und damit ein Schädlingsbefall verhindert.

Kapaster

(Felicia amelloides)

Blütezeit:	Juli–September
Familie:	Korbblütler
Heimat:	Südafrika

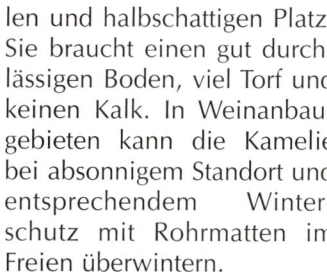

Kanarische Dattelpalme

Kapaster

Kapmargerite

Das dankbare, blaue Gänseblümchen, so wird die Kapaster aufgrund ihrer Ähnlichkeit mit der Staudenaster im Volksmund genannt, ist, falls sie nicht überwintert wird, einjährig.

Standort
Volle Sonne und viel frische Luft wünscht sich die Kapaster, die je nach Alter eine Höhe von 20 bis 60 cm erreichen kann und etwa 3,5 cm große violette Sternblüten mit gelber Mitte trägt.

Pflege
Wichtig ist für die Kapaster die Sonne, denn dann blüht sie üppig. Darüber hinaus braucht die Pflanze eine lehmig-humose Gartenerde; sie kommt aber auch mit einer guten Balkonkastenerde zurecht. Die fleißige Blüherin darf nur mäßig gegossen und alle 14 Tage gedüngt werden. Wer Ausgeblühtes regelmäßig entfernt und die Pflanze das ganze Jahr über entspitzt, wird durch eine besonders buschige, blütenreiche Kapaster belohnt. Gelingt es Ihnen, die Pflanze hell bei 12 °C zu überwintern, dann werden Sie im kommenden Jahr eine noch kräftigere, leicht verholzte Staude erhalten.

Überwinterte Pflanzen müssen Sie im Frühjahr zurückschneiden und in humose Einheitserde topfen.

Vermehrung
Sie erfolgt durch krautige Stecklinge im Frühjahr.

Gärtnertipp
Die lavendelblauen Kapastern passen gut zu weißen oder rosafarbigen Pelargonien, ebenso zu Minirosen. Sie sind aber auch eine schöne Ergänzung zu Blauschwingelgräsern und immergrünen Koniferen.

Kapmargerite
(Osteospermum)

Blütezeit:	Mai–September
Familie:	Korbblütler
Heimat:	Südafrika

Immer beliebter werden die Kapmargeriten. Es gibt eine ganze Reihe neuer Sorten, so z. B. die zartrosafarbene 'Penny Pink' oder die goldgelb blühende 'Zulu'. Kapmargeriten eignen sich für großräumige Gefäße besonders gut. Für den Balkonkasten sind sie weniger empfehlenswert, da sie meist zu groß werden.

Standort
Kapmargeriten mögen die Sonne. Sie brauchen eine gut dränierte, nährstoffreiche Balkonblumenerde, auch Einheitserde eignet sich.

Pflege
Die einjährige Kapmargerite wird von Mai bis September mäßig, aber regelmäßig mit Wasser versorgt und wöchentlich mit einem flüssigen Blühpflanzendünger ernährt.

Vermehrung
Sie bleibt dem Fachmann überlassen, denn die Aussaat ist mühsam.

Kapmargerite

Kapuzinerkresse

Gärtnertipp
Einige Sorten legen in den heißen Sommermonaten eine Blühpause ein.

Kapuzinerkresse

(Tropaeolum-Hybriden)

Blütezeit:	Juni–Oktober
Familie:	Kapuzinerkresse-gewächse
Heimat:	Peru

Die rankende Kapuzinerkresse ist eine attraktive einjährige Schlingpflanze für warme, geschützte Standorte. Die reich blühende Pflanze wächst schnell und üppig mit zierlicher Belaubung. Die preiswerte Pflanze berankt Außenwände, taucht unschöne Mauern in eine farbenfrohe Sommerhecke. Die Kapuzinerkresse kann bis zu 2 m hohe Triebe entwickeln, die 25 bis 30 cm hohe Büsche bilden. Die Blütenfarben variieren zwischen Gelb, Orange, Lachsrosa, Rot bis Feuerrot. Interessant dazu sind auch die schildförmigen Blätter.

 Standort
Diese Pflanze möchte in voller Sonne stehen. Bei zu wenig Licht bildet die Pflanze viele Blätter, aber wenig Blüten.

 Pflege
Der üppige Blüter braucht eine lehmig-sandige Gartenoder Einheitserde. Ist der Boden zu nährstoffreich, dann bilden die Pflanzen vermehrt Blätter anstelle der erhofften Blüten. Die Pflanze verlangt nach einer reichlichen Wasserversorgung, sollte aber nur alle 2 Monate gedüngt werden.

 Vermehrung
Sie erfolgt aus Samen, der ab Ende April an Ort und Stelle ausgesät wird.

 Gärtnertipp
Nicht nur die Blüten der Kapuzinerkresse sind mit Quark gefüllt sehr schmackhaft, auch der runde Samen wird als Kapernersatz in Essig, Salz, Wasser und Öl eingelegt.

Kirschlorbeer

(Prunus laurocerasus)

Blütezeit:	April–Mai
Familie:	Rosengewächse
Heimat:	Südosteuropa, Vorderasien

Der Kirschlorbeer hat in den Blättern eine gewisse Ähnlichkeit mit dem Lorbeer, obwohl seine Blätter wesentlich größer sind. Meist wächst die Pflanze strauchartig. Junge Zweige sind grün und die Blätter länglich bis elliptisch. Das feste, lederartige Blattwerk ist oberseits dunkelgrün glänzend, von unten blassgrün. Im Mai erfreut der Kirschlorbeer mit weißen Blüten, die sich an 5 bis 12 cm langen, vielblütigen Trauben bilden. In milden Jahren blüht die Pflanze ein zweites Mal im Herbst.

Kirschlorbeer

 Standort
Eine Pflanze, die sowohl in der Sonne als auch im Schatten und Halbschatten gleichermaßen gedeiht.

 Pflege
Der Kirschlorbeer liebt einen humosen, nicht zu trockenen Boden. Er sollte stets leicht feucht gehalten werden, also mittelmäßig gießen. In milden Gegenden kann die Pflanze im Freien überwintern. In den ersten Jahren braucht die Jungpflanze einen Frostschutz mit Fichtenreisig. Besser für die Überwinterung der Pflanze ist ein frostfreier, kühler, gut belüfteter Raum.

 Vermehrung
Die Vermehrung ist einfach. Sie erfolgt durch halbharte, ausgereifte Triebspitzen im Herbst.

 Gärtnertipp
Vorsicht! Während der Blütezeit ist der Gehalt an Blausäure-Glykosiden am größten.

Kirschmyrte

(Eugenia)

Blütezeit:	März–Mai
Familie:	Myrtengewächse
Heimat:	Tropen, Subtropen

Ein dekorativer, immergrüner Strauch mit fleischigen Blättern. Im Frühjahr blüht die Kirschmyrte mit vielen weißen, abstehenden Staubblättern. Aus den Blüten bilden sich später rote, kirschähnliche Beeren.

 Standort
Die Kirschmyrte wünscht sich ein helles, halbschattiges und luftiges, aber windgeschütztes Plätzchen auf Balkon oder Terrasse. Überwintert wird die Pflanze hell bei 8 bis 12 °C.

Kirschmyrte

Bedarf alle 2 bis 3 Jahre in Einheitserde um.

Vermehrung
Sie erfolgt durch Stecklinge im Frühjahr bei etwa 16 °C, wobei die Jungpflanzen häufig entspitzt werden müssen.

Gärtnertipp
Ein ideales Plätzchen für die Überwinterung sind kühle, nicht zu dunkle Treppenaufgänge. Im Handel angeboten wird meist die 'Eugenia paniculata', ein kleiner Baum mit rot gefärbten jungen Trieben.

Kissenaster

(Aster dumosus)

Blütezeit:	September–Oktober
Familie:	Korbblütler
Heimat:	Alpen, Mitteleuropa

Im Herbst blühen die Kissenastern, eine niedrig bleibende Staude von 25 bis 50 cm Höhe. Die Blüten bilden, wie der Name schon andeutet, kugelförmige Kissen. Die Pflanze wird in Weiß, Rosa, Karminrot, Violett, Purpurviolett und Blau ab August im Handel angeboten.

Standort
Die dankbare Kissenaster kommt mit jedem Standort zurecht. In der Sonne entwickeln sich die Blüten besonders farbintensiv und kräftig. Am besten gedeiht die Pflanze in kalkhaltiger Erde.

Pflege
Im Sommer braucht die Kirschmyrte reichlich kalkfreies Wasser, in der Ruhezeit darf sie nur sparsam gegossen werden. Wenn Sie die Pflanze im Frühjahr zurückschneiden, wird sie anschließend besonders buschig, allerdings geht der Rückschnitt auf Kosten der Blütenfülle. Gedüngt wird die Pflanze alle 14 Tage von März bis September. Topfen Sie nur bei

Pflege
Nach der Blüte sind die Stiele ganz zurückzuschneiden. Die genügsame Pflanze braucht lediglich im Frühjahr eine Hand voll Volldünger; gegossen wird nur mittelmäßig und niemals direkt auf die Blüte. Bei der Pflanzung im Frühjahr oder Herbst reicht eine Pflanze pro Pflanzgefäß. Kissenastern

Kissenprimel

Kissenaster

können mit Fichten- oder Tannenreisig geschützt an Ort und Stelle überwintern.

Vermehrung
Sie erfolgt durch Teilung im März bis April oder nach der Blüte.

Gärtnertipp
Alle Asternarten sollten Sie über viele Jahre hinweg im selben Pflanzgefäß wachsen lassen. Die Pflanze ist sehr anfällig für echten Mehltau und Älchen. Dagegen hilft nur der alte Pflanzentrick: Setzen Sie die Studentenblume (Tagetes) neben die Kissenaster.

Kissenprimel

(Primula)

Blütezeit:	Januar–April
Familie:	Primelgewächse
Heimat:	Europa, Asien

Wer liebt und kennt sie nicht, die bunten Primeln, die neben Stiefmütterchen und Mini-Narzissen Vorboten der Balkonkastensaison sind. Das Angebot ist groß. Die etwa 10 cm hohen Kissenprimeln gibt es groß- und kleinblumig in leuchtendem Gelb, Rosa, Rot, Violett, Flieder und Weiß sowie in vielen Blautönen. Hübsch sehen auch die weißgerandeten, gelb- oder rosageflammten Varietäten aus.

Standort
Die Pflanze braucht einen nährstoffreichen Boden. Das kann eine humose, durchlässige, kalkhaltige Gartenerde sein oder eine gute Balkonblumen- bzw. Einheitserde. Sie verträgt sowohl Sonne wie Halbschatten, wobei ein halbschattiger Standort vorzuziehen ist, um die Blütezeit zu verlängern.

Pflege
Primeln dürfen niemals austrocknen, aber nur mäßig gegossen werden. Wer sie nur als Saisonpflanze hält, braucht nicht zu düngen. Wird die Primel später in den Garten ausgepflanzt, dann muss sie nach der Blüte von Mai bis August alle 4 Wochen schwach dosiert gedüngt werden. Verblühtes ist regelmäßig zu entfernen.

Vermehrung
Diese sollte dem Fachmann überlassen werden.

Gärtnertipp
Primeln können bei empfindlichen Menschen möglicherweise Allergien auslösen.

Kiwi

(Actinidia chinensis)

Blütezeit:	Juni–August
Familie:	Strahlengriffelgewächse
Heimat:	Ostasien

Von der zweihäusigen Kiwi (weibliche und männliche Blütenanlagen sind getrennt auf verschiedenen Pflanzen) muss zur Bestäubung eine männliche Pflanze in der Nähe stehen. Ein Männchen reicht für 12 weibliche Pflanzen. Die Kiwi ist gut geeignet zur Begrünung von Pergolen. Zum Fruchten kommt die Pflanze nur an sehr geschützten, warmen Standorten und in Weinanbaugebieten. Selbst ohne Beerenschmuck ist die Pflanze mit ihren herzförmigen, tiefgrünen Blättern, die im Herbst eine schöne Gelbfärbung annehmen, attraktiv. Auch die weiß bis gelblich farbenen duftenden Blüten der Kiwi sind liebenswert.

Standort
Die Kiwi benötigt einen warmen, eher halbschattigen, windgeschützten Platz. Der Boden sollte eine nährstoffreiche, gut durchlässige Erde aufweisen.

Pflege
Die Erde muss stets genügend feucht gehalten werden. In den ersten Jahren muss die Pflanze vor Frost mit einer Reisigdecke geschützt werden. Die Pflanze braucht ein Rankgerüst.

Vermehrung
Diese sollte dem Fachmann überlassen werden. Der Kauf von Jungpflanzen in einer guten Baumschule, in der weibliche und männliche Pflanzen auseinander gehalten werden können, ist empfehlenswert.

Kiwi

Gärtnertipp
Zur Bestäubung genügt es aber auch, einen Zweig mit männlichen Blüten in die Krone des weiblichen Exemplars zu pfropfen.

Klebsame

(Pittosporum tobira)

Blütezeit:	März–Mai
Familie:	Klebsamengewächse
Heimat:	subtrop. Asien

Viele Urlauber haben die duftende Klebsamenpflanze in südlichen Ländern kennen- und lieben gelernt und werden sie als Kübelpflanze schnell wiederentdecken. Die meisten der 160 Arten sind immergrüne, kleine Bäume oder Sträucher mit weißen, roten oder gelben Blüten. Der Same der Pflanze ist von klebrigem Harz umgeben, daher auch der Name.

Standort
Die Pflanze liebt einen sonnigen Standort, verträgt aber auch Halbschatten. Zum Pflanzen verwenden Sie am besten eine Mischung aus Kompost und Lauberde, der

Kletterhortensie

Sie etwas Lehm und Sand hinzufügen. Überwintert wird die Pflanze vorzugsweise hell, etwa bei 4 bis 7 °C. Ein wärmeres Winterquartier beeinträchtigt die Blütenbildung. Unter Umständen kann die Pflanze auch dunkel bei 0 °C den Winter überstehen, allerdings kommt es dann meist zum Laubfall.

Pflege
Die Klebsame können Sie jederzeit zurückschneiden. Der Wasserbedarf richtet sich nach dem Standort. Ist dieser warm und sonnig, braucht die Pflanze reichlich Wasser und eine vierzehntägige Düngegabe.

Vermehrung
Im Frühling lassen sich halbharte Stecklinge in sandiger Erde bewurzeln. Eine Vermehrung durch Samen ist möglich, aber langwierig.

Gärtnertipp
Die Klebsame war schon vor

200 Jahren eine beliebte Kübelpflanze, die den Winter über in Großmutters guter Stube verbrachte. Durch die zentralbeheizten Räume geriet sie in Vergessenheit. Nun wird sie wieder neu entdeckt.

Kletterhortensie

(Hydrangea anomala)

Blütezeit:	Juni–Juli
Familie:	Steinbrechgewächse
Heimat:	Japan, Korea

Man pflanzt die Kletterhortensie am besten im Frühling mit ihrem großen Wurzelballen in ein großes Kübelgefäß. Die Kletterhortensie kommt erst nach einigen Jahren zur Blüte und vollen Entfaltung. An einem günstigen Standort erfreut die Pflanze viele Jahre mit ihren 20 cm breiten, weißen Blütendolden. Sehr auffällig sind die vierblättrigen Rand-

Klebsame

blüten, die bis zu 3 cm Durchmesser erreichen und der Anlockung von Insekten dienen. Der innere Blütenkreis ist grünlich weiß und befruchtungsfähig.

Standort
Nur an einem geschützten, leicht schattigen Standort in humoser, nährstoffreicher, genügend feuchter und saurer Erde kann sich die Kletterhortensie optimal entwickeln.

Pflege
Kletterhortensien vertragen Trockenheit schlecht. In den Sommermonaten sollten Sie daher gut gegossen werden.

Vermehrung
Am einfachsten ist die Vermehrung durch Absenker. Zu diesem Zweck werden einjährige Triebe im Frühjahr flach in die Erde gelegt und damit bedeckt. Nur die Triebspitze bleibt frei. Nach einem Jahr können Sie die bewurzelten Triebe abtrennen und an den gewünschten Ort verpflanzen.

Gärtnertipp
Am Fuß der Pflanze wurzeln Azaleen besonders gut.

Korallenstrauch

(Erythrina crista-galli)

Blütezeit:	Juli–Oktober
Familie:	Hülsenfrüchtler
Heimat:	Brasilien

Der Korallenstrauch ist eine prächtig blühende Kübelpflanze mit attraktiven Blüten und geringem Pflegeanspruch. Der gedrungene Strauch trägt an seinen Zweigen und Blattstielen flache Dornen, hat dreiteilig gefiederte Blätter und schmückt sich von Sommer bis Herbst mit leuchtend roten Schmetterlingsblüten.

Korallenstrauch

Standort
Die tropische Pflanze möchte vollsonnig und warm in einer lehmigen Gartenerde oder in einem Gemisch von Sand, Torf und Balkonblumenerde stehen.

Pflege
Der Wasser- und Düngebedarf der Pflanze ist groß. Den Korallenstrauch müssen Sie von Mai bis Ende August reichlich gießen und wöchentlich düngen. Stauende Nässe ist unbedingt zu vermeiden. Ab September ist die Düngung einzustellen, damit die Triebe ausreifen können. Während der Wachstumszeit dürfen Sie die Pflanze nicht zurückschneiden, da sich die Blüten am einjährigen Holz entwickeln. Vor Frostbeginn heißt es, die Triebe der Pflanze um 10 cm zurückzuschneiden und mit angetrocknetem Ballen ins Winterquartier, etwa 8 °C, zu bringen. Der Korallenstrauch kann sowohl hell als auch dunkel überwintern. Je dunkler der Raum, desto kühler sollte die Raumtemperatur sein, etwa bis 5 °C. Auch muss die Pflanze dann ganz trocken gehalten werden.

Vermehrung
Im Frühjahr aus Kopfstecklingen. Selbst die Vermehrung aus Samen ist einfach, es dauert allerdings 3 bis 4 Jahre, bis die Pflanze blüht.

Gärtnertipp
Der Korallenstrauch 'Erythrina Caffra' treibt erst sehr spät aus. Es ist daher ratsam, die Pflanze im Frühjahr in einem hellen Zimmer vorzutreiben und erst ab Mai ins Freie zu stellen.

Korea-Tanne

(Abies koreana)

Blütezeit:	Nadelgehölz
Familie:	Tannengewächse
Heimat:	Südkorea

Der langsam wachsende, kleine Baum erreicht in 15 Jahren etwa 3 bis 4 m. Der Stamm reicht bis zur Spitze, die Äste sind quirlig abstehend und bilden einen regelmäßigen Kegel. Angeboten werden auch veredelte Formen ohne Mitteltrieb,

Korea-Tanne

die nur eine Höhe von 50 bis 100 cm erreichen. Typisch für die Korea-Tanne ist die Zapfenbildung, die ab September stattfindet und sich zum Winter hin abbaut. Ab dem fünften Jahr sind die Zapfen ein dominierender Baumschmuck.

Standort
Nadelgehölze sind insgesamt schwach zehrende Pflanzen. Sie dürfen nur mit Pflanzen, die ebenfalls einen geringen Nährstoffbedarf haben, kombiniert werden. Der Boden sollte sauer bis schwach alkalisch sein. Vorzugsweise wird eine frische, sandig-humose, lehmige Erde verwendet. Die Korea-Tanne ist kalkverträglich und sollte einen halbschattigen Platz erhalten.

Pflege
Der Wasserbedarf der Pflanze ist gering, nur an einem wärmeren, sonnigen Standort erhöht er sich. Gedüngt wird minimal mit einem Tannennadeldünger. Bei richtigem Standort ist die Korea-Tanne pflegeleicht. Sie überwintert an Ort und Stelle und darf nie zurückgeschnitten werden.

Vermehrung
Diese bleibt dem Fachmann überlassen.

Gärtnertipp
Aufgrund der Ballengröße eignet sich die Korea-Tanne im Balkon- und Terrassenbereich nur zur Bepflanzung größerer Kübel oder eingebauter Pflanzwannen.

Kreppmyrte

(lagerstroemia indica)

Blütezeit:	August–Oktober
Familie:	Weiderichgewächse
Heimat:	China, Korea

Kreppmyrte

Flieder des Südens wird die sonnengewohnte Kreppmyrte auch genannt. Aber nur in heißen, sonnenreichen Sommern ist mit einer Blüte dieser Pflanze zu rechnen. Zweifelsohne zählt sie zu den dekorativsten Kübelpflanzen, wenn sie erst einmal blüht. Hervorstechende Merkmale sind der glatt polierte Stamm mit den dunkelgrünen, ledrigen Blättern, den üppigen Blütenrispen in Weiß, Rosa, Rot oder Violett. Beim Verblassen der Blütenfarbe erwecken vor allem die roten und violetten Sorten den Eindruck, als ob sie verschiedenfarbig blühen würden.

Standort
Die Pflanze entfaltet ihre Blütenpracht nur, wenn sie sehr hell und sonnig, am besten vor einer weißen Südwand steht. Als Pflanzsubstrat verwenden Sie ein Gemisch aus Sand, Kompost und Gartenboden zu je 1/3; alternativ dazu geht auch 1/3 Sand und 2/3 Balkonblumenerde.

Pflege
Mit Beginn der Blüte wird die Pflanze alle 4 Wochen mit einem Volldünger ernährt. Während der Wachstumszeit ist die Kreppmyrte gleichmäßig feucht zu halten, wobei

Staunässe und Ballentrockenheit sowie ein Drehen des Kübelgefäßes absolut zu vermeiden sind, sonst kommt es zum Knospenfall. Vor dem Einwintern, Sie können sich hiermit Zeit lassen, bis Temperaturen von -10 °C erreicht sind, wird die Myrte kopfweidenartig auf 5 bis 10 cm zurückgeschnitten. Die Temperatur für die Überwinterung liegt bei 4 bis 0 °C, wobei die Pflanze dunkel und fast trocken stehen sollte. Im zeitigen Frühjahr muss sie dann in einem hellen Raum vorgetrieben werden. Beim Umstellen ist auf die Neutriebe zu achten, da sie sehr bruchempfindlich sind und bereits den Ansatz der zukünftigen Blüten tragen.

Vermehrung
Durch Kopfstecklinge im August können Sie vermehren. Eine Aussaat ist möglich, aber langwierig.

Gärtnertipp
Die Kreppmyrte blüht nur am einjährigen Holz, deswegen darf sie auch nur im Herbst stark zurückgeschnitten werden. Sie zählt zu den Kübelpflanzen, die kurzfristig bis zu -20 °C Frost verkraften. In den milden Weinanbaugebieten kann die Pflanze, durch Folienpolster geschützt, draußen überwintern.

Kreuzkraut

(Senecio bicolor)

Blütezeit:	Juli–September
Familie:	Korbblütler
Heimat:	Mittelmeerregion

Das Kreuzkraut, auch Silberblatt genannt, fällt durch sein interessant geschlitztes, silberfilziges Laub auf. Es ist eine beliebte Strukturpflanze zu den bunten Balkonblumen. Harmonisch ist die Kombination von rosa, weiss oder violett blühenden Blumen. Die kleinen gelben Blüten der Pflanze erscheinen erst im zweiten Kulturjahr.

Standort
Die Pflanze braucht Sonne und Regenschutz. Sie fühlt sich sowohl in Einheitserde als auch in lehmig-sandiger Gartenerde wohl. Bei nicht zu strengem Frost kann das Kreuzkraut durch Fichtenreisig geschützt auch im Balkonkasten überwintern.

Pflege
Die Pflanze braucht nur wenig Wasser. Gedüngt wird während der Wachstumsperiode jede zweite Woche.

Vermehrung
Die Vermehrung erfolgt im März durch Aussaat bei einer Bodentemperatur von 18 °C.

Gärtnertipp
Das Kreuzkraut enthält giftige Alkaloide.

Krokus (vorne)

Kreuzkraut (vorne)

Krokus
(Crocus)

Blütezeit:	Februar–März
Familie:	Schwertliliengewächse
Heimat:	Mittelmeerraum

Der allgemein bekannte Krokus gehört zu den ersten Frühlingsboten. Er ist bekannt durch seine wunderschönen, kelchförmigen Blüten in Weiß, Gelb, Hellviolett bis hin zu Lila mit purpurner Äderung, meist mit gelbem Schlund. Die Blütenform steht in schönem Kontrast zu den grasartigen Blättern mit weißem Mittelstreifen.

Standort
Der Frühlingsblüher braucht einen sonnigen bis halbschattigen Standort. Krokusse lieben eine lehmig-humose Garten- oder gute Balkonblumenerde.

Pflege
Die Pflanze wird mäßig feucht gehalten. Alle Zwiebelgewächse, so auch der Krokus, vertragen stehende Nässe nicht. Dicht bepflanzte Kästen sollen nach dem Austrieb alle 14 Tage gedüngt werden. Ab September werden Zwiebelknollen in gut dränierte Gefäße, die mit Balkonblumenerde gefüllt sind, im Abstand von 6 cm gelegt. Anschließend wird die Pflanzung leicht angegossen. Verblühtes kann entfernt werden, aber das Laub muss sich von alleine lösen.

Vermehrung
Die Vermehrung erfolgt durch Aussaat oder kleine Brutknollen; letztere bilden sich nur im Garten.

Gärtnertipp
Für eine erfolgreiche Balkonbepflanzung werden 20 bis 30 cm breite und 20 cm tiefe Kästen benötigt, ebenso ein Frostschutz aus Zeitungspapier oder Fichtenreisig.

Lampenputzergras
(Pennisetum alopecuroides)

Blütezeit:	August–Oktober
Familie:	Gräser
Heimat:	Asien

Das prachtvolle Schmuckgras ist eine begehrte Balkon- und Kübelpflanze wegen seiner lang in den Winter hinein zierenden Fruchtstände. Seine winzigen hell- bis rötlich braunen Blüten sitzen an 15 bis 25 cm langen, flauschigen Ähren.

Standort
Die Pflanze liebt einen sonnigen Platz, der Boden sollte mäßig feucht gehalten werden. Verdichtete oder sandige Böden sind für das Lampenputzergras ungeeignet.

Pflege
Die Pflanze muss im Kübel regelmäßig gegossen werden, denn der Ballen darf nie austrocknen. Gedüngt wird von Mai bis August in 14-tägigem Rhythmus. Das Lampenputzergras kann im Kübelgefäß überwintern, sofern es während der Frostperiode abgedeckt wird. Erst im Frühjahr schneiden Sie die ausgeblühten Ähren zurück.

Vermehrung
Sie erfolgt durch Teilung im Frühjahr.

Gärtnertipp
Das Lampenputzergras passt gut zu Dahlien.

Lavendel
(Lavandula angustifolia)

Blütezeit:	Juni–Juli/September
Familie:	Lippenblütler
Heimat:	Mittelmeergebiet

Lavendel

Der echte Lavendel zählt zu den schönsten Stauden bzw. Halbsträuchern in Kübelgefäßen und Balkonkästen. Die aparte Duftpflanze ist äußerst genügsam. Lavendel gedeiht sogar auf kargen, steinigen, kalkhaltigen sowie auf sandigen Böden. Nur bei zu viel Feuchtigkeit streikt er. Im Allgemeinen wird er etwa 50 cm hoch. Nur wenige wissen, dass es Lavendel nicht nur in Blau, sondern auch in Hellrosa, Dunkellila und Violett gibt.

Standort
Lavendel zieht einen sonnigen Standort vor. Das Erdsubstrat sollte aus einer kalkrei-

Lampenputzergras

chen, lehmig-humosen Mischung bestehen.

Pflege
Lavendel braucht wenig Wasser und sollte nicht gedüngt werden. Nach der Blüte im September müssen Sie die Pflanze stark zurückschneiden, damit sie nicht verkahlt. In geschützten Lagen kommt die Pflanze ohne Winterschutz aus, ansonsten wird sie mit Fichtenreisig abgedeckt.

Vermehrung
Die Vermehrung geschieht mit Sommerstecklingen, die in einem Gemisch aus Gartenerde und Sand leicht bewurzeln.

Gärtnertipp
Neben Rosen bepflanzt, fühlt sich Lavendel besonders wohl. Außerdem sind die Blüten umrahmt von dem silbergrünen Laub ein schöner Kontrast zu allen Rosafarben. Und seit altersher werden getrocknete Lavendelzweige als Duftspender zwischen die Wäsche gelegt.

Leberbalsam

(Ageratum houstonianum)

Blütezeit:	Juli–Oktober
Familie:	Korbblütler
Heimat:	Mexiko

Ageratos bedeutet auf Griechisch: ewig jung. Daher auch der Pflanzenname, denn der Leberbalsam blüht besonders ausdauernd. Es gibt etwa 30 bekannte Arten. Da die Pflanze nicht winterfest ist, kann sie hier in Mitteleuropa leider nur einjährig gezogen werden. Der Leberbalsam blüht in vielen blauen Varianten. Angeboten werden mitunter weiße, blaue und rosa Züchtungen. Für den Blumenkasten eignen sich vor allem kompakt wachsende F1-

Leberbalsam

Hybriden wie: 'Blaue Donau', etwa 20 cm hoch, 'Atlantik', in Ultramarin, ebenfalls 20 cm hoch.

Standort
Die Pflanze kann sowohl sonnig wie halbschattig stehen. Sie fühlt sich aber auch auf einem sonnigen, warmen Platz wohler und zeigt das auch durch üppigeres Blühen an. Der Boden sollte nicht zu trocken und nicht zu schwer sein: Einheits- oder Balkonkastenerde sind geeignet.

Pflege
Je nach Standort braucht die Pflanze mehr oder weniger Wasser. Wenn sie in voller Sonne steht, müssen Sie sie reichlich gießen und alle 14 Tage düngen. Wenn Sie Verblühtes ausschneiden, kommen frische Knospen immer wieder nach.

Vermehrung
Die Vermehrung erfolgt durch Samen im Februar oder März. Auf der Fensterbank bei einer Bodentemperatur von 20 °C können Sie die Samen ziehen.

Gärtnertipp
Eine farbliche Ergänzung zum Leberbalsam sind Fuchsien, das Fleißige Lieschen oder der Duftsteinrich. Vor-

sicht! Diese Pflanze sollte an Menschen, die an Heuschnupfen leiden, nicht verschenkt werden. Die Pflanze enthält Cumarin. Dieses Substrat kann bei Genuß zu inneren Blutungen führen.

Liebstöckel

(Levisticum officinale)

Blütezeit:	Juli–August
Familie:	Doldenblütler
Heimat:	Iran

Liebstöckel wird im Volksmund auch Maggikraut, Badekraut, Gebärmutterkraut, Leppstock, Leberstock, Suppenlob genannt. Er hat einen sellerieartigen, aromatischen Geruch.

Standort
Die mehrjährige Staude liebt feuchten, nährstoffreichen Boden und einen etwas schattigen Standort. Liebstöckel kann auch sonnig stehen, pralle Sonne bekommt der Gewürzpflanze allerdings nicht.

Pflege
Liebstöckel sollte von Juni bis August alle 14 Tage organischen Dünger bzw. Kompost erhalten. So gepflegt, wird

Liebstöckel

Lorbeerbaum

Der immergrüne Lorbeerbaum zählt zu den ältesten Kübelpflanzen. Er wird buschig, pyramidal oder in Kugelform gezogen. Bei älteren Pflanzen erscheinen unscheinbare, gelbe Blüten von März bis Mai. Die grünlich gelben, männlichen und weiblichen Blüten befinden sich auf zwei verschiedenen Pflanzen. Sie entwickeln sich aber nur an unbeschnittenen Lorbeerpalmen. Die weiblichen Pflanzen tragen später tiefschwarze Beeren. Bis sich bei einem Hochstamm eine attraktive Krone gebildet hat, dauert es etwa 10 Jahre.

Standort

Der Lorbeerbaum verträgt sowohl einen halbschattigen als auch einen sonnigen Standort. Er gedeiht in einem Erdgemisch aus Kompost und Gartenerde unter Zusatz von etwas Torf am besten.

Pflege

Um die Pflanze zu entstauben, sollte sie im Sommer von Zeit zu Zeit mit einem Schlauch abgespritzt werden. Der Wasserbedarf richtet sich nach dem Standort. Der Lorbeerbaum darf nur mäßig feucht gehalten werden. Wichtig ist, dass der Wurzelballen nie trocken wird. Düngen sollten Sie von April bis September, und zwar einmal wöchentlich mit einem Volldünger. Ein Umtopfen ist nur bei älteren Pflanzen nach etwa 10 Jahren erforderlich. Der Lorbeerbaum ist relativ frostunempfindlich. Er verträgt kurzfristig bis −10 °C. Überwintert wird die Pflanze hell, etwa bei 0 bis 5 °C.

Vermehrung

Sie erfolgt durch halbreife Stecklinge im August und September.

Gärtnertipp

Bei Bedarf wird die Pflanze im März nach der Überwinterungsperiode zurückgeschnit-

Lorbeerbaum

die Pflanze garantiert üppig wachsen. Durch seine außergewöhnliche Höhe von 1,50 bis 1,80 m ist diese Gartenpflanze für größere Kübelgefäße geeignet. Von der Pflanze lassen sich Blätter wie Wurzeln, diese aber erst nach dem zweiten Anbaujahr, ernten. Die Wurzeln werden vorzugsweise zur Teeherstellung genommen. Liebstöckel gilt als hervorragendes Hausmittel bei Bronchitis. Verschleimungen und Verstopfungen, aber auch gegen Blähungen wird Liebstöckeltee empfohlen. Um Menge und Aroma zu steigern, werden die Blütentriebe rechtzeitig, und zwar direkt am Wurzelhals, abgeschnitten. In milden Gegenden und in Pflanzgefäßen von mindestens 30 cm Durchmes-

ser ist eine Überwinterung mit Zweigen von Fichtenreisig möglich.

Vermehrung

Sie erfolgt durch Teilung älterer Pflanzen. Die Aussaat ist mühsam und lohnt sich nicht, da ohnehin eine Pflanze pro Familie ausreicht.

Gärtnertipp

Liebstöckel besitzt eine starke Würzkraft, daher müssen die Blätter in der Küche sparsam verwendet werden.

Lorbeerbaum

(Laurus nobilis)

Blütezeit:	Grünpflanze
Familie:	Lorbeergewächse
Heimat:	Mittelmeergebiet

ten. Das Abspritzen mit dem Schlauch ist eine sinnvolle Maßnahme, um Schild- und Blattläuse, für die die Pflanze anfällig ist, zu vertreiben.

Madonnenlilie

(Lilium candidum)

Blütezeit:	Juni–Juli
Familie:	Liliengewächs
Heimat:	Mittelmeergebiete

Wer kennt sie nicht, die stark duftende, alte Bauerngartenlilie, die sich mit 5 bis 20 Blüten an einem einzigen Stängel schmückt. Der Blütenreichtum führt dazu, dass die eintriebig wachsende Pflanze gestützt werden muss. Die Madonnenlilie eignet sich auch als Kübelpflanze bestens.

Standort
Die Madonnenlilie möchte sonnig, warm und geschützt stehen, damit ihr blütenreicher Stängel nicht knickt. Die Pflanze liebt einen frischen, nährstoffreichen Boden.

Pflege
Die Zwiebel wird 3 cm tief im August/September in ein sandiges Erdsubstrat gelegt

Madonnenlilie

und mäßig angegossen. Entscheidend für die Freude und den Erfolg an der Madonnenlilie ist eine gute Dränageschicht von 3 bis 5 cm Höhe. Zu vermeiden sind nasse Standorte. Bei starkem Frost ist ein Winterschutz in Form von Zeitungspapier unerlässlich.

Vermehrung
Aus Zwiebelschuppen oder Teilung alter Zwiebelballen erfolgt die Vermehrung.

Gärtnertipp
Das Zwiebelgewächs kennt außer Staunässe und Wind keine Beeinträchtigungen. Es passt sehr gut zu Rosen, aber auch Glockenblumen und Rittersporn wirken zu den weißen Trichterblüten sehr apart.

Mädchenauge

(Coreopsis)

Blütezeit:	Juni–September
Familie:	Korbblütler
Heimat:	östliches Nordamerika

Die üppig blühende einjährige Pflanze wird nun auch für größere Balkonkästen und Kübelgefäße angeboten. Sie ist preiswert und stellt mit ihren gefüllten, kräftig orangen Blüten bei bescheidenen Pflegeansprüchen einen schönen Farbtupfer dar. Die Pflanze ist relativ niedrig und buschig, an zierlichen, langen Stängeln sitzen die leuchtenden Blüten. Das Mädchenauge hat schmale, längliche Blätter, die sich spitz verjüngen.

Standort
Das Mädchenauge ist eine Sonnenpflanze, der Standort muss hell und sonnig sein. Als Erdsubstrat sollten Sie Balkon-Einheitserde verwenden.

Mädchenauge

Pflege
Das Gießen richtet sich nach der Witterung, die Pflanze kommt jedoch mit wenig Wasser aus. Allerdings sollten Sie zum Gießen nur kalkfreies, gefiltertes Wasser verwenden. Staunässe müssen Sie unbedingt vermeiden, da sonst die Gefahr der Schimmelbildung besteht. Die Blütenfülle hängt von der Ernährung ab; düngen Sie einmal in der Woche, das reicht.

Vermehrung
Die Vermehrung dieser liebenswerten Blumen erfolgt durch Samen, im Frühjahr ab März, außerhalb im April.

Gärtnertipp
Nach dem ersten Blütenflor sollten Sie die Pflanze zurückschneiden, damit Sie eine zweite Blüte erleben.

Männertreu

(Lobelia erinus)

Blütezeit:	Juni–September
Familie:	Glockenblumen-gewächse
Heimat:	Südafrika

Eine liebenswerte Balkonpflanze, die sich auch zur Bepflanzung von Trögen und als Unterbepflanzung eignet. Im Handel angeboten wer-

Männertreu

kraut genannt. Majoran kann eine Höhe von 20 bis 50 cm erreichen. Er hat dünne, zähe, oft rötliche Stängel, die sich stark verzweigen, und längliche graugrüne filzbedeckte Blättchen, die viele Öldrüsen tragen. Die kleinen, weißen oder rosa Blüten erscheinen im Hochsommer. Als Küchenkraut werden die frischen und getrockneten Blättchen und Triebspitzen verwendet. Majoran besitzt ein starkes Aroma und ist daher sparsam zu dosieren. In erster Linie können Sie die Pflanze zu allen Wurst-, Fleisch- und Geflügelgerichten, aber auch für Hülsenfrüchte und Kartoffeln, Salate, Suppen verwenden.

Standort

Der Majoran mag windgeschützt, hell und sonnig in Kästen oder Töpfen stehen. Schatten und Wind sind für diese sehr frostempfindliche Pflanze zu vermeiden. Majoran braucht einen humusreichen Boden, der zur Hälfte mit Sand und etwas Kalk verbessert werden sollte. Französischer Majoran ist robuster, deutscher Majoran empfindlicher, wächst dafür aber schneller.

Pflege

Jungpflanzen dürfen niemals trocken werden; ältere, gut angewachsene Pflanzen können durchaus mal etwas trockener stehen. Düngen ist nicht erforderlich und wenn,

den reich blühende Sorten in verschiedenen Farben; Tief- oder Hellblau, Weiß, Rosa, teils mit weißem Auge, Reinweiß wie die Sorte "Blaue Perle" in Ultramarin und der "Kristallpalast" mit dunklem Laub und dunkelblauen Blüten. Die Pflanzen werden zwischen 10 bis 20 cm hoch und wachsen breit ausladend.

Standort

Gefragt ist ein sonniger, geschützter Standort und eine nährstoffreiche, kräftige Erde. Der Boden soll frisch und humos sein. Lobelien lassen sich ohne Schwierigkeiten auch während der Blütezeiten verpflanzen.

Pflege

Die Lobelie braucht viel Wasser und eine gute Nährstoffversorgung. Ihr Ballen darf nie austrocknen. Von Mai bis September sollten Sie die Pflanze wöchentlich düngen. Wenn der Blütenflor nachlässt, schneiden Sie die Pflanze um 1/3 zurück. Dadurch

erreichen Sie eine zweite Blüte.

Vermehrung

Ab Februar bis April kann die Pflanze auf der Fensterbank vorgezogen werden. Im Mai können Sie dann die jungen Lobelien auspflanzen. Die feinen Samenkörnchen müssen zu mehreren in die Erde und dürfen nur leicht angedrückt werden.

Gärtnertipp

Die Lobelie 'fulgens' kann, sofern ein Gewächshaus oder Wintergarten vorhanden ist, dort frostfrei überwintern.

Majoran

(Origanum majorana)

Blütezeit:	Juni–August
Familie:	Lippenblütler
Heimat:	Nordafrika

Der Majoran wird auch noch Wurstkraut, Badkraut, Blutwürze, Kranz-

Majoran

nur in größeren Abständen von 6 bis 8 Wochen. Durch das Entfernen der Blütentriebe erhalten Sie längere Blätter und buschigere Pflanzen.

Vermehrung

Die einjährige Pflanze wird durch Samen ab Mitte Mai vermehrt. Etwa 3 Wochen müssen Sie warten, bis das erste Grün sich zeigt. Wenn Sie auch im Winter frischen Majoran ernten wollen, dann sollten Sie im Juli eine zweite Aussaat vornehmen, die Jungpflanzen vereinzeln und im Blumentopf auf der Fensterbank weiter wachsen lassen.

Gärtnertipp

Sie können Majoran übrigens auch trocknen, dazu werden die Triebe vor dem Öffnen der Knospen frühmorgens oder spätabends geschnitten. Die gebündelten Zweige hängen Sie an einen luftigen, schattigen Ort, streifen später die trockenen Blättchen ab und verwahren sie in gut schließenden Gläsern.

Mastixstrauch

chen Trauben. Der interessante Pflanzenwuchs und die Tatsache, dass der Strauch beliebig zurückgeschnitten werden kann, macht die Pflanze auch zu einem beliebten Zimmerbonsai. Erstaunlicherweise fühlt sich diese Pflanze in zentralge-

heizten, lufttrockenen Räumen wohl.

Standort

Die anpassungsfähige Pflanze braucht viel Sonne. Sie liebt magere Böden, wächst aber auch gut auf jeder lehmigen Erdmischung. Während der Wintermonate muss der frostempfindliche Strauch in einem hellen, kühlen Raum oder Flur bei 2 bis 10 °C überwintern.

Pflege

Die Pflanze wächst äußerst langsam, braucht wenig Wasser und Düngung, denn aufgrund ihrer Heimatländer ist sie lange Durststrecken gewohnt.

Vermehrung

Sie erfolgt durch Jungpflanzen, die man sich von einer Reise aus den Mittelmeerländern mitbringt.

Gärtnertipp

Die Samen der Pflanze sind als Pistazienkerne bekannt

Mastixstrauch

(Pistacia lentiscus)

Blütezeit:	April–Juni
Familie:	Sumachgewächse
Heimat:	Mittelmeerraum

Dieser immergrüne, harzige, aromatisch duftende Strauch wird im Mittelmeergebiet 1 bis 3 m hoch. Der Mastixstrauch liebt trockene, sonnige Standorte. Steinige Böden und raue Winde ist er aufgrund seiner Heimat gewohnt. Die anspruchslose und äußerst pflegeleichte Pflanze ist bestens für Kübel und Wintergärten geeignet. Die leicht gekrümmten, nach unten hängenden Zweige tragen paarig gefiederte Blätter. Die zweihäusigen, rötlichen Blüten wachsen in weidenkätzchenähnli-

Morgensternsegge

und beliebt. Sie schmecken und duften angenehm und werden daher auch als Gewürz verwendet.

Morgensternsegge

(Carex grayi)

Blütezeit:	Grünpflanzen
Familie:	Riedgräser
Heimat:	Nordamerika

Die Morgensternsegge trägt ihren bezeichnenden Namen aufgrund ihrer kantigen Fruchtstände, die an eine im Mittelalter verwendete Schlagwaffe, den Morgenstern, erinnern. Die attraktive Staude bildet ihre eigenwilligen Fruchtkapseln von Juni bis August. Die Pflanze wird zwischen 60 bis 80 cm hoch; sie kann ohne Frostschutz überwintern.

Standort
Die Pflanze verträgt Schatten wie Halbschatten. Der Boden sollte karg, also ungedüngt und leicht sauer sein. Sie kann relativ trocken, aber auch ihrer Heimat entsprechend sumpfig wachsen. Sie ist bestens geeignet für den Miniteich im Holzkübel und passt gut zu Binsen oder Seerosen. Die genannten Pflanzen vertragen sogar einen flachen Wasserstand.

Pflege
Die Morgensternsegge ist ausgesprochen pflegeleicht, wenn die Pflanze den von Natur aus vorgegebenen Standort erhält. Bei ausreichender Wasserversorgung bedarf sie keiner Düngung.

Vermehrung
Sie erfolgt durch Teilung oder Aussaat.

Gärtnertipp
Es gibt zahlreiche Seggenarten. Diese ursprünglichen Wildpflanzen sind züchte-

risch nicht verändert worden und als Ziergräser durch ihre auflockernde Wirkung zwischen den Balkonblumen und Kübelpflanzen sehr begehrt.

Mottenkönig

(Plectranthus)

Blütezeit:	Juli–September
Familie:	Lippenblütler
Heimat:	Südafrika

Zu Großmutters Zeiten stand er vor und hinter dem Küchenfenster. Auf Bauernhöfen hat er selten gefehlt, denn die pflegeleichte Pflanze mit ihren weißen oder blauvioletten Rispen hält Ungeziefer fern. Beim Zerreiben der Blätter entwickelt sich der Mottenduft.

Standort
Der Platz sollte hell und sonnig sein. Ideal als Strukturpflanze in Verbindung mit Balkonblühern. Die Pflanze passt auch gut in Terrakottagefäße. Zur Überwinterung erhält der Mottenkönig einen hellen, kühlen Standort bei 10 bis 15 °C.

Pflege
Die Pflanze darf nicht zu nass

Mottenkönig

stehen. Im Winter wird kaum noch gegossen, im Sommer mäßig, aber regelmäßig. Von April bis Anfang September wird in 14tägigem Rhythmus gedüngt.

Vermehrung
Triebspitzen können Sie von Frühjahr bis Herbst als Stecklinge vermehren. Dazu stecken Sie sie einfach in die Erde.

Gärtnertipp
Alle Harfenstraucharten eignen sich für die Hydrokultur. Viele von ihnen sind auch schöne Ampelpflanzen.

Myrte

(Myrtus)

Blütezeit:	Juni–Oktober
Familie:	Myrtengewächs
Heimat:	Mittelmeerraum

Die Myrte ist ein aparter Zierstrauch mit schönen duftenden Blüten. Die Pflanze sieht in Terrakottagefäßen besonders hübsch aus. Bei älteren Exemplaren, die bis zu 2 m hoch sein können, erscheinen im Herbst kleine, bläulich-schwarze Beeren.

Standort
Myrten wollen sonnig, aber nicht zu warm, und vor allem luftig stehen. Im Winter muss die Pflanze in ein kühles, helles Quartier umziehen; ideal sind Temperaturen um etwa 5 °C.

Pflege
Während der Winterruhezeit darf nur so viel gegossen werden, dass der Ballen nicht austrocknet. Sobald der Frühling naht, wird wieder vermehrt gegossen und regelmäßig gedüngt. Myrten gedeihen nur, wenn sie mit kalkfreiem Wasser versorgt

Myrte

werden; Sie können Regenwasser bzw. gefiltertes Wasser verwenden. Die Myrte liebt es, öfter mit Wasser besprüht zu werden. Wenn Sie die Pflanze mit jedem Gießvorgang etwas düngen, dann werden Sie staunen, was innerhalb eines Jahres aus Ihrer Myrte geworden ist. Ab Mitte Mai kommt sie natürlich wieder ins Freie auf den Balkon oder auf die Terrasse. Falls die Myrte während der Wintermonate Geiltriebe gebildet hat, sollten Sie diese zurückschneiden. Allerdings blüht die Pflanze in den kommenden Monaten spärlicher.

Vermehrung

Ab Ende Juli können Sie Stecklinge schneiden und diese in Sand unter Glas bewurzeln. Das häufige Stutzen der Triebspitzen fördert die starke Verzweigung und damit buschiges Wachstum.

Gärtnertipp

Samenkapseln sollten Sie nicht zur Reife kommen lassen, denn dadurch wird die Pflanze stark geschwächt. Myrten können Sie durch gezielte Schnittmaßnahmen auch zu Hochstämmchen oder Kronenbäumchen ziehen.

Narzisse
(Narcissus)

Blütezeit:	März–Mai
Familie:	Amaryllisgewächse
Heimat:	Mittel-, West-, Südeuropa

Niedrig bleibende Narzissen sind für den Balkonkasten zu empfehlen. Allerdings sollten Sie vor der Bepflanzung von Schalen und Balkonkästen berücksichtigen, dass diese einen Mindestdurchmesser von 20 cm haben. Zusätzlich müssen Sie für einen Frostschutz in Form von Styroporplatten sorgen. Der Balkonkasten wird von innen ringsum, auch auf dem Boden, mit diesen Platten ausgekleidet. In Tonschalen

sollten Sie Styroporflocken auf den Gefäßboden streuen, erst dann wird die Pflanzenerde, der 1/3 feiner Sand beigemengt wird, eingefüllt. Es empfiehlt sich im Winter, die Pflanzung noch zusätzlich mit Tannenreisig vor Frost zu schützen.

Standort

Gepflanzt wird in Balkonblumenerde mit Sandzusatz, aber auch eine lehmig-humose Gartenerde ist geeignet. Der Standort sollte sonnig sein. Kleinere Pflanzzwiebeln wie die der Wildnarzisse, Schneeglöckchen, Scilla werden 10 cm tief gepflanzt.

Pflege

Die Pflanzung wird mäßig feucht gehalten und vor dem Austrieb einmal gedüngt. Verblühtes sollte sofort entfernt werden, während das Laub

Narzisse

stehen bleibt, bis es von selbst einzieht.

Vermehrung
Sie ist für Balkon- und Kübelgefäße nicht möglich.

Gärtnertipp
Achten Sie beim Kauf auf feste, prallgefüllte Zwiebeln. Finger weg von weichen Zwiebeln oder solchen, die bereits Schimmel angesetzt haben!

Nestfiche

(Picea abies 'Nidiformis')

Blütezeit:	Grünpflanze
Familie:	Kieferngewächse
Heimat:	Nordspanien

Die Nestfiche ist eine züchterisch bearbeitete Zwergform. Die Pflanze wächst flach kugelig und ist in der Mitte nestartig vertieft. Die Zweige der Nest- oder Zwergfiche wachsen von der Mitte aus schräg ansteigend. Die dünnen, dicht gedrängten Triebe wachsen äußerst langsam. Die Pflanze wird innerhalb von 10 bis 15 Jahren nicht höher als 30 cm. Auch die Breite bleibt bei 40 cm überschaubar. Die Nadeln der

Nestfiche

Impatiens-Hybriden bunt gemischt

Pflanze sind frisch, grün, sehr fein, nur etwa 5 mm lang.

Standort
Die Pflanze liebt einen sonnigen Platz und eine feucht-frische, nahrhafte Garten- oder Balkonblumenerde mit Torfzusatz. Eine Rhododendron-/Azaleenerde, also ein sauer bis schwach alkalisches Substrat ist ideal. Die Nestfiche eignet sich nicht so gut für innerstädtische, trockene Klimazonen.

Pflege
Die Pflanze wird mäßig gegossen und mit einem Koniferendünger alle 4 Wochen versorgt. Die Nestfiche ist als Solitärgehölz in großflächig eingebauten Balkonkästen, Stein- oder Troggärten empfehlenswert.

Vermehrung
Die Vermehrung bleibt dem Fachmann überlassen.

Gärtnertipp
Die Nestfiche kann problem-

los in frostfreien Gefäßen überwintern. Sie muss, sobald der Boden offen ist, auch in den Wintermonaten mit Wasser versorgt werden.

Neu-Guinea-Impatiens

(Impatiens-Neu-Guinea-Hybriden)

Blütezeit:	Juni–Oktober
Familie:	Balsaminengewächse
Heimat:	Ostafrika

Seit vor einigen Jahren die F-Hybriden auf den Markt kamen, ist die einjährige Pflanze äußerst begehrt. Impatiens-Neu-Guinea besitzen darüber hinaus den großen Vorteil, sowohl für schattige als auch vollsonnige Standorte geeignet zu sein. Niedrigbleibende Sorten können als Bodendecker verwendet werden.

Standort
Die Pflanze liebt einen sonnigen bis halbschattigen Platz.

Selbst bei lichtem Schatten gedeiht die windverträgliche Pflanze noch zufrieden stellend. Impatiens brauchen einen humosen, lockeren Gartenboden. Der Pflanzenabstand beträgt 20 bis 25 cm.

Pflege

Die Wassermenge muss dem Standort angepasst werden. Impatiens lieben einen stets feuchten Boden, wobei der Nährstoffbedarf gering ist. Es reicht, wenn Sie die Pflanzen alle 2 Wochen düngen. Wer seine Pflanzen hin und wieder etwas stutzt, erreicht ein buschiges Wachstum.

Vermehrung
Sie erfolgt durch Aussaat im Februar/März. Gebräuchlicher noch ist im Mai die Stecklings-Vermehrung.

Gärtnertipp
Jungpflanzen können Sie bei 10 bis 15 °C in einem hellen Raum überwintern, dabei ist das Gießen nicht zu vergessen.

Neuseeländer Flachs

(Phormium)

Blütezeit:	Grünpflanze
Familie:	Liliengewächs
Heimat:	Neuseeland

Der Neuseeländer Flachs ist eine immergrüne, widerstandsfähige Kübelpflanze mit sehr hübschem Blätterschmuck. Der rosettenartig wachsende Flachs kann 1,5 bis 2 m hoch werden. Neben der rein grünen Art gibt es die interessante gelb-weißgestreifte Sorte 'Variegatum'. Der Neuseeland-Flachs wird wegen seiner stattlichen Blätter gezogen; seine gelb bis bräunlich gelben Blütenrispen sind nicht besonders attraktiv.

Standort
Der Standort ist sehr variabel:

Neuseeländer Flachs

von sonnig bis schattig. Die majestätische Staude gedeiht am besten in lehmiger, nahrhafter Erde mit etwas Sandzusatz.

Pflege
Während der Wachstumszeit von Mai bis August braucht die Pflanze viel Wasser, darüber hinaus müssen Sie sie düngen. Die robuste Grünpflanze nimmt kurzzeitige Trockenheit oder Nährstoffmangel nicht übel. Der Neuseeländer Flachs verträgt leichten Frost. Überwintert wird die Pflanze in ungeheizten, luftigen Treibhäusern (ohne Zugluft), Gewächshäusern oder kühlen hellen Räumen zwischen 4 bis 10 °C. Falls Sie diese Möglichkeit nicht haben, kann die Pflanze auch dunkel überwintern. Während der Ruhezeit wird nur minimal gegossen, das Düngen völlig eingestellt; trockene Blätter sind aber stets zu entfernen.

Vermehrung
Die Vermehrung erfolgt durch Teilung oder Abtrennen einzelner Triebe. Eine Aussaat

ist langwierig und schwierig – sie sollte deshalb dem Fachmann vorbehalten bleiben.

Gärtnertipp
Die widerstandsfähige, pflegeleichte Pflanze ist ein idealer Schmuck für Terrassen und Dachgärten, denn sie hinterlässt weder Blätter noch fallende Blüten.

Ölbaum

(Olea europaea)

Blütezeit:	Juli–August
Familie:	Ölbaumgewächse
Heimat:	Afrika, Mittelmeerraum

Der Ölbaum ist eine uralte Kulturpflanze, die bereits in der Bibel erwähnt wird. Das mehrjährige Gewächs ist reich verzweigt; es hat kleine Blätter, die blattoberseits graugrün und an der Unterseite silbern glänzend sind. Während der Sommermonate blüht die Pflanze gelb. Aus der Blüte bilden sich später die Ölfrüchte: die begehrten Oliven.

Ölbaum

Standort
Der Olivenbaum liebt und braucht einen hellen, sonnigen Standort. Während der Sommermonate steht die Pflanze auf Balkon oder Terrasse, wobei Wind und frische Luft für den Olivenbaum lebenswichtig sind. Entscheidend für den Erfolg mit der Pflanze ist die kühle Überwinterung bei 5 bis 10 °C.

Pflege
Olivenbäume können von Natur aus – selbst in heißen Sommermonaten – Durstperioden überstehen. Dennoch ist es ratsam, die Pflanze das ganze Jahr über mäßig feucht zu halten. Verwenden Sie niemals eiskaltes Wasser. Und gleich noch ein Hinweis: Wenn der Ölbaum zu trocken steht, verliert er leicht die Blätter. Während der Wachstumsperiode muss alle 14 Tage gedüngt werden.

Vermehrung
Die Vermehrung mit halbreifen Kopfstecklingen sollte im Sommer erfolgen. Da diese Methode nicht ganz einfach ist, können Sie den Ölbaum auch generativ, also durch Samen vermehren. Die beste Jahreszeit dafür ist das Frühjahr.

Gärtnertipp
Das Wachstum des Olivenbaumes können Sie durch Beschneiden zügeln. Die Pflanze lässt sich als Bonsai ziehen.

Oleander
(Nerium oleander)

Blütezeit:	Juni–Oktober
Familie:	Hundsgiftgewächse
Heimat:	Mittelmeerraum

Oleander

Eine bekannte Liebhaberpflanze, die in den Sommermonaten auf Terrasse und Balkon als Kübelgewächs zu bewundern ist. Im Kübelgefäß kann er eine Höhe bis zu etwa 1,50 m erreichen. Bei guter Pflege und richtigem Standort erscheinen von Juni bis September/Oktober wunderschöne, zahlreich gefüllte oder ungefüllte Blüten in Weiß-, Rosa- oder Rottönen.

Standort
Der Oleander ist ein Kind der Sonne; er braucht einen hellen, vollsonnigen Standort, sonst kommt er nicht zur Blüte. Während der Sommermonate kann das Thermometer ruhig bis auf 30 °C klettern. Überwintert werden muss die Pflanze indessen kühl und hell bei 5 bis 10 °C. Von Mai bis Oktober braucht die Pflanze viel Frischluft.

Pflege
Die Wassermenge richtet sich nach der Temperatur. Im Allgemeinen braucht die Pflanze viel Wasser. Von Mai bis August muss der Oleander wöchentlich gedüngt werden. Achten Sie darauf, dass Sie stets mit abgestandenem, temperiertem Wasser gießen. Während der kühlen Überwinterungszeit ist die Pflanze lediglich leicht feucht zu halten. Zum Umtopfen, das nur alle paar Jahre erforderlich ist, brauchen Sie sehr große Pflanzgefäße. Zuvor müssen Sie diese mit einer Tonscherbenschicht versehen und mit Einheitserde, der 50 g Hornmehl hinzugefügt wurde, füllen.

Vermehrung
Im Juni/Juli sind Kopfstecklinge, sogar im Wasser stehend,

leicht zu bewurzeln. Übrigens: Nur durch Stecklinge lassen sich Sorten (gefülltblütige) erhalten. Bei der Aussaat fällt die Pflanze oft in die ursprüngliche Art zurück.

Gärtnertipp
Der Oleander braucht reichlich Platz. Er sollte als Solitärpflanze gehalten werden. Vorsicht: Das Gewächs ist in allen Teilen stark giftig!

Oregano

(Origanum vulgare)

Blütezeit:	Juli–Oktober
Familie:	Lippenblütler
Heimat:	Europa, Asien

Die mehrjährige Staude zieht zahlreiche Insekten an. Die Pflanze ist nicht nur ein angenehmer Duftspender für Balkon und Küche, das Gewürzkraut ist auch eine schöne, grüne Strukturpflanze zwischen den farbstarken Blütenpflanzen.

Standort
In seiner Heimat wächst Oregano auf sonnigen, kalkhaltigen Magerwiesen. Daher soll-

Oregano

te auch im Balkonkasten oder Kübelgefäß der Standort sonnig, warm und trocken sein. Zum Pflanzen wird ein lehmig-sandiges, etwas kalkhaltiges Erdsubstrat verwendet. In milden Weinanbaugebieten kann die Pflanze im Freien, durch Fichtenreisig geschützt, überwintern. Ansonsten besteht nur die Möglichkeit, die Pflanze hell und frostfrei im Haus zu überwintern.

Pantoffelblumen (vorne) mit Männertreu und Fleißigem Lieschen

Pflege
Oregano sollten Sie nur sparsam gießen und während der Vegetationszeit nicht düngen. Nach der Haupternte, Ende August, kann die Pflanze, falls erforderlich, mit Kompost oder einem anderen vollwertigen Dünger ernährt werden. Zur Regenerierung der Pflanze empfiehlt es sich, die Blütentriebe zu entfernen; der Oregano behält dann

auch seinen kompakten Wuchs.

Vermehrung

Ab Februar kann auf der Fensterbank durch Aussaat Oregano vorgezogen bzw. ab Mai an Ort und Stelle ausgesät werden. Da es sich hierbei um einen Lichtkeimer handelt, darf der Samen nicht mit Erde bedeckt werden. Besonders einfach ist die Vermehrung bei der flach wurzelnden Pflanze durch Stockteilung.

Gärtnertipp

Für eine Familie genügt in der Regel ein ausgewachsenes Exemplar der Oreganopflanze.

Pantoffelblume

(Calceolaria integerifolie)

Blütezeit:	Mai–September
Familie:	Braunwurzgewächse
Heimat:	Chile

Für den Balkonkasten eignen sich besonders die niedrig bleibenden, bis zu 30 cm hoch werdenden F1-Hybriden mit ihren goldgelben, weithin leuchtenden Blüten. Die buschig verzweigt wachsende, reich blühende Pantoffelblume schmückt sich mit doldentraubenartigen Blütenrispen.

Standort

Die Pantoffelblume bevorzugt einen hellen bis halbschattigen, vor allem regengeschützten Platz. Sie sollten

Sie im Abstand von 20 bis 25 cm in ungedüngte Balkonblumenerde einpflanzen.

Pflege

Nach der Pflanzung ist für eine reichliche Bewässerung zu sorgen. Dabei dürfen Sie kein Wasser über die Blüten gießen. Auch sollten Sie die Pflanzen nur alle 4 Wochen

mit einer schwachen Düngelösung versorgen. Ein regelmäßiges Entfernen der Samenstände sichert den Blütenflor bis in den Spätherbst.

Vermehrung

Diese erfolgt durch Samen im Januar/Februar bei 15 °C Bodenwärme bzw. durch Stecklinge ab Mitte August. Jungpflanzen können frostfrei, hell und luftig bei 8 bis 10 °C überwintern.

Gärtnertipp

Die Überwinterung älterer Exemplare ist nicht möglich. Die Pantoffelblume verträgt keine Düngesalzkonzentration.

Petersilie

(Petroselinum crispum)

Blütezeit:	Juni–Juli
Familie:	Doldenblütler
Heimat:	Mittelmeerraum

Die Petersilie hat im Volksmund noch Namen wie z.B. Suppenkraut, Silk, Bittersilchen, Peterl, Peterchen, Suppenwurzel. Die meisten Hobbygärtner haben bei der Aussaat dieses bekannten Küchenkräutleins Probleme. Vor allem, wenn das Frühjahr zu nass und kühl ist, geht die Saat kaum oder gar nicht auf. Das Problem können Sie lösen, indem Sie

Petersilie

die Aussaat auf den August verschieben. Sie können aber auch durch folgenden Trick für ein gutes Keimergebnis sorgen: Alles, was Sie brauchen, ist eine durchsichtige Plastiktüte, eine Hand voll feinem Sand, der zuvor leicht mit Wasser angesprüht wurde und natürlich eine Tüte Samen. Der Petersiliensamen wird nun in den feuchten Sand gesät, die Tüte mit einem Knoten verschlossen und auf die Fensterbank gestellt oder am Fensterrahmen befestigt. Auf diese Weise keimt die Petersilie innerhalb von 14 Tagen. Der Erfolg ist sozusagen vorprogrammiert. Um das notwendige Feuchthalten des Samens brauchen Sie sich keine Sorgen zu machen, denn er wächst ja in seinem eigenen Ökosystem auf. Nach dem Keimen der Saat säen Sie aus.

Standort

Generell ist für Kräuter auf dem Balkon die Süd-, Ost- oder Westlage am günstigsten, weil sich der begrenzte Lebensraum bei starker Sonneneinstrahlung zu stark aufheizt und die Pflanzen vertrocknen. Petersilie mit ihren Pfahlwurzeln braucht einen tiefgründigen, nahrhaften Boden und eine halbschattige bis sonnige Lage. Petersilie kann sich selbst nicht "riechen". Setzen Sie die Pflanze deshalb nie wieder in die gleiche Erde!

Pflege

Mit der ersten Ernte sollten Sie warten, bis die Pflanzen etwa 10 cm hoch sind. Beim Schnitt ist unbedingt darauf zu achten, dass Sie das Messer oder die Schere nicht zu tief ansetzen, denn sobald die Herzblätter in der Mitte der Pflanze verletzt sind, ist das weitere Wachstum der Pflanze gefährdet. Ab Mitte Mai müssen Sie die Blütenstiele regelmäßig ausschneiden, damit die Blattmasse kräftiger austreibt. Halten Sie die Petersilie stets feucht, aber nicht zu nass; sie mag keine Staunässe und keine frisch gedüngte Erde. Im Aroma mild ist die einfache aromatische Petersilie, etwas kräftiger ist die Sorte 'Mooskrause'.

Vermehrung

Durch Aussaat im April oder August. Folgende Aussaatmethode hat sich ebenfalls bewährt: Der Petersiliensamen wird auf einem flachen Teller gestreut und mit lauwarmem Wasser bedeckt. Danach sollte das Ganze 24 Stunden quellen; überschüssiges Wasser gießen Sie dann ab und säen den Samen wie üblich aus. Nach der Aussaat bekommt der Balkonkasten oder die Schale eine schützende, grobe Stoffdecke; das kann z.B. Sackleinen sein. Dieses wird durchdringend angegossen und mit Steinen oder Holzlatten befestigt, damit es vom Wind nicht weggetragen werden kann. In den nächsten Wochen ist lediglich dafür zu sorgen, dass das Sackleinen stets feucht ist. So geschützt, wird der Samen

Petunien

Petunien mit Geranien

weder Schnecken noch Vögeln zum Opfer fallen. Sobald das erste Grün sich zeigt, können Sie die schützende Decke abnehmen. Sie werden staunen, wie gleichmäßig die Petersilie keimt.

 ### Gärtnertipp

Die im Spätsommer ausgesäte Petersilie bleibt kompakt und bildet selten Sprösslinge.

Petunie

(Petunia-Hybriden)

Blütezeit:	Mai–September
Familie:	Nachtschattengewächse
Heimat:	Südamerika

Die Petunie ist seit fast 150 Jahren in züchterischer Bearbeitung. Heute gibt es eine Fülle von Sorten. Alle Petunien haben Blätter mit klebrigen, weichen Haaren und trichterförmigen Blüten. Die Pflanze blüht in fast allen Farben, außer grün, schwarz und braun. Schlicht und schön sind Unifarbtöne, reizvoll aber auch die rot-weißen und blauweißen Sorten. Neben den aufrecht wachsenden Typen gibt es auch Hängepetunien, wobei die Bekannteste heute unter dem Sortennamen 'Surfina' im Handel angeboten wird. Diese unübertroffene Petuniensorte

Hängepetunien

ist robust, starkwüchsig und bildet Blüten in Weiß, Purpurrot und neuerdings auch in Violett. Gegenüber herkömmlichen Blüten bringt 'Surfina' das zehnfache Blütenvolumen. Eine solche verschwenderische Blütenpracht erfordert allerdings eine regelmäßige Wasser- und Nährstoffversorgung.

 ### Standort

Einen sonnigen oder wenigstens hellen Standort und eine nahrhafte Balkonblumen- oder Einheitserde sind für das Gedeihen der Petunie wichtig.

 ### Pflege

Nach dem Auspflanzen müssen Sie täglich gießen und wöchentlich düngen. Nach dem ersten Blütenflor schneiden Sie die Pflanzen bis zur Hälfte zurück. Innerhalb von 14 Tagen erhält die Pflanze wieder ihr buschiges Wachstum und blüht intensiver als je zuvor. Bei der neuen Sorte 'Surfina' wird lediglich Verblühtes abgeschnitten.

 ### Vermehrung

Sie erfolgt durch Aussaat ab April bei Bodentemperaturen von etwa 20 °C.

 ### Gärtnertipp

Wie alle Nachtschattengewächse, ist auch die Petunie giftig.

Pfaffenhütchen

Pfaffenhütchen

 sehr viel Wasser; ab August können Sie das Gießen stark einschränken. Sie müssen aber darauf achten, dass der Ballen nicht austrocknet. Über eine Fingerprobe lässt sich leicht feststellen, ob die Pflanze wieder gewässert werden muss. Von Mai bis August müssen Sie die Pflanze im Abstand von 14 Tagen düngen. Überwintert wird die Pflanze bei 4 bis 6 °C. Jungpflanzen müssen Sie jährlich im März umtopfen. Dazu benötigen Sie Einheitserde. Vor dem Umpflanzen ist das Pfaffenhütchen kräftig zurückzuschneiden.

 Vermehrung
Ausgereifte Triebstecklinge können im März oder August/September in Anzuchterde bewurzeln.

 Gärtnertipp
Für Wohnräume ist Euonymus 'japonicus' geeignet.

Pfeifenwinde

(Aristolochia macrophylla)

Blütezeit:	Juni–Juli
Familie:	Pfeifenwindengewächse
Heimat:	Nordamerika

Pfaffenhütchen

(Euonymus)

Blütezeit:	Mai–Juli
Familie:	Baumwürgergewächse
Heimat:	Japan

Das Pfaffenhütchen, auch Spindelstrauch genannt, wird in seiner Heimat mehrere Meter hoch. Die Pflanze ist stark verzweigt und trägt länglich runde, glänzende Blätter. Das Besondere an den Blättern ist die wunderschöne Zeichnung in Hell- bis Dunkelgrün. Die Blütezeit des Pfaffenhütchens reicht von Mai bis Juli.

 Standort
Naturgemäß braucht das Pfaffenhütchen im Sommer einen etwas feuchteren Standort, der sonnig oder halbschattig sein kann. Vor allem benötigt die Pflanze viel frische Luft. Sofern sie keine Zugluft bekommt, sollte sie in der warmen Jahreszeit auf Balkon oder Terrasse stehen.

 Pflege
In den Sommermonaten braucht das Pfaffenhütchen

Pfeifenwinde

Pinie

Die Pfeifenwinde ist ein nach rechts windendes Schlinggewächs. Die Pflanze wächst sehr dicht und wird aufgrund ihrer großen, herzförmigen, bis zu 30 cm langen Blätter sehr schwer. Letztere wachsen dachziegelartig übereinander und bilden einen schnellen, guten Sichtschutz. Die mehrjährige Pflanze braucht aufgrund ihres Gewichts ein stabiles Klettergerüst. Die gelblich grünen bis bräunlichen, pfeifenartig ausgebildeten, braunrot punktierten Blüten sind unscheinbar und riechen unangenehm.

Standort
Die üppig wachsende Pflanze fühlt sich besonders wohl an einem halbschattigen, nährstoffreichen Standort. Die Pflanze wächst in jedem normalen Gartenboden bzw. in jeder guten Balkonblumenerde. Sie kann eine Wuchshöhe von 8 bis 10 m erreichen. Ein windgeschützter Standort ist empfehlenswert.

Pflege
Die Pfeifenwinde hat während der Sommermonate einen extrem hohen Wasser- und Nährstoffbedarf. Es ist sinnvoll, die Pflanze mit einem organischen Langzeit-

dünger zu bevorraten. Gepflanzt werden kann sowohl im Frühjahr als auch im Herbst.

Vermehrung
Die Vermehrung erfolgt durch Aussaat oder Ableger.

Gärtnertipp
Ein Rückschnitt im Juli/August fördert die Verzweigung der Pflanze und die Blütenbildung. Auch im Oktober/November können Sie die Triebe zurückschneiden, sie treiben dann im folgenden Jahr um so kräftiger aus.

Pinie

(Pinus parviflora 'Glauca')

Blütezeit:	Grünes Nadelgehölz
Familie:	Kieferngewächse
Heimat:	Japan

Im Gegensatz zu Fichten sind Kiefern ausgesprochen sonnenhungrig. Sie vertragen auch keine zu feuchten, nassen Standorte. Die interessante, bizarre Wuchsform der Pinie verleitet viele Pflanzenfreunde zum Kauf. Zu bedenken ist aber, dass die Mädchenkiefer teuer ist und allergisch auf Hitze sowie auf verschmutzte Luft reagiert.

Standort
Am besten gedeiht die Mädchenkiefer in einem frischen sandigen, humosen Lehmboden, der sauer bis alkalisch sein darf. Auf sonnigen Plätzen und durchlässigen, nicht zu feuchten Böden fühlt sich die Kiefer wohl.

Pflege
Die Kiefer blüht von Mai bis Juni. Die Zapfen reifen zwei Jahre nach der Blütezeit. Dem Balkongärtner ist anzuraten, den Blütenstand um 2/3 zu kürzen. Dadurch wird das langsam wachsende Gehölz noch bonsaiähnlicher. Die Pflanze sollten Sie im Balkonkasten nur mäßig gießen und wenig düngen. Eine zweimalige Düngegabe während der Vegetationsperiode reicht völlig.

Portulakröschen

Portulakröschen

Vermehrung
Durch Aussaat oder Veredelung. Beide Methoden sind nur dem erfahrenen Hobbygärtner zu empfehlen.

Gärtnertipp
Je nährstoffärmer und trockener die Mädchenkiefer gehalten wird, desto bizarrer ihr Wuchs. Auf feuchten Standorten wächst sie dicht und kegelförmig.

Portulakröschen
(Portulaca grandiflora)

Blütezeit:	Juni–August
Familie:	Portulakgewächse
Heimat:	Südamerika

Die duftige und wie eine Seidenblume wirkende Pflanze gibt es in den schönsten Pastelltönen: vom sanften Weiß über Gelb, Orange, Pink bis hin zum Karminrot. Es gibt sowohl einfache wie halb gefüllte Blüten. Letztere gleichen kleinen Röschen. Die niedrig bleibende Pflanze trägt bis zu 8 cm große Blüten, die sich als Schönwetterbarometer nur bei Sonnenschein öffnen. Die Blätter der Pflanze sitzen an kleinen Stielen

Primeln

Prunkwinde

und sind fleischig, können also Wasser speichern.

Standort
Der Standort sollte sonnig und sogar heiß sein, nur regen- und windgeschützt möchte die Pflanze wachsen. Besonders gut entwickelt sich das Portulakröschen in leicht sandigem Gartenboden oder in sandiger Einheitserde.

Pflege
Der Wasseranspruch ist gering, Sie brauchen die Pflanze nur minimal gießen und nur alle 4 Wochen düngen.

Vermehrung
Portulakröschen kann man nicht als Fertigpflanze kaufen, sie müssen ab März vorgezogen bzw. ab Mai an Ort und Stelle ausgesät werden.

Gärtnertipp
Die Pflanze wächst in seiner Heimat in Halbwüsten auf sonnigen, trockenen, sandigen Hängen. Daher ist der Wasser- und Nährstoffbedarf äußerst gering. Wenn Sie bei der Platzwahl und Pflege daran denken, werden Sie viel Freude an der preiswerten, reich blühenden Pflanze haben.

Primel
(Primula)

Blütezeit:	Februar–Mai
Familie:	Primelgewächse
Heimat:	Europa, Asien

Die Zahl der Freilandarten unter den Primeln vermögen selbst Fachleute kaum aufzuzählen. Am bekanntesten sind die bunten Kissenprimeln, die groß- und kleinblumig in den Farben Weiss, Gelb, Rosa, Rot, Violett und Flieder schon zu Jahresbeginn angeboten werden. Eine sehr variable Art ist auch die aus Japan stammende 'Primula-japonica': eine Primelart, die den feuchten Schatten liebt. Erwähnenswert ist noch die Orchideenprimel aus China 'Primula vialii' und die Kugelprimel 'Primula denticulata'. Der Primelflor ist reich an Formen und Farben. Primeln passen gut zu anderen Frühlingsblühern wie Tulpen, Narzissen, Hyazinthen.

Standort

Primeln mögen keine volle Sonne, sie wollen hell bis schattig und luftig stehen. Die Pflanze fühlt sich in einer durchlässigen, lehmigen, humosen, mageren, kalkhaltigen Gartenerde besonders wohl. Im Balkon oder Kübel bleibt die Primel nur, solange sie blüht. Nach dem Abblühen kann sie im Garten unter dem lichten Schatten von Gehölzen verwildern.

Pflege

Halten Sie die Primeln ganzjährig mäßig feucht. Vermeiden Sie Staunässe und Ballentrockenheit. Gedüngt wird von April bis September monatlich.

Vermehrung

Sie erfolgt aus Samen. Sie ist schwierig und sollte dem Gärtner vorbehalten bleiben.

Gärtnertipp

Primeln haben in den Kurzhaaren ein priminhaltiges Sekret, auf das empfindliche Menschen mit Allergien reagieren können. Das Entfernen der abgeblühten Stiele fördert den Blütenreichtum.

Prunkwinde

(Ipomoea purpurea und I. tricolor)

Blütezeit:	Juli–Oktober
Familie:	Windengewächse
Heimat:	trop. Amerika

Die Prunkwinde ist eine Verwandte der Ackerwinde. Es gibt etwa 400 Arten dieser Gattung, wobei sich folgende für mitteleuropäische Breitengrade eignen: 'I. tricolor', mit strahlend, hellblauen Blüten und weißgelber Mitte; 'I. hederacaae', die efeublättrige Prunkwinde, mit blau bis dunkelvioletten oder weißen Blüten und efeuähnlichem Laub; 'I. purpurea', neuerdings auch 'Pharbitis purpurea' genannt. Sie zählt zu den schönsten Schlinggewächsen der Familie. Die Pflanze erreicht etwa 3 m Höhe. Es können bis zu fünf glockige Blüten an ihren Stielen aus dem Laub treiben. Sie können rosagetönt, rot, blau, weiß, dunkellila oder auch mehrfarbig sein. Die Pflanze zählt zu den Schönwetterpropheten, bei bedecktem Himmel bleiben ihre Blüten geschlossen.

Standort

Die Prunkwinde wünscht sich einen sonnigen, wind- und möglichst regengeschützten Platz. Die Trichterwinde braucht eine Rankhilfe. Das kann eine Pergola, ein Gerüst oder Geländer sein. Auf kalte und nasse Witterung reagiert die Pflanze empfindlich, die Blütenbildung ist stark beeinträchtigt. Als Pflanzsubstrat ist ein neutraler, lockerer Gartenboden oder Einheitserde zu empfehlen.

Pflege

Während der Wachstumszeit braucht die Pflanze reichlich Wasser, sie darf niemals trocken werden. Die Trichterwinde ist nährstoffhungrig; Sie müssen sie deshalb ein- bis zweimal wöchentlich düngen.

Vermehrung

Die Vermehrung der Prunkwinde erfolgt durch Samen ab April bei einer Bodenwärme von 20 °C oder durch Teilung.

Rhododendron

Gärtnertipp
Anfangs müssen die Pflanzen an Stäbe oder ein Rankgerüst gebunden werden, später klimmen sie von selbst.

Rhododendron

(Rhododendron-Hybriden)

Blütezeit:	April–Mai
Familie:	Heidekrautgewächse
Heimat:	Tibet, Japan

Der immergrüne Blütenstrauch trägt doldenartige Blüten in vielen Farben. Die Laub abwerfenden Sträucher dieser Gattung bezeichnet man auch als Azalee. Die 60 bis 100 cm hoch werdenden Sträucher wachsen langsam und kissenförmig. Die Blütendolden können weiß, hell-, dunkelrot oder rosa gefärbt sein.

Standort
Grundsätzlich sollte der Rhododendron nur auf einem Boden wachsen, den er auch in seiner Heimat, den meist regenreichen Küstenregionen, vorfindet. Es geht hierbei um halbschattige bis schattige Lagen auf moorigem Untergrund. Das Pflanzloch sollte grundsätzlich doppelt so groß sein wie der Wurzelballen. Die Pflanze braucht eine spezielle Rhododendronerde, die mit Sand im Verhältnis 5 : 1 gemischt werden sollte.

Pflege
Der Rhododendron hat einen hohen Wasserbedarf, darf aber nur mit enthärtetem bzw. Regenwasser gegossen werden. Wenn Sie falsch düngen, kommt es zu Mangelerscheinungen in Form von Chlorose (Gelbsucht der Blätter). Die Pflanze sollte zweimal mit einem speziellen Rhododendrondünger versorgt werden. Herkömmliche Düngeprodukte enthalten in der Regel zu viel Kalk. Die säureliebende Moorbeetpflanze verträgt auch kein kalkhaltiges Substrat.

Vermehrung
Sie gelingt am besten durch Absenker. Das ist allerdings nur in großflächigen, eingebauten Balkonkästen möglich und für die Kübelkultur nicht zu empfehlen. In diesem Falle kann das Veredeln oder Abmoosen nach der Blüte empfohlen werden.

Gärtnertipp
Vorsicht! Der Rhododendron enthält Giftstoffe.

Rizinus

(Ricinus)

Blütezeit:	August–Oktober
Familie:	Wolfsmilchgewächse
Heimat:	trop. Afrika

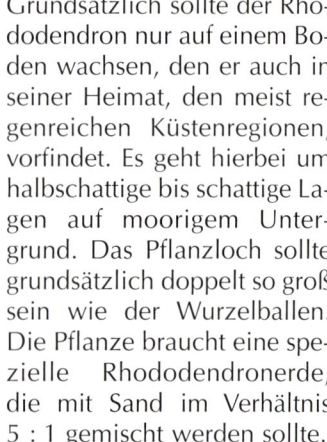

Rizinus

Eine alte Kulturpflanze der Tropen, die aufgrund ihres üppigen Wuchses und der dekorativen Blätter gern als Einjahrespflanze gezogen wird. Besonders empfehlenswert ist die Sorte 'Sanguineus' mit dunkelroten Blattnerven und eben solchen Fruchtständen.

Standort
Ideal ist für diese Pflanze ein sonniger Platz und ein sehr nahrhafter Boden. Der Rizinus ist eine Solitärpflanze, er sollte also einzeln und windgeschützt stehen.

Pflege
Gut aufgehoben ist der Wunderbaum in einem großen Kübelgefäß mit ähnlich fremdartigen Gewächsen wie Yucca oder Canna. Die Pflanze kann ein- oder mehrjährig wachsen und eine Höhe von 2 bis 3 m erreichen. Besonders gut gedeiht die Pflanze auf einer Unterlage von Pferdemist und einer nahrhaften Komposterdemischung. Sie braucht zur optimalen Entfaltung einen sehr nährstoffreichen Boden, will reichlich gegossen und zweimal wöchentlich gedüngt werden.

Vermehrung
Der bohnengroße Samenkern sollte vor der Aussaat etwa 24 Stunden in warmem Wasser eingeweicht werden. Die Pflanze erreicht nur ihren naturgemäßen üppigen Wuchs durch eine Vorkultur ab Anfang März auf der Fensterbank. Er wird dann einzeln in 8er-Töpfe 2 cm tief ausgelegt. Spätestens nach 14 Tagen sollte sich der Keimling zeigen. Vor dem Auspflanzen wird der Sämling noch einmal in einen 12er-Topf pikiert.

Gärtnertipp
Wer sich an dem dekorativen Wunderbaum im Garten oder

auf dem Balkon erfreuen möchte, sollte, wenn Kinder im Hause wohnen, die hochgiftigen Samen nicht zur Reife kommen lassen.

Rose
(Rosa)

Blütezeit:	Juni–Oktober
Familie:	Rosengewächse
Heimat:	Kulturformen

Rosen im Balkonkasten? Warum nicht! Zwergrosen eignen sich beispielsweise besonders für eine Dauerbepflanzung in Verbindung mit schwach wachsenden Koniferen wie Zwergkiefer, Muschelzypressen oder Zuckerhutfichten. Aber auch Lavendel und Knoblauch sowie Polstergräser sind gute Partner für Rosen. Rosen sind im Allgemeinen windverträglich.

Standort
Da die Rose eine ausgesprochene Tiefwurzlerin ist, muss sich der Balkongärtner mit den schwachwüchsigen Sorten der Balkon- und Zwergrosen begnügen. In größeren Kübelgefäßen können auch Kletter- und Hochstammro-

Rose

Rose

sen von 60 bis 100 cm gedeihen. Selbst die beliebte Kaskadenrose, hier ist die Neuzüchtung 'Super Dorothy' zu erwähnen, findet in größeren Gefäßen genügend Lebensraum. Rosen brauchen einen sonnigen, besonders freien Standort, der von allen Seiten her Wind zulässt. Die sanfte Luftbewegung sorgt dafür, dass der Morgentau auf den Blättern trocknet und beugt somit Mehltau vor. Als Substrat verwenden Sie am besten eine lehmhaltige, sandige Gartenerde. Achten Sie vor dem Einfüllen der Erde auf eine gute, mindestens 3 cm hohe Dränageschicht.

Pflege

Die Pflanze wird mäßig gegossen und von Mai bis Juli wöchentlich gedüngt. Um die Blütezeit zu verlängern, muss Verblühtes stets entfernt werden. Damit Rosen die kalte Jahreszeit im Balkonkasten gut überstehen, muss dieser mindestens 20 cm breit und ebenso tief sein; außerdem müssen die Pflanzen im Herbst noch einmal gut gewässert werden. Im Winter

sind die Pflanzen durch eingesteckte Tannenzweige vor Frost zu schützen.

Vermehrung

Von Mitte August bis Mitte September durch Stecklinge.

Gärtnertipp

Wenn Sie Knoblauch oder Lavendel neben Ihre Rosen pflanzen, schützen Sie diese umweltfreundlich vor Blattläusen. Tagetes und Ringelblumen aktivieren rosenmüden Boden.

Roseneibisch, Hibiskus
(Hibiscus)

Blütezeit:	März–Oktober
Familie:	Malvengewächse
Heimat:	Südchina, Ostindien

Von bestechender tropischer Schönheit sind die großen, trichterförmigen Hibiskusblüten, je nach Sorte in Weiß, Gelb, Rosa und Dunkelrot, mitunter auch zweifarbig und gefüllt. In Kübeln auf dem Balkon oder Terrasse können sie 1 bis 1 1/2 m hoch werden.

Standort

Hell, sonnig, wind- und regengeschützt sollte die sonnenhungrige Pflanze von Mai bis Oktober auf Balkon oder Terrasse stehen. Ein Standortwechsel bekommt dem Hibiskus schlecht: Er reagiert darauf mit Knospen- und Blütenfall. Das Winterquartier muss hell sein; ideal sind Temperaturen zwischen 12 bis 14 °C. Für den Wintergarten ist die Pflanze bestens geeignet. Von September bis April wird die Pflanze sparsamer gegossen und nur noch monatlich gedüngt.

Pflege

Der Hibiskus ist ein Wassersäufer und hat einen hohen

Roseneibisch

Der langsam wachsende Strauch trägt schmale Blättchen, die bei Berührung einen sehr angenehmen Duft verbreiten. Rosmarin ist ein bekanntes Gewürz. Rosmarin blüht von Mai bis Juni mit hellblauen Lippenblüten, ähnlich einer Taubnessel.

Standort
Rosmarin gedeiht und entwickelt seinen Duft nur bei einem vollsonnigen, hellen Standort. Die Pflanze sollte während der Sommermonate an einem geschützten Platz auf Balkon oder Terrasse stehen. Sie können die Pflanze mit ihren nadelartigen Blättchen in den Wintermonaten auch im Freien stehen lassen. Sie müssen dann allerdings das Kübelgefäß in die Erde eingraben und dürfen nicht vergessen, die Pflanze mit Fichtenreisig abzudecken. Ansonsten kann Rosmarin in einem kühlen, hellen Raum bis 10 °C überwintern.

Pflege
Rosmarin ist eine robuste Staude. Gießen sollten Sie die Pflanze nur mäßig, denn auf Staunässe reagiert sie äußerst empfindlich. Im Winter

Nährstoffbedarf. Ein Tauchbad bekommt der Pflanze gut. Trockenheit oder stauende Nässe verkraftet die Pflanze überhaupt nicht. Bei Ballentrockenheit kommt es zu Schädlingsbefall.

Von Mai bis August müssen Sie zweimal wöchentlich düngen. Ab dem dritten Jahr sollten Sie die Krone der Pflanze immer Anfang Mai stutzen, damit sie ihren kompakten Aufbau nicht verliert. Dieser Rückschnitt trägt auch dazu bei, dass die Blütengröße erhalten bleibt. Es lässt sich nicht verhindern, dass beim Stutzen einige Knospen abgeschnitten werden. Das Beschneiden darf natürlich kein radikaler Rückschnitt sein. Der Schnitt sollte immer 2 mm über einer nach außen liegenden Knospe ausgeführt werden.

Vermehrung
Sie erfolgt durch halbreife Kopfstecklinge, am besten im April oder August. Die Pflanze bewurzelt bei hoher Bodenwärme und mit Verdunstungsschutz.

Gärtnertipp
Der Hibiskus kann auch als Hochstamm gezogen werden. Dazu brauchen Sie eine kräftige Jungpflanze, von der Sie die Seitentriebe regelmäßig entfernen. Sobald der Haupttrieb 1,20 m hoch ist, wird der Spitzentrieb abgeschnitten. Die oberen Seitentriebe sind der Ausgangspunkt für die spätere Krone. Die Seitentriebe müssen immer wieder entspitzt werden; nur so kommt es zu einer Verzweigung und zu der gewünschten Kronenbildung.

Rosmarin
(Rosmarinus)

Blütezeit:	Mai–Juni
Familie:	Lippenblütler
Heimat:	Mittelmeerraum

Rosmarin

Ruhmeskrone

Standort
Die Prachtlilie möchte einen hellen, vollsonnigen Platz. Spätestens im September sollte die Gloriosa ins Haus übersiedeln und an einen kühlen Standort bei etwa 10 °C in einer Torfkiste überwintern. Ab März kommt die Knolle zum Treiben wieder ans helle Fenster und ab Mai auf den Balkon.

Pflege
Das Liliengewächs will mäßig gegossen und gedüngt werden. Während der Blütezeit ist dem Gießwasser wöchentlich Dünger hinzuzufügen. Im September müssen Sie alle welken Blätter abschneiden.

Vermehrung
Die Vermehrung erfolgt über Knollen. Je größer die Knolle, desto schöner die Blüte.

Gärtnertipp
Beim Kauf ist auf eine unbeschädigte Vegetationsspitze der Knolle zu achten.

Säuleneibe
(Taxus baccata 'Fastigiata')

Blütezeit:	Grünes Nadelgehölz
Familie:	Eibengewächs
Heimat:	Nordwestafrika, Asien

Die gelbe Säuleneibe wächst, wie der Name schon sagt, säulenförmig. Die Äste sind von Grund auf straff nach oben gerichtet, ebenso deren Seitenzweige. Die Nadeln sind an jungen Trieben auffallend goldgelb gerandet, werden allmählich hellgrün und im Alter dunkelgrün.

Standort
Die Eibe liebt einen feuchten, frischen, kalkhaltigen und nährstoffreichen Boden. Solange die Pflanze feucht steht, kommt sie mit jeder Bo-

---

wird sie nur noch minimal gegossen, so dass der Ballen nicht austrocknet. Rosmarin braucht weder im Sommer noch im Winter gedüngt zu werden. Alle 2 Jahre sollten Sie die Gewürzpflanze umtopfen. Dabei müssen sie darauf achten, dass das Gefäß nur eine Nummer größer ist und mit sandiger Einheitserde gefüllt wird.

Vermehrung
Am einfachsten ist die Vermehrung über verholzte Triebstecklinge im August.

Gärtnertipp
Bei zu warmer Überwinterung bilden sich im darauf folgenden Jahr keine Blüten.

Ruhmeskrone, Prachtlilie
(Gloriosa rothschildiana)

Blütezeit:	Juni–August
Familie:	Liliengewächs
Heimat:	Afrika, Asien

Die ausgefallene, exotische Blüte erinnert an eine Orchidee. Die feuerroten Blüten mit gelbem Rand und Schlund ranken sich auf dünnen Stielen an jedem Topf-Spalier hoch. Die Blütezeit endet im August, danach zieht die Pflanze ein; überwintert wird nur die verbleibende Knolle.

Säuleneibe

denart zurecht. Der Standort kann sonnig bis halbschattig sein.

Pflege
Die Pflanze muss stets feucht gehalten werden, sie gedeiht nur in einem tiefen, großräumigen Kübelgefäß. Gedüngt wird monatlich mit einem Dünger für Nadelgehölze bzw. Rhododendrongewächse.

Vermehrung
Sie erfolgt durch Stecklinge. Je länger die Stecklinge sind,

Salbei

umso größer ist der Erfolg. Am besten eignen sich zwei- bis dreijährige Triebe.

Gärtnertipp
Je feuchter die Eibe steht, desto besser verträgt sie pralle Sonne. Für Familien mit Kindern ist die Eibe ungeeignet, da sie giftig ist.

Salbei
(Salvia officinalis)

Blütezeit:	Juni–August
Familie:	Lippenblütler
Heimat:	Südfrankreich, Spanien

Der Salbei ist im Volksmund bekannt als Muskaten-, Muskatelleroder Sabikraut, Königs- oder Gartensalbei, Tugend- oder Fischsabe, Schmale Sophie, Griechischer Tee, Zahnblätter. In der Antike wurde Salbei als eine Art Allheilmittel angesehen, was schon aus dem lateinischen Namen »Salvia« (salvere = sich wohlfühlen) hervorgeht. Sie wurde vermutlich von den Römern über die Alpen gebracht und fand sogar Aufnahme in die Landbauordnung der fränkischen Könige, die u.a. das Bestellen der Felder regelte. Salbei ist in den Mittelmeerländern beheimatet und in Vorderasien eingebürgert. Der Halbstrauch hat kräftige, verzweigte Wurzeln und kantige, leicht verholzende Stängel mit lanzettförmigen grün-silbergrauen, fein gekerbten, runzligen Blättern. Seine violetten Blüten sind eine begehrte Bienenweide.

Standort
Salbei liebt seiner Heimat entsprechend trockenen, lockeren, kalkhaltigen Boden und viel Sonne an einem windgeschützten Platz. Auf den Wasserbedarf müssen Sie trotzdem achten, denn die Pflanze verkraftet hängende Blätter schlecht.

Pflege
Gießen Sie den Salbei mäßig und düngen Sie ihn alle 4 Wochen. Im Winter sollten Sie die Pflanze durch Reisig vor Frost schützen. Im Frühjahr schneiden Sie ihn um die Hälfte bis aufs Holz zurück.

Vermehrung
Sie können aus Samen und Stecklingen anziehen; praktischer ist aber das Kultivieren einer bereits vorgezogenen Pflanze. Hier müssen Sie darauf achten, dass Sie keinen Ziersalbei bekommen, der nämlich keine Würzkraft besitzt.

Gärtnertipp
Zum Würzen verwendet werden die Blätter und jungen Triebe; das Aroma ist leicht bitter und erinnert an Kampfer. Im ersten Jahr besitzen Pflanzen, die aus Samen gezogen worden sind, noch nicht viel Aroma und auch kaum Heilkräfte.

Sauerklee
(Oxalis adcnophylla)

Blütezeit:	April–Mai
Familie:	Sauerkleegewächs
Heimat:	Südamerika

Sauerklee

Die kleine Staude hat kräftig grüne Kleeblätter. Sie blüht im Frühling purpur-rosarot.

Standort

Der Sauerklee sollte halbschattig, feucht und kühl in Steintrögen oder in Verbindung mit Steinen in Balkonkästen oder Schalen in sandig-lehmiger Humuserde wachsen.

Pflege

Während der Wachstums- und Blütezeit muss regelmäßig gegossen werden. Im Herbst kommen die ausgepflanzten Zwiebelknollen wieder aus der Erde heraus und werden kühl im trockenen Keller überwintert, um dann im Frühjahr erneut angetrieben zu werden.

Vermehrung

Ab Mai kann die Pflanze in Steintrögen, Balkon- oder Kübelgefäßen bzw. im Garten ausgepflanzt werden. Sie wird während dieser Zeit Brutknöllchen entwickeln.

Schachbrettblume

(Fritillaria meleagris)

Blütezeit:	April–Mai
Familie:	Liliengewächs
Heimat:	Europa, Kaukasus

Bemerkenswert ist die kleine Verwandte der Kaiserkrone, die Schachbrettblume. Die Blüte kann schachbrettartig weiß, purpur- bis rosafarben gemustert sein. Die Pflanze hat auffallend wenige schmale, graugrüne Blätter.

Standort

Die Schachbrettblume gedeiht sowohl an einem sonnigen wie an einem halbschattigen Standort. Der interessante Frühlingsblüher verträgt

Schachbrettblume

keinen trockenen, verdichteten Boden; mit anderen Worten, die Pflanze liebt leicht anmoorige, humose Böden. Gepflanzt wird im Abstand von 10 cm bei einer Pflanztiefe von 6 bis 10 cm. Verwenden Sie eine gute Einheits- oder Balkonblumenerde. Die frühblühende Schachbrettblume entwickelt sich besonders schön auf nahrhaften, leicht feuchten Böden.

Pflege

Im Grunde genommen braucht die Pflanze kaum Pflege. Verblühtes sollte allerdings abgeschnitten werden. Wichtig ist, beim Pflanzen im September bzw. Oktober auf eine gute Dränageschicht zu achten, sonst faulen die Zwiebeln. Zu berücksichtigen ist vor dem Pflanzen, dass die Gefäße einen Mindestdurchmesser von 20 cm haben und einen zusätzlichen Frostschutz in Form von Styroporflocken erhalten. Hierfür legen Sie den Balkonkasten ringsum von innen und auf dem Boden mit Styroporflocken aus und füllen erst dann die Pflanzerde ein. Überwintert werden die so gepflanzten Kästen im Keller dunkel und frostfrei. Dabei ist darauf zu achten, dass die Er-

de nicht austrocknet. Sobald der Austrieb sich zeigt, werden die Gefäße ins Helle gestellt.

Vermehrung

Im Balkon- bzw. Kübelgefäß nicht möglich.

Gärtnertipp

Die Schachbrettblume ist in allen Pflanzenteilen giftig, sie enthält Alkaloide.

Scheinzypresse

(Chamaecyparis obtusa 'Nana Gracilis')

Blütezeit:	Nadelgehölz
Familie:	Zypressengewächse
Heimat:	Japan

Es geht um eine der edelsten, schattenliebenden Zwergkoniferen. Die ausgesprochen langsam wachsende Scheinzypresse ist eine Zwergform der Hinoki, einer der fünf heiligen Bäume der ostasiatischen Shinto-Religion. Die Pflanze erreicht innerhalb von 15 Jahren knapp 50 cm Höhe. Die aparten Zweige sind muschel- bis tütenförmig gedreht und

Zypresse Chamaecyparis laws. Filifera

tragen hell- bis dunkelgrüne Nadeln. Die Muschelzypresse wächst in breiter Kegelform.

Standort
Diese Zypresse wünscht sich eine sandig-humose Erde und einen halbschattigen Standort. Bei Luft- und Bodentrockenheit leidet die Pflanze sehr.

Pflege
Das Nadelgehölz wird regelmäßig, aber nur mäßig feucht gehalten. Gedüngt wird nur einmal während der Vegetationszeit mit einem Tannennadeldünger. Eine ganz ähnliche Behandlung wünscht sich die abgebildete Chamaecyparis laws. Filifera.

Vermehrung
Die Vermehrung durch Triebstecklinge im Mai ist möglich.

Gärtnertipp
Vor starkem Wind ist die Pflanze zu schützen.

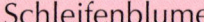

Schleifenblume
(Iberis sempervirens)

Blütezeit:	April–Mai
Familie:	Kreuzblütler
Heimat:	Mittelmeerregion

Schlingknöterich

Schleifenblume

Der mehrjährige Halbstrauch eignet sich zur Einfassung von Balkonkästen und Kübeln. Er bildet immergrüne Polster mit derben, spachtelförmigen, tiefgrünen Blättern. Die Pflanze blüht im zeitigen Frühjahr weiß, bei günstigem Standort noch einmal im Frühsommer oder Herbst. Die zierlichste unter den Schleifenblumen ist die Sorte 'Zwergschneeflocke'. Die Pflanze wird nicht höher als 15 cm und bildet schneeweiße Blütenpolster.

Standort
Die Schleifenblume wünscht sich einen sonnigen, warmen Standort. Das Erdsubstrat sollte trocken bis frisch, durchlässig und humusarm sein. Sie sollten also auf eine gute Dränage und ungedüngte Balkonblumenerde im Pflanzgefäß achten.

Pflege
Die Schleifenblume benötigt wenig Wasser; sie wird zweimal während der Vegetationsperiode mineralisch gedüngt. Ältere Pflanzen schneiden Sie bis auf 10 cm Trieblänge zurück. Es empfiehlt sich, nach der Blüte die Pflanze um 1/3 mit der Schere zu verjüngen. Bei Frost ist eine Abdeckung mit Fichtenreisig anzuraten.

Vermehrung
Durch Samen oder Stecklinge. Im Herbst ausgesäte Pflanzen brauchen einen Winterschutz.

Gärtnertipp
Halbschattige Standorte beeinträchtigen die Winterhärte.

Schlingknöterich
(Fallopia aubertii)

Blütezeit:	Juli–Oktober
Familie:	Knöterichgewächse
Heimat:	China, Tibet

Stark wachsende, bis zu 15 m hoch werdende Schlingpflanze mit großem Platzbedarf. Die Kletterpflanze macht ihrem Namen alle Ehre. Im Austrieb sind die herzförmigen, 4 bis 9 cm langen Blätter rötlich, später hellgrün und im Herbst gelblich.

Der Knöterich ist anspruchslos und industriefest.

Standort
Sonnig bis halbschattig, sowohl für Süd-, West- als auch Ostlagen geeignet. Die 15 bis 20 cm langen, weißen, hängenden Blütenrispen entfalten einen angenehmen Duft und sind eine wahre Bienenweide.

Pflege
Humose, nährstoffreiche Einheitserde. In einem Kübelgefäß muss der Knöterich an warmen Sommertagen täglich gegossen und ein- bis zweimal im Monat mit einem Volldünger versorgt werden. Eine Kletterhilfe für die Pflanze ist unbedingt erforderlich, ebenso ein Winterschutz.

Vermehrung
Sie erfolgt durch Stecklinge im Juli/August.

Gärtnertipp
Ältere Pflanzen können sehr schwer werden und dadurch Regenrinnen beschädigen. Deshalb sollten Sie dem Wuchs im Frühjahr mit der Schere Einhalt gebieten.

Schmucklilie
(Agapanthus praecox)

Blütezeit:	Juli–August
Familie:	Liliengewächs
Heimat:	Südafrika

Die Schmucklilie gehört zu den schönsten Kübelpflanzen. Ab Juli erscheinen auf ihren 1 m hohen Stängeln große, blau bis blauviolette Blütendolden. Am eindrucksvollsten wirkt die Schmucklilie als Solitärpflanze, denn neben den herausragenden Blütendolden schmückt sie sich mit zahlreichen schmalen, langen, grünen Blättern.

Standort
Zur üppigen Blüte gehört eine kühle, helle Überwinterung bei höchstens 8 °C. In den Sommermonaten muss die Pflanze einen vollsonnigen Standort erhalten. Am besten wächst die Pflanze in einer lehmigen Gartenerde, die mit Einheitserde 1 : 2 vermengt wurde. Sie können auch noch etwas Sand untermischen.

Pflege
Die Pflanze muss täglich durchdringend gegossen und in der Blütezeit wöchentlich mit Volldünger versorgt werden. Erst wenn die Schmucklilie das Gefäß zu sprengen droht, wird umgetopft. Nach dem Umtopfen ist die Blühfähigkeit stark beeinträchtigt. Während der Überwinterung darf nur minimal gegossen werden, so dass das Laub nicht eintrocknet. Stauende Nässe ist unbedingt zu vermeiden, sonst faulen die fleischigen Wurzeln der Pflanze.

Vermehrung
Durch Teilung der Rhizome im Frühjahr.

Gärtnertipp
Vorsicht! Ältere Pflanzen können mit ihren kräftigen Wurzeln das Pflanzgefäß sprengen. Deshalb werden Schmucklilien vorzugsweise in halbierten Fässern oder in Holzgefäßen gepflanzt.

Schneeglöckchen
(Galanthus)

Blütezeit:	Februar–März
Familie:	Amaryllisgewächse
Heimat:	Europa, Kleinasien

Schmucklilie (blau), Hakenlilie (weiß)

Schneeheide

Schneeglöckchen zählen zu den bekanntesten und ältesten Pflanzen der Erde. Schon vor Christi Geburt wird in botanischen Darstellungen von der Pflanze berichtet. Schneeglöckchen gehören zu den ersten Frühlingsboten des Jahres. Sie wachsen gesellig in Gruppen. Ihre trichter- bis glockenförmigen Blüten duften angenehm. Die schmalen, linealen Blätter erscheinen mit den Blüten und ziehen nach der Blütezeit ein. Die großblütige Sorte 'Galanthus elwesii' blüht besonders zeitig. Die Blüten entfalten einen zarten, angenehmen Duft. Viele Schneeglöckchen sind selbst steril, das bedeutet, sie bilden nur dann Samen, wenn andere Schneeglöckchensorten in unmittelbarer Nähe stehen.

Standort
Im lichten Schatten fühlen sich Schneeglöckchen besonders wohl. Die Pflanze liebt feuchte, humusreiche Lehmböden. Sandig trockene Erdsubstrate sind ungeeignet!

Pflege
Während der Blütezeit bevorzugt das Schneeglöckchen einen leicht feuchten Boden, wie er während der Jahreszeit in der Natur meist vorkommt. Nach der Blüte sollte der Boden trockener sein. Gepflanzt werden die Zwiebeln im September in Horsten, das bedeutet in Gruppen im Kreis etwa 5 cm tief, im Abstand von 5 cm.

Vermehrung
Die Vermehrung ist in der Kübelpflanzenkultur nicht möglich.

Gärtnertipp
Beim Kauf der Zwiebeln ist darauf zu achten, dass diese frisch und fest sind. Bei welken, schrumpeligen Zwiebeln ist mit beträchtlichen Einbußen zu rechnen. Vorsicht! Die Zwiebeln der Schneeglöckchen enthalten ein giftiges Alkaloid.

Schneeglöckchen

Schneeheide
(Erica carnea)

Blütezeit:	Dezember–April
Familie:	Heidekrautgewächse
Heimat:	Alpen

Der Heidegarten hat auch im Balkon- und Kübelgefäß fast das ganze Jahr über Saison, vor allem, wenn Sie die Sortenvielfalt der Heidearten, die es seit geraumer Zeit gibt, nutzen. Im Spätsommer haben die Baumschulen das größte Sortenangebot. Deshalb ist eine Pflanzzeit zwischen September und November empfehlenswert. Aber auch nach der ersten Blütenperiode im April/Mai kann Heide gepflanzt werden. Mit der Schnee- oder winterblühenden Heide ('Erica carnea'),

Schneeheide im Winter

Schneeheide im Sommer

die gelb- oder grünlaubig sein kann, beginnt und endet das Heidejahr. Sie blüht rosa, violett bis weiß von Dezember bis April.

Standort

Entscheidend für eine üppige Blüte mit intensiver Färbung ist bei allen Heidepflanzen ein sonniger, aber saurer Standort. Die englische Heide 'Erica x darleyensis' braucht eine sonnige, geschützte Lage. Ihre Farbpalette reicht von Weiß über Rosa bis Rot. Sie blüht von März bis Mai und kann bis 35 cm erreichen. Im Wonnemonat Mai blüht dann die winterharte, weiße Maiglöckchenheide sowie die purpurne Moosheide. Von Mai bis Juni folgt die kleine, aber robuste und absolut winterharte Ährenheide. Ein paar Wochen später blüht die Dop- oder Glockenheide 'Erica tetralix', die einen feuchten Standort bevorzugt. Bei vielen Sorten wirkt das silbergraue Laub als zusätzlicher Schmuck. Die Blütezeit dieser Erikasorten geht von Juni bis September, sie blühen weiß, purpur, rot und rosa. Gleich darauf blüht in kräftigen Pastellfarben die Grau- und Cornwallheide ('Erica cinerea'). Die Einzelblüten sind zwar klein, stehen aber sehr dicht in endständigen Trauben zusammen. Die Pflanzen sind gute Bodendecker und haben eine lange Blütezeit von Juli bis Herbst. Zum Schluss folgt noch die Erika aller Eriken, die behaarte Besenheide, botanisch 'Calluna vulgaris' genannt. Im Handel sind mehrere hundert Sorten in den Blütenfarben von Weiß bis Purpur erhältlich.

Pflege

Das 15 cm tiefe Pflanzloch wird mit Torf und Sand aufge-

füllt, denn Eriken brauchen zum Gedeihen einen sauren Boden mit einem pH-Wert von 3,8 bis 4,8. Das Torf-/Sandgemisch ist gleichzeitig ein guter Schutz gegen Staunässe, die von den meisten Heidepflanzen nicht vertragen wird. Gegossen wird nur mittelmäßig. Die Anpflanzung erfolgt in unregelmäßigen Anordnungen. Je nach Wüchsigkeit der Sorte brauchen Sie 7 bis 9 Pflanzen pro Quadratmeter. Nicht ganz winterharte Erikaarten, z.B. die englische Heide sowie die Cornwall- oder Aschenheide, erhalten im November einen Winterschutz. Wer nur wenige Pflanzen besitzt, schützt sie durch Fichtenzweige, die schräg und flach in den Boden gesteckt werden. Nicht empfehlenswert ist das Auflegen von Tannen- oder Fichtenreisig auf die Pflanzen, da hierbei die Heide leicht erstickt oder anfaulen kann. Ab April sollten Heidepflanzen sparsam gedüngt werden. Besonders gut hat sich dafür ein Gemisch aus Knochenmehl und Guano bewährt. Der Dünger wird rings um den Wurzelballen gestreut und eingearbeitet, damit die flach wachsenden Wurzeln nicht beschädigt werden.

Vermehrung

Durch Absenker im August oder durch 3 cm lange, halbverholzte Stecklinge, deren Blätter, soweit sie in die Erde kommen (gut 1 cm hoch), entfernt werden. Die Stecklinge brauchen in den nächsten 6 Wochen eine Folienhaube als Verdunstungsschutz.

Gärtnertipp

Setzen Sie die Erika etwas tiefer in das Pflanzloch als der Wurzelballen groß ist. Dann

bekommt die flach wurzelnde Heidepflanze mehr Wurzeln und wird kräftiger. Das feste Andrücken nach dem Einsetzen ist die Voraussetzung für einen guten Erdkontakt.

Schnittlauch

(Allium schoenoprasum)

Blütezeit:	Juni–Juli
Familie:	Liliengewächs
Heimat:	Europa

Die mehrjährige Staude wird etwa 30 cm hoch. Das bekannte Küchenkraut wächst mit dünnen oder dicken, röhrenförmigen Blättern aus kleinen Zwiebeln heraus. Neben dem Schnittlauch wird neuerdings eine Kreuzung angeboten. Diese etwa 50 cm hohe Kreuzung aus Schnittlauch und Knoblauch ist nicht nur gesund in Suppen und im Kräuterquark, sondern hält auch unliebsame Schädlinge wie Erdflöhe und Blattläuse fern.

Standort

Schnittlauch sollte hell bis halbschattig in lehmig-humoser Gartenerde stehen.

Pflege

Küchenkräuter werden im Allgemeinen nicht gedüngt,

Schnittlauch

und wenn es erforderlich sein sollte, dann im Frühjahr, mindestens 6 Wochen vor der Ernte. Wie bei allen Zwiebelgewächsen, darf auch der Schnittlauch nur mäßig gegossen werden, wobei Staunässe zu vermeiden ist.

Vermehrung
Durch Aussaat im Frühjahr oder durch Teilung der Pflanze im Frühjahr oder Herbst.

Gärtnertipp
Wenn Sie den Schnittlauch als Küchengewürz verwenden wollen, sollten Sie auf seine pinkfarbenen Blütenkugeln verzichten und sie rechtzeitig entfernen.

Schnittsalat

(Lactuca sativa)

Blütezeit:	Grünpflanze
Familie:	Korbblütlerfamilie
Heimat:	vermutlich Ägypten

Beim Schnitt- oder Pflücksalat gibt es verschiedene Blattformen und neben den üblichen grünen auch rote Sorten. Der Schnittsalat bildet keine Köpfe, sondern Rosetten. Er wird aber wie Kopfsalat verwendet und kann ganz nach Bedarf portionsweise geerntet werden. Wichtig ist, dass der Schnitt nicht zu tief ver-

Schnittsalat

Schönmalve

läuft, denn wenn das Herzblatt beschädigt wird, ist eine Folgeernte nicht mehr möglich.

Standort
Der Standort kann sonnig oder halbschattig sein, die Aussaat erfolgt in Balkonblumen- oder lockerer Gartenerde.

Pflege
Schnittsalat braucht keine besondere Pflege. Da die Kulturzeit von der Aussaat bis zur Ernte nur 6 bis 8 Wochen beträgt, wird Salat auch selten gedüngt. Anstatt des üblichen Schnittes empfiehlt es sich, die Pflanze von außen nach innen zu pflücken, dann baut sie sich immer wieder von innen heraus auf. Nach dreimaliger Ernte schießt der Schnittsalat in die Blüte. Sie können aber alle 4 Wochen Folgesaaten vornehmen und haben dann den ganzen Sommer über frischen Salat.

Vermehrung
Ab März kann dann in Reihen von 15 cm Abstand dicht ausgesät werden.

Gärtnertipp
Gute Nachbarn sind Tomaten und Radieschen, während Petersilie mit Schnittsalat unverträglich ist.

Schönmalve

(Abutilon)

Blütezeit:	April–September
Familie:	Malvengewächse
Heimat:	Brasilien

Die Schönmalve gehört zu den pflegeleichten Pflanzen. Eigentlich können Sie sie kaum falsch behandeln. Im Wintergarten kann die Pflanze ganzjährig blühen, im Kübel auf dem Balkon müssen Sie sich mit einer kürzeren Blütezeit von 5 Monaten begnügen. Die Blüten sind zahlreich, groß, meist schalen- oder glockenförmig. Sie schillern in den Farbtönen Weiß, Gelb, Rosa oder Rot. 'A. megapotanicum' erfreut mit wundervoll geformten Glockenblüten, die sich aus gelben und purpurnen Kelchen zusammensetzen, besonders attraktiv als Hochstamm.

Standort
Die reich blühende Pflanze braucht einen hellen, sonnigen, vor Wind und Regen geschützten Standort. Sie wächst gut in Balkonblumen- oder Einheitserde, die mit Lehm angereichert werden soll. Überwintern will die Pflanze hell und kühl (um 10 °C).

Pflege
Von April bis August müssen Sie die Schönmalve reichlich gießen und wöchentlich düngen. In den übrigen Monaten wird die Wasserversorgung stark eingeschränkt und das Düngen völlig eingestellt. Pflanzen, die im Freien besonders kräftig gewachsen sind, sollten im Herbst, bevor sie ins Winterquartier kommen, entsprechend zurückgeschnitten werden. Im Früh-

jahr wird die Schönmalve in frische Einheitserde umgepflanzt.

Vermehrung

Die Vermehrung durch Stecklinge kann im Spätherbst oder Frühjahr vorgenommen werden. Allerdings ist zur Vermehrung eine Bodentemperatur von 20 bis 25 °C bei feuchter, gespannter Luft erforderlich.

Gärtnertipp

Die Pflanze lässt sich als Busch oder Hochstämmchen ziehen.

Schopflilie

(Eucomis)

Blütezeit:	August–Oktober
Familie:	Liliengewächs
Heimat:	Südafrika

Von eigenartiger Schönheit ist die Schopflilie. Ihre Blüten duften angenehm. Alle Eucomis-Arten haben als Krönung der Blüte einen Blätterschopf. Das Zwiebelgewächs wird etwa 60 cm hoch und hat bis zu 30 cm lange, 7 bis 8 cm breite Blätter mit gekraustem Rand. Ab August bis Oktober bilden sich auf dem 50 cm hohen Blütenschaft dichte, bis zu 30

Schwarzäugige Susanne

Schopflilie (hinten) mit Sauerklee (vorne)

cm lange Trauben. Diese Blüten sind hellgrün mit rot eingefassten Rändern. Auch die Staubgefäße verleihen der Blüte durch ihr Purpurrot noch einen besonderen Akzent.

Standort

Die Schopflilien sind apart und anspruchslos. Sie werden im Spätherbst als Dreiergruppe in ein Kübelgefäß von 40 bis 50 cm Durchmesser gepflanzt und frostfrei überwintert. Als Pflanzsubstrat kommt eine lehmig-humose, nährstoffreiche Erde in Betracht. Ab Mai können Sie das

Kübelgefäß ins Freie, im Halbschatten und windgeschützt, stellen.

Pflege

Mitte/Ende Mai müssen Sie mit dem regelmäßigen Gießen und Düngen beginnen. Wie alle Zwiebelpflanzen darf auch die Schopflilie nicht übermäßig gegossen werden. Gedüngt wird von Mai bis Anfang August im Abstand von 14 Tagen. Nach dem Abblühen, Anfang Oktober, kommen die Pflanzen wieder ins frostfreie Winterquartier. Wünschenswert sind

Temperaturen von 5 bis 10 °C, wobei der Standort dunkel sein kann.

Vermehrung
Alle 4 bis 5 Jahre sollten Sie die Zwiebeln im Frühjahr aus den Gefäßen nehmen und in neue Erde pflanzen. Bei dieser Gelegenheit können Sie einen Teil der Nebenzwiebeln zur Vermehrung abnehmen. Die Aussaat ist langwierig und bleibt dem Fachmann überlassen.

Gärtnertipp
Wenn Sie die Möglichkeit haben, die Zwiebeln von Mai bis September in den Garten zu pflanzen, dann erhalten Sie im kommenden Jahr noch schönere und kräftigere Blüten. Schopflilien bietet der Handel als Zwiebel-, aber auch als Jungpflanzen an.

Schwarzäugige Susanne
(Thunbergia alata)

Blütezeit:	Juli–Oktober
Familie:	Akanthusgewächse
Heimat:	Südostafrika

Die Schwarzäugige Susanne ist eine preiswerte, dekorative Kletterpflanze, die sich bis zu 2 m hoch windet und mit zahlreichen, orangegelben, zartduftenden, in der Mitte schwarz gepunkteten Blüten schmückt. Die Blätter sind zunächst frisch-grün, herzförmig, mit gezähntem Rand. Im Herbst färbt sich das Laub rotbraun.

Standort
Der einjährige Ranker mit seinen trichterförmigen Blüten braucht einen sonnigen, warmen und windgeschützten Standort. Ebenso ist für eine Rankhilfe in Form von Stäben, Drähten oder einem Klettergerüst zu sorgen. Die Schwarzäugige Susanne kann

sowohl in Einheitserde als auch in einer lehmig-humosen Gartenerde wachsen.

Pflege
Das üppige Rankgewächs muss reichlich gegossen und alle 14 Tage gedüngt werden. Eine gute Dränageschicht im Pflanzgefäß ist erforderlich, um Staunässe zu vermeiden.

Vermehrung
Durch Samen ab Februar bei einer Bodentemperatur von 20 °C. Jungpflanzen müssen einmal entspitzt werden, damit sie sich besser verzweigen.

Gärtnertipp
Die wärmebedürftige Pflanze ist anfällig gegen Spinnmilben, Blattläuse und die Weiße Fliege. Wer Knoblauchzwiebeln oder Lavendel in ihre Nähe pflanzt und für einen warmen, windgeschützten Standort sorgt, hat die Schädlinge kaum zu befürchten.

Segge
(Carex)

Blütezeit:	April–August
Familie:	Sauer- oder Riedgräser
Heimat:	Südasien, Australien

Segge

Sicheltanne

Grasartige Staude mit langen, schmalen Blättern und einzelnen gelbbraunen Blütenähren, die die Blattspitzen überragen. Sowohl die grünen als auch die bunten Sorten wirken sehr grazil und sind ideal zur Bepflanzung von Balkonkästen, Blumenschalen und Körben.

Standort
Eine anspruchslose Pflanze, die sowohl an einem schattigen als auch an einem sonnigen Standort gedeiht. Die Segge liebt einen luftigen Platz. In der Natur hat sie ihren Lebensbereich unter Gehölzen, daher muss sie auch vor praller Wintersonne geschützt werden.

Pflege
Wichtig ist, dass die Pflanze stets gleichmäßig feucht ist, denn beim Trockenwerden der Erde schrumpfen die Blätter zusammen, und die Pflanze geht meist ein. Das Düngen entfällt. Die Pflanze wird bei Bedarf in Einheitserde umgetopft.

Vermehrung
Vermehrt wird durch Teilung. Dazu wird der Ballen in mehrere Teile getrennt und in ent-

sprechend kleinere Töpfe wieder eingepflanzt. Die anspruchslose Staude können Sie auch aussäen.

Gärtnertipp

Sie eignet sich sehr gut als Ampelpflanze und zur Beipflanzung in Schalen und Körben. Unangenehm sind mitunter die rauen Blattränder mancher Segge-Arten. Der Pflanzenname kommt vermutlich von dem Wort "Säge".

Sicheltanne

(Cryptomeria japonica)

Blütezeit:	Nadelgehölz
Familie:	Zypressengewächse
Heimat:	Japan, Südchina

Die zwergförmige Sorte der Sicheltanne ist unter dem Namen 'Jindai-Sugi' mit kurzen Zweigen und frischgrünen Nadeln auf dem Markt. Diese Miniaturausgabe der Sicheltanne ist bestens geeignet für Balkonkästen und Schalen. Auch die Sorte 'Bandai-Sugi' ist aufgrund ihrer bizarren Wuchsform und den büschelförmigen Nadeln an den Triebspitzen begehrt. Die Pflanze eignet sich für die Bonsai-Kultur, sie ist aber auch schön in großen Pflanzgefäßen oder halbierten Fässern.

Standort

Sie wird vorzugsweise im Schutze von anderen Gehölzen gepflanzt bzw. aufgestellt, damit sie im Winter keine Frostschäden erleidet. Die Sicheltanne liebt einen lehmigen, leicht feuchten Boden im Halbschatten.

Pflege

Die Sicheltanne ist empfindlich gegen Trockenheit im Sommer. Daher sollte sie an heißen Sommertagen nicht nur gegossen, sondern auch

besprüht werden. Gedüngt wird von Mai bis September alle 6 Wochen mit einem Spezialdünger für Nadelgehölze.

Vermehrung

Die Vermehrung erfolgt durch Aussaat oder Stecklinge.

Gärtnertipp

Die Sicheltanne kann baum- oder strauchartig gezogen werden. Häufig bilden sich an den Spitzen hahnenkammartige Veränderungen.

Skimmie

(Skimmia reevesiana 'Rubella')

Blütezeit:	April–Mai
Familie:	Rautengewächs
Heimat:	Japan

Der nur sehr langsam wachsende, immergrüne Strauch trägt schmale, glänzende Blätter. Im Mai blüht das Rautengewächs cremefarben. Aus den Blüten entwickeln sich später die hell- bis dunkelroten Beerenfrüchte, die von November bis März die Pflanze schmücken.

Standort

Die Skimmie liebt einen halbschattigen, warmen, vor

Skimmie

der Wintersonne geschützten Platz. Ausgepflanzt ist sie winterhart, in der Kübelkultur selten. Daher ist die Überwinterung in einem hellen, kühlen, frostfreien Raum bei 5 bis 10 °C anzuraten.

Pflege

Skimmien sollten nur mäßig gegossen werden, so dass der Topfballen nie austrocknet. Achten Sie auf kalkfreies Wasser, denn die Pflanzen sind salzempfindlich.

Vermehrung

Die Vermehrung erfolgt durch Stecklinge Mitte Mai.

Gärtnertipp

Skimmien passen gut zu Moorbeetpflanzen wie Azaleen, Eriken usw.

Sommerzypresse

(Kochia scoparia)

Blütezeit:	August–September
Familie:	Gänsefußgewächse
Heimat:	Vorderasien

Die Sommerzypresse, auch Besenkraut genannt, ist mit ihrem filigranen, hellgrünen Blattwerk und aufgrund der schönen, kompakten oval-kugeligen Form sehr begehrt. Die attraktive Pflanze braucht, um voll zur Wirkung zu kommen, viel Platz. Besonders reizvoll wirkt das Ziergewächs vor farbenprächtigen Balkonblumen. Von der einjährigen Pflanze gibt es zwei Sorten, die sich erst im Herbst voneinander unterscheiden, denn nach dem ersten Frost bleibt die Sorte 'Childsii' weiterhin lindgrün, während die Sorte 'Trichophylla' sich rot färbt.

Standort

In praller Sonne fühlt sich die einjährige Sommerzypresse besonders wohl. Die Pflanze braucht eine gut gedüngte Balkonblumenerde.

Sommerzypresse

Pflege
Bei regelmäßiger, reichlicher Wasser- und Nährstoffversorgung, letztere erfolgt 14-tätig, erreicht die Pflanze eine Höhe von 60 cm bis 1m und wird schön buschig.

Vermehrung
Durch Aussaat ab Ende April an Ort und Stelle.

Gärtnertipp
Die Anzucht der Sommerzypresse lohnt sich nur für einen vollsonnigen, windgeschützten Standort.

Sonnenblume

(Helianthus annuus)

Blütezeit:	Juli–Oktober
Familie:	Korbblütler
Heimat:	Nordmexiko

Neuerdings gibt es von der dekorativen Sonnenblume nicht nur die Riesenexemplare, sondern auch balkonkastengerechte Zwergzüchtungen. Diese liebenswerten Sonnenblumen werden 40 bis 60 cm hoch, anstelle der sonst üblichen 1,5 bis 3 m hohen Exemplare.

Standort
Wichtig ist, dass Sie für einen windgeschützten Standort, vorzugsweise in einem Terrakottakübel, sorgen. Die Sonnenblume, wie könnte es anders sein, ist eine Sonnenanbeterin. An einem vollsonnigen, warmen Platz werden Sie viel Freude an den goldgelben Strahlenblüten haben. Als Pflanzsubstrat können Sie sowohl Einheitserde als auch eine lehmige, mit etwas Sand durchsetzte Gartenerde verwenden. Empfehlenswerte Sorten sind 'Teddybär' mit gefüllten Blüten oder der gelbe 'Knirps'.

Pflege
Sonnenblumen sind durstige, stark zehrende Pflanzen; sie brauchen also reichlich Wasser. Außerdem müssen sie wöchentlich mit einem Volldünger versorgt werden. Auf Dachgärten oder Penthouseterrassen kann das Abstützen mit Stäben erforderlich sein.

Vermehrung
Die Vermehrung durch Aussaat im April ist kinderleicht: je 1 Samenkern wird in den Blumentopf gesteckt.

Gärtnertipp
Sonnenblumen brauchen zur Entfaltung Platz. Daher ist auf einen Pflanzabstand von 20 cm zu achten.

Spindelstrauch

(Euonymus)

Blütezeit:	Juni–Juli
Familie:	Spindelstrauchgewächse
Heimat:	China, Japan

Der Spindelstrauch ist eine sehr genügsame, unempfindliche, dekorative Pflanze. Je älter er wird, desto schöner sieht er aus. Es gibt grüne und buntlaubige, frostempfindliche und frostresistente Varietäten. Am bekanntesten ist 'E. fortunei'. Dieser winterharte Strauch erreicht eine Höhe von 20 cm bis 3 m. Seine immergrünen Blätter sind eiförmig oder rundlich, ledrig grün oder gelbbunt bzw. weiß gerandet.

Standort
Der Spindelstrauch liebt einen sonnigen bis halbschattigen Standort. Als Pflanzsubstrat wird Balkonblumenoder eine lehmig-humose Gartenerde verwendet.

Pflege
Die robuste Pflanze wird regelmäßig, aber mäßig gegossen und von Mai bis August alle 14 Tage gedüngt. Das dekorative Gewächs ist schnittverträglich, auch ein Formschnitt ist jederzeit möglich. Winterschutz ist bei 'E. fortunei' nicht erforderlich, aber das Gießen darf auch im Winter nicht vergessen werden.

Vermehrung
Durch Stecklinge von August bis September.

Gärtnertipp
Die 'E. japonica' ist eine begehrte Kübelpflanze, aber leider frostempfindlich. Sie muss hell bei 0 bis 5 °C im Haus überwintern.

Sonnenblume

Spindelstrauch

Vermehrung
Durch Ableger oder Stecklinge im Mai.

Gärtnertipp
Der Ilex ist in der Regel eingeschlechtlich. Für Terrassengärten mit Platz empfiehlt sich die Pflanzung von 2 bis 3 Exemplaren. Dadurch erhalten Sie einen üppigen Fruchtansatz.

Steckenpalme
(Rhapsis)

Blütezeit:	Grünpflanze
Familie:	Palmengewächse
Heimat:	China

Eine äußerst widerstandsfähige Pflanze mit bambusähnlichen, schlanken Stängeln, die mit braunen Fasern besetzt sind. Die schlanken Blätter, fächerförmig gefiedert, erreichen 15 bis 30 cm in ihrer Breite.

 Standort
Hell bis halbschattig, aber keine Sonne. Die unproblematische, widerstandsfähige Palme eignet sich selbst für einen schattigen Standort. Auch hinsichtlich der Über-

Stechpalme
(Ilex aquifolium)

Blütezeit:	Mai–Juli
Familie:	Stechpalmengewächse
Heimat:	Afrika, Amerika, Europa

Die Stechpalme ist nicht allein durch ihren auffallenden Beerenschmuck beliebt, sondern auch durch ihr glänzendes, dunkelgrünes oder panaschiertes Blattwerk. Besonders attraktiv ist die Sorte Ilex aquifolium 'Golden King'.

 Standort
Die Stechpalme ist für fast jede Bodenqualität geeignet. Sie liebt einen leicht feuchten, halbschattigen Standort. Wegen ihrer Schattenverträglichkeit ist sie auch für pro-

blematische Pflanzflächen geeignet.

Pflege
Die robuste Stechpalme ist für sonnige Plätze ungeeignet, vor allem reagiert die Pflanze empfindlich auf starke Wintersonne. Sie benötigt sehr viel Wasser.

Stechpalme

Steckenpalme

winterung ist die Steckenpalme pflegeleicht. Sie kann sowohl bei 18 bis 20 °C als auch kühler, aber keinesfalls unter 5 °C überwintern.

Pflege
Von Frühjahr bis zum Herbst müssen Sie reichlich gießen, im Winter wesentlich sparsamer. Die Wedel sind hin und wieder zu besprühen. Von Mai bis August sollte die Palme an einer sonnengeschützten Stelle stehen und wöchentlich schwach dosiert gedüngt werden.

Vermehrung
Durch Samen oder Ableger, die von der Pflanze abgetrennt werden.

Gärtnertipp
Es gibt zwei Arten: 'Rhapsis humilis', die kleine Steckenpalme, sie wird nur 1m hoch und 'Rhapsis excelsa', sie erreicht eine Höhe bis zu 2 m.

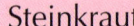
Steinkraut
(Lobularia maritima)

Blütezeit:	Juni–Oktober
Familie:	Kreuzblütler
Heimat:	Azoren, Kanarische Inseln

Die liebenswerte Duftpflanze bildet wirkungsvolle, dichte 8 bis 15 cm hohe Blütenpolster. Es gibt etwa 100 Arten, die hauptsächlich in den Mittelmeergebieten vorkommen. Die anspruchslose Pflanze kommt mit sehr wenig Erde aus. Sie blüht, je nach Sorte, in Weiß-, Rosa- oder Lila-Farbtönen. Im Volksmund ist die Pflanze auch unter 'Alyssum' oder 'Duftsteinrich' bekannt.

Standort
Sonnig bis halbschattig. Im Abstand von 15 cm sollten die Jungpflanzen in eine lehmig-sandige Garten- bzw.

Steinkraut

Einheitserde gesetzt werden. Die Pflanzen sind kalkverträglich.

Pflege
Das einjährige Steinkraut braucht nur wenig gegossen zu werden; es wird nach dem

Sternmoos

Abblühen zurückgeschnitten und gleichzeitig gedüngt. Das Stutzen fördert die Blütenbildung.

Vermehrung
Durch Aussaat im März/April in Anzuchtschalen auf der Fensterbank oder ab Mai an Ort und Stelle.

Gärtnertipp
Eine Überwinterung kommt nicht in Betracht; meist sät sich die Pflanze von selbst aus.

Sternmoos
(Sagina Subulata)

Blütezeit:	Juni–August
Familie:	Nelkengewächse
Heimat:	Europa

Das polsterbildende Sternmoos mit seinen kleinen Blüten ist ein schöner Bodendecker und als solcher bestens geeignet für Kübel- und

Sternwinde

wieder mit der Stangenbohne verglichen. Tatsächlich ist sie eine Verwandte der Windengewächse und hat große Ähnlichkeit mit der Prunkwinde. Allerdings unterscheidet sich der Blütenstand in jeder Hinsicht von den etwa 400 Arten dieser Gattung. Ein hervorstechendes Merkmal ist der aus der Blüte herausragende Staubbeutel. Die Knospen sind zunächst knallrot, wechseln dann ihre Farbe hin zu Orange; voll erblüht zeigen sie ein helles Gelb. Die fleißige Kletterpflanze mit dem aparten Blütenschmuck bildet schon nach kurzer Zeit einen guten Sichtschutz.

Standort
Sonnig, wind- und möglichst regengeschützt. Die Sternwinde braucht eine Rankhilfe. Das kann eine Pergola, ein Gerüst oder Geländer sein. Auf kalte und nasse Witterung reagiert die Pflanze empfindlich, die Blütenbildung ist dann stark beeinträchtigt. Als Pflanzsubstrat ist eine Einheitserde zu empfehlen.

Pflege
Auch während der Wachstumszeit ist die Pflanze nur mäßig zu gießen. Sie darf aber niemals trocken werden. Die Sternwinde ist nährstoffhungrig und muss einmal wöchentlich gedüngt werden. Wie bei den Stangenbohnen, so sollten Sie auch hier die Ranken von Anfang an zum Gitter hinleiten.

Steintroggefäße. Das Sternmoos 'Glabra' wird selten höher als 10 cm und wächst rasenbildend. Ab Ende Mai zeigen sich weiße, kleine Blüten auf blattlosen Stängeln.

Standort
Das Sternmoos liebt einen sonnigen bis halbschattigen Platz und leicht feuchte, torfhaltige Erdsubstrate. Das Sternmoos ist für den erfahrenen Gärtner eine so genannte Zeigerpflanze, die einen Hinweis auf einen leicht sauren Gartenboden gibt.

Pflege
Das Nelkengewächs ist anspruchslos und bildet schnell dichte Polster, sofern der Boden stets leicht feucht gehalten wird. Ein Nachdüngen ist in der Regel nicht erforderlich.

Vermehrung
Die Vermehrung durch Teilung ist vor oder nach der Blütezeit, also im April oder ab Ende August möglich.

Gärtnertipp
Zwischen den sattgrünen Moospolstern können Sie Krokus- oder Schneeglöckchenzwiebeln stecken.

Sternwinde
(Quamoclit Lobata)

Blütezeit:	Juli–September
Familie:	Windengewächs
Heimat:	trop. Amerika

Wegen ihrer gewundenen Wuchsform wird die Sternwinde hin und

Stiefmütterchen

Stiefmütterchen

Vermehrung
Durch Samen ab März, bei einer Bodenwärme von 20 °C.

Gärtnertipp
Vorsicht, die Pflanze enthält Giftstoffe. Etwa 4 Wochen nach der Aussaat zeigen sich die ersten Blüten.

Stiefmütterchen
(Viola)

Blütezeit:	März–November
Familie:	Violaceae
Heimat:	Europa

Das ein- oder mehrjährige Gartenstiefmütterchen gibt es nahezu in allen Blütenfarben – sowohl einfarbige Sorten als auch solche mit dunklen Augen. Die Pflanze bleibt niedrig und ist breitwüchsig. Am besten gedeiht das Stiefmütterchen in einem leicht feuchten, lockeren, nährstoffreichen, humosen Boden. Fertigpflanzen sind getopft und ungetopft erhältlich, wobei die ungetopfte Ware meist gegen Kälte unempfindlicher ist. Es werden sowohl Eisstiefmütterchen (Hiemalis-Sorten) als auch großblumige F1-Hybriden angeboten. Die frühesten Sorten (Helios-Wintersonne-Märzzauber) blühen im Garten schon nach der Schneeschmelze. Großblumige Arten lassen sich mit der Blüte etwas länger Zeit.

Standort
Stiefmütterchen lieben einen sonnigen Platz. Im Schatten werden die Pflanzen lang und unansehnlich. Das Stiefmütterchen wird stets in kleinen Gruppen oder auch flächig gepflanzt. Kalkhaltige Böden mögen die meisten Sorten nicht.

Pflege
Nach dem Pflanzen im Herbst sollten Stiefmütterchen zum Überwintern mit

Fichtenreisig abgedeckt werden. Je feuchter das Gartenjahr, um so reicher der Blütenflor. Bei Trockenheit muss kräftig gegossen werden; außerdem verlangen die Stiefmütterchen nach einer 14-tägigen Düngung.

Vermehrung
Durch Aussaat im Juli. Es ist wichtig, den Samen nur dünn auszusäen: bei zu dichter Aussaat schießen die Pflanzen in die Höhe. Nach dem Aussäen wird die Erde über das Saatgut gesiebt und dieses leicht angegossen. Etwa nach 2 bis 3 Wochen keimt der Samen. Nach weiteren 3 bis 4 Wochen werden die Jungpflanzen in Abständen von 15 bis 20 cm ausgepflanzt. Zur Blüte kommt es

etwa 10 Wochen nach der Aussaat – meist noch im Herbst und danach im zeitigen Frühjahr.

Gärtnertipp
Ideale Partner sind Narzissen, Tulpen, Vergissmeinnicht, Tausendschönchen. Im Herbst harmonieren zu blauen Stiefmütterchen Blauschwingelgras und Euonymus in Verbindung mit Steinen und Efeu.

Strauchmargerite
(Chrysanthemum frutescens)

Blütezeit:	Ganzjährig
Familie:	Korbblütler
Heimat:	Kanarische Inseln

Strauchmargerite

Die Strauchmargerite gehört zu den beliebtesten Kübelpflanzen, vor allem auch als blühender Hochstamm. Neben den weißen Strauchmargeriten werden auch gelbe und rosa Sorten auf dem Markt angeboten.

Standort
Sehr sonnig. Als Erdsubstrat ist ein Gemisch aus Gartenerde und Kompost zu gleichen Teilen empfehlenswert.

Pflege
Das Margeritenblümchen ist sehr durstig und nährstoffhungrig. Gegossen wird grundsätzlich morgens und abends. Von März bis August braucht die Pflanze eine wöchentliche Düngegabe, denn nur gut ernährte Pflanzen entwickeln sich optimal. Verblühtes muss stets entfernt werden, damit es nicht zur Samenbildung kommt, was Kraftverlust und somit weniger Blüten bedeuten würde. Wenn die Pflanze zu trocken geworden ist, bekommt sie gelbe bzw. braune Blätter. Ein kräftiger Rückschnitt kann Abhilfe schaffen. Allerdings ist darauf zu achten, dass der Schnitt mindestens 5 cm über der verholzten Krone liegt. Vor dem ersten Frost muss die Strauchmargerite zur Überwinterung ins Haus. Sie sollte nach Möglichkeit hell bei 5 bis 10 °C stehen.

Vermehrung
Durch halbreife Stecklinge im August/September oder durch kräftige Stecklinge im Februar/März. Eine Vermehrung im Frühjahr ist nur dann angebracht, wenn die Strauchmargerite im Glashaus überwintert. Die Jungpflanzen sind mehrmals zu stutzen, damit sie sich verzweigen und buschig heranwachsen.

Gärtnertipp
Beim Gießen ist Staunässe zu vermeiden, denn diese führt oft zu Bodenpilzen. Die Strauchmargerite muss jährlich in neue Erde umgetopft werden. Beim Umtopfen sind die Wurzelspitzen um 1/2 cm zu kürzen.

Strauchveronika
(Hebe)

Blütezeit:	September–November
Familie:	Braunwurzgewächse
Heimat:	Neuseeland

Der Name stammt aus der griechischen Mythologie. Hebe war die Tochter von Zeus und Hera. Es gibt über 100 Arten dieser immergrünen, leider nicht winterharten Sträucher. Die Blätter der Strauchveronika sind ledrig glänzend. Ihre Blüten sind weiß, violett oder rot. Sie zeigen sich in achselständigen Trauben oder Ähren.

Standort
Die Strauchveronika sollte einen hellen, wind- und regengeschützten Standort erhalten. Vor Frostbeginn wird die Pflanze wegen ihrer hübschen Blüten gerne ins Zimmer geholt. Leider verliert sie in warmen Räumen bald Blüten und Blätter. Besser ist es, die Pflanzen in ungeheizte Räume, z.B. in Gästezimmer oder Hausflur, zu bringen. Vergessen Sie dabei nicht, die Pflanze zu besprühen. In kühlen Räumen kann die Pflanze durchaus in voller Sonne stehen. Nach der Blüte

Strauchveronika

macht die Strauchveronika eine Winterpause. Dann muss sie noch kühler, aber dennoch hell, nämlich bei 10 °C, stehen.

Pflege

Während der Wachstumszeit vom Frühjahr bis zum Herbst sollten Sie die Pflanze regelmäßig und sehr ausgiebig gießen und alle 14 Tage düngen. Stauende Nässe verträgt sie allerdings nicht. Während der Ruhezeit kann sie trockener stehen. Bei Bedarf ist die Pflanze im Frühjahr in etwas größere Gefäße mit Einheitserde umzutopfen.

Vermehrung
Es ist einen Versuch wert, die Strauchveronika im Frühjahr durch Stecklinge in sandiger Erde heranzuziehen, und zwar unter Folie bei einer Bodentemperatur von 20 °C.

Gärtnertipp
Überwinterte Pflanzen können Sie zurückschneiden und ab Mai in den Balkonkasten oder im Kübel pflanzen. Achten Sie dabei auf einen windgeschützten Platz.

Strelitzie
(Strelitzia reginae)

Blütezeit:	Februar–August
Familie:	Bananengewächse
Heimat:	Südafrika

Tatsächlich gleicht die Strelitzie mit ihren imposanten Blüten dem Paradiesvogel. Die außergewöhnliche Blütenfarbe der orangegelben äußeren Hüllblätter, die von leuchtend blauen, schmalen Innenblättern umgeben sind, macht die exotische Pflanze so begehrenswert. In jedem Blütenschaft ruhen noch weitere 2 bis 3 Blüten. In der Natur öffnet sich der Blütenschaft durch die Kraft der Sonne von selbst. Sobald die erste

Studentenblume

Blüte allmählich vergeht, bricht die nächste auf.

Standort
Die Paradiesvogelblume gedeiht am besten an einem sonnigen, windgeschützten, aber dennoch luftigen Standort. Die Pflanze schätzt ein sandig-lehmhaltiges Erdsubstrat.

Strelitzie

Pflege
Je vorsichtiger Sie die Pflanze gießen und je nährstoffreicher der Boden, desto mehr Blütenstiele bildet sie. Eine Staude kann bis zu 12 Blütenstiele tragen. Nach der Blüte wird die Strelitzie in große Kübelgefäße mit einer guten Dränageschicht umgesetzt. Staunässe kann tödlich für die Strelitzie sein, denn die fleischigen Wurzelrhizome reagieren auf zu viel Feuchtigkeit äußerst empfindlich.

Vermehrung
De Vermehrung erfolgt durch Aussaat. Allerdings dauert es bis zu 4 Jahre, bevor die Pflanzen blühen. Ältere Exemplare können Sie auch durch Teilung vermehren.

Gärtnertipp
Als Schnittblume ist die Strelitzie sehr begehrt, weil sie wochenlang hält, aber nur

dann, wenn der Blütenschaft mit dem Fingernagel angeritzt wird und Sie den restlichen, darin ruhenden Blüten damit »zur Geburt verhelfen«.

Studentenblume
(Tagetes)

Blütezeit:	Juni–Oktober
Familie:	Korbblütler
Heimat:	Mexiko, Guatemala

Eigentlich braucht die unverwüstliche Tagetes nicht groß vorgestellt zu werden, denn die preiswerte Studentenblume ist sehr bekannt und unverwüstlich. Tagetes können chrysanthemenblumig oder nelkenblütig sein. Es gibt stark duftende und geruchlose Züchtungen. Der herbe Duft beruht auf den winzigen Öldrüsen, die an den Rändern der Blätter sitzen. Die Tagetes wird gern auch als Randbepflanzung gesetzt, denn die Studentenblume ist ein Leckerbissen für Schnecken; sie ist eine Schneckenfalle, so dass Nutzpflanzen wie Blattsalat, Erdbeeren usw. verschont bleiben.

 Standort
Die einjährige Tagetes bevorzugt einen sonnigen Standort, gedeiht aber auch auf halbschattigen Plätzen. Gepflanzt wird in lehmig-humose Garten- oder Einheitserde.

 Pflege
Um die Nachblüte zu fördern, werden verwelkte Blüten stets abgeschnitten. Die Studentenblume sollten Sie mäßig feucht halten und wöchentlich düngen.

 Vermehrung
Die Vermehrung erfolgt von Januar bis März. Sie ist einfach durch Aussaat in Saatgutschalen auf der Fensterbank bei einer Bodenwärme von 18 °C durchzuführen.

 Gärtnertipp
Der Saft der Pflanze kann bei empfindlichen Menschen Hautreizungen auslösen.

Tausendschön

Tausendschön
(Bellis perennis)

Blütezeit:	März–Mai
Familie:	Korbblütler
Heimat:	Europa, Kleinasien

Diese Pflanze mit ihren dicht gefüllten Blütenbällchen ist eine Verwandte des Gänseblümchens und entsprechend anspruchslos. Je nach Sorte gibt es weiß, rosa, karminrot oder scharlachrot blühende Züchtungen.

 Standort
Je sonniger der Standort, desto farbintensiver und kräftiger die Blüte. Das Tausendschönchen bevorzugt eine lehmige Garten- oder eine Balkonblumenerde.

 Pflege
In der Blütezeit an heißen Sommertagen braucht die Pflanze viel Wasser. Außerdem sollte sie wöchentlich mit einem Flüssigdünger ernährt werden. Verwelkte Blüten sind stets zu entfernen, damit die Knospen stärker nachwachsen.

 Vermehrung
Die zweijährige Staude wird im Juli in Saatschalen ausgesät und im Herbst an Ort und Stelle verpflanzt. Sie kann auch im Dezember bis Februar ins Frühbeet gesät und im Mai verpflanzt werden.

 Gärtnertipp
Im Juni/Juli ausgesäte Pflanzen können in sonnenreichen Jahren vereinzelt schon im Herbst blühen. Während der Wintermonate brauchen die Pflanzen eine schützende Reisigdecke.

Thymian
(Thymus vulgaris)

Blütezeit:	Juni–September
Familie:	Lippenblütler
Heimat:	Mittelmeerregion

Thymian zählt zu den bekannten Küchenkräutern und besitzt ein herb-pikantes Aroma. Geerntet werden sollte der Thymian in den sonnigen Mittagsstunden, dann ist der Gehalt an ätherischen Ölen am in-

Thymian

tensivsten. Beim Schnitt ist darauf zu achten, dass die Triebe 7 bis 8 cm hoch stehen bleiben. Im Sommer schmückt sich die Pflanze mit lila- bis rosafarbigen Röhrenblüten.

Standort
Der Gartenthymian braucht einen sonnigen, warmen Standort, damit er sein Aroma voll entwickeln kann. Am besten gedeiht das Kraut in einer lehmig-humosen Gartenerde, wobei Thymian kalkliebend ist. Zu unterscheiden ist zwischen dem deutschen oder Winterthymian, der frostverträglich ist, und dem frostempfindlichen Sommer oder französischen Thymian.

Pflege
Der Thymian verträgt trockene Standorte, braucht wenig Wasser und Düngung. Im April sollten Sie die Pflanze zurückschneiden, damit sie ihr buschiges Wachstum beibehält.

Vermehrung
Sie erfolgt durch Aussaat von April bis Mai (Lichtkeimer) oder durch Stecklinge im Spätsommer. Im Sommer können Sie kräftige Pflanzen auch durch Absenker vermehren.

Gärtnertipp
Thymian ist ein idealer Partner zu Auberginen, Kartoffeln und Tomaten. Er wirkt bei diesen Pflanzen wachstumsfördernd. Außerdem hält er Raupen und die Weiße Fliege fern. Thymian ist ein unentbehrliches Gewürz zu Kalb- und Hammelfleisch, Tomaten, Salaten und südlichen Gemüsen. Aber auch als Heilkraut gegen Husten und als Badezusatz ist der mehrjährige Thymian geschätzt. Kurz vor der Blüte werden seine Stängel geschnitten, anschließend gebündelt und schattig, aber luftig getrocknet.

Tibouchine
(Tibouchina)

Blütezeit:	August–Mai
Familie:	Schwarzmundgewächse
Heimat:	trop. Amerika

Die Tibouchine ist eine ausgefallene, reich und lange blühende Pflanze. Vom Spät- bis zum Frühsommer des nächsten Jahres schmückt sich die Tibouchine mit violetten, bis zu 12 cm großen Blüten. Ihre Blätter sind von tiefgrüner Farbe und dabei leicht gerunzelt und behaart. Leider ist die schöne Pflanze noch viel zu wenig bekannt, vermutlich weil sie sehr pflegebedürftig ist.

Standort
Sie sollte einen warmen Standort bekommen. Da sie keine pralle Sonne verträgt, muss für eine leichte Beschattung gesorgt werden. Auch Zugluft bekommt ihr nicht. Reichlich frische Luft hingegen gehört zu ihrem Lebenselixier, ebenso die kühle und helle Überwinterung bei 10 bis 15 °C.

Pflege
Die Tibouchine verträgt kein hartes Wasser, muss also mit Regenwasser gegossen werden, und zwar reichlich, denn sie darf nie trocken werden. Gedüngt hingegen wird sie sparsamer als andere vergleichbare Gewächse. Um eine kompakte Pflanze zu bekommen, müssen Sie die weichen Triebe häufig einspitzen.

Tibouchine

Jeweils im Frühjahr sollte die Tibouchine in das nächst größere Pflanzgefäß umgetopft werden. Die Pflanze braucht eine kalkfreie humossandige Erde.

Vermehrung
Im Frühjahr sollten Sie mittelharte Stecklinge schneiden und diese mit Folie bei hoher Luftfeuchtigkeit bewurzeln. Auch durch Aussaat können Sie im März/April die Pflanze vermehren. Da die Tibouchine ein Lichtkeimer ist, darf der Samen nicht zugedeckt werden.

Gärtnertipp
Es gibt über 200 Arten, am beliebtesten ist T. semidecandra, weil sie auch im Winter blüht.

Tomate
(Lycopersion lycopersicum)

Blütezeit:	Juni–August
Familie:	Nachtschattengewächse
Heimat:	Peru, Ekuador

Die Tomate, auch Paradies- oder Liebesapfel genannt, ist eine vitaminreiche und wohlschmeckende Frucht, denn das Fleisch der Tomate zeichnet sich durch natürliche Säuren, Vitamine und Mineralstoffe aus. Für den Balkonkasten oder das Kübelgefäß eignen sich besonders Spalierobst- oder Kirschtomaten, z.B. die Sorten 'Gartenfreude', 'Sweet 100'. Auch die Busch- oder Balkontomate ist geeignet, die es unter den Sortennamen 'Balkonstar' oder 'Tumbler' im Handel gibt. Bewährt für die Balkonkastenkultur haben sich auch die Cocktailtomaten 'Tiny Tim'.

Standort
Je sonniger der Standort, desto besser das Aroma der Früchte. Die Tomate braucht

Tomate mit Petersilie (Mitte)

einen warmen, wind- und möglichst auch regengeschützten Standort. Die Pflanze wünscht sich eine lehmig-humose, nahrhafte Gartenerde. Es empfiehlt sich, vor dem Pflanzen dem Erdsubstrat einen Depotdünger hinzuzufügen.

Pflege
Besser noch ist es, 14 Tage bis 3 Wochen vor der Pflanzung je 1 Essl. Hornspäne und Knochenmehl unter das Erdsubstrat zu mischen. Beim Pflanzen dürfen Sie nicht versäumen, eine Gießmulde um die Tomatenpflanze zu ziehen. Sobald sich die ersten Blütenstände zeigen, sollten die Zweige gerüttelt und geschüttelt werden, damit eine bessere Befruchtung zustande kommt. Die Tomate ist ein Nährstoff-Fresser und will von Juni bis August wöchentlich gedüngt und stets gut feucht gehalten werden. Damit nicht unnötige Triebe die Kräfte der Pflanze verzehren, werden die Geiltriebe laufend entfernt. Es empfiehlt sich, die Tomaten an Stäben mit einer Achterschlaufe zu befestigen.

Vermehrung
Die Vermehrung erfolgt durch Aussaat ab März. Die Pflanzen werden in Saatschalen

auf der Fensterbank herangezogen, pikiert, ein weiteres Mal umgesetzt und bis zum Auspflanzen nach den Eisheiligen (Mitte/Ende Mai) warm und hell gestellt.

Gärtnertipp
Es gibt neue Sorten, deren Fruchtreife nach 50 bis 70 Tagen einsetzt.

Torfmyrte
(Pernettya)

Blütezeit:	Mai–Juni
Familie:	Heidekrautgewächse
Heimat:	Australien, Südamerika, Mexiko

Die Torfmyrte ist ein aparter, immergrüner Strauch, eine weitgehend noch unbekannte Pflanze für den Balkongärtner. Der besondere Reiz dieser bemerkenswerten Pflanze liegt in dem dichten, weißen Blütenbesatz, aus dem sich im Spätsommer bis zu 12 mm dicke Beerenfrüchte in Weiß, Zartrosa, Rot, Purpur, Rotviolett und Lila entwickeln. Wer sich an dem üppigen Fruchtgehang erfreuen möchte, darf die Torfmyrte niemals als Einzelgängerin pflanzen. Um die Bestäubung zu sichern, gehört auf 5 weibliche Pflanzen eine männliche Torfmyrte. Der seltene Strauch passt gut zu allen Moorbeetgewächsen wie Azaleen, Rhododendren und Eriken.

Standort
Die Torfmyrte braucht einen halbschattigen, kalkfreien Standort. Wenn nicht anders möglich, müssen Sie die Pflanzmulde mit nassem, ungedüngtem Torf füllen, denn das Moorbeetgewächs braucht ein leicht saures Erdsubstrat.

Pflege
Die Pflanze muss stets feucht gehalten werden. Sie hat je

Torfmyrte

Höhe von 25 cm erreichen. Im Garten ausgepflanzt, breitet sich die wüchsige Art rasch und üppig aus.

Standort
Sonnig bis halbschattig. Wie bei allen Zwiebelgewächsen ist für eine gute Dränage im Pflanzgefäß zu sorgen. Die Traubenhyazinthe liebt eine sandig-lehmige Gartenerde, geeignet ist auch Einheitserde.

Pflege
Die Zwiebeln werden im Oktober gruppenweise 5 cm tief in die Erde gesteckt, und zwar im Abstand von 4 bis 6 cm. Bis zum Austrieb sollten Sie die Kästen mit Vorsicht gießen. Nach dem Austrieb ist eine einmalige Düngung neben minimalem Gießen erforderlich.

Vermehrung
Die Vermehrung erfolgt durch Brutzwiebeln. Dies ist jedoch nur bei im Garten ausgepflanzten Kulturen möglich.

Gärtnertipp
Vorsicht! Traubenhyazinthen zählen zu den Giftpflanzen.

Trompetenblume
(Campsis)

Blütezeit:	Juli–September
Familie:	Bignoniengewächse
Heimat:	USA

Die kletternde Trompetenblume ist in sonnigen Jahren ein malerischer Blütenstrauch. Ihre orangefarbenen bis karminroten, trompetenförmigen Röhrenblüten können 6 bis 8 cm erreichen und sitzen in dichten Rispen. Interessant sind auch die unpaarig gefiederten Blätter.

Standort
Die Pflanze liebt einen sonnigen, windgeschützten Platz,

nach Witterung einen mittleren bis hohen Wasserbedarf. Wie bei allen Erikagewächsen sollten Sie die Pflanze mit einem kalkfreien Dünger ernähren. An einem geschützten Standort in milden Gegenden ist ein Winterschutz überflüssig. Eine im Balkonkasten ausgepflanzte Torfmyrte ist frostempfindlicher als eine vergleichbare Pflanze in der Beetkultur. Deshalb sollten die Pflanzen in der Kübel- und Balkonkultur in der frostgefährdeten Zeit mit Fichtenzweigen geschützt werden.

Vermehrung
Am einfachsten ist das Abstechen bewurzelter Ausläufer. Solche Absenker brauchen zwar 1 Jahr, bis sie von der Mutterpflanze abgetrennt werden können, dafür ist die-

se Vermehrungsart problemlos.

Gärtnertipp
Im Handel wird meistens die 'P. mucronata' in verschiedenen Sorten angeboten.

Traubenhyazinthe
(Muscari)

Blütezeit:	März–Mai
Familie:	Liliengewächse
Heimat:	Europa, Kleinasien

Die Traubenhyazinthe zählt zu den liebenswerten, kleinen Frühlingsboten. Für den Balkonkasten eignet sich vor allem Muscari 'armeniacum'. Die kobaltblaue Pflanze schmückt sich mit 7 bis 10 cm langen, spitz zulaufenden Blütentrauben, wobei die Blütenstiele eine

Traubenhyazinthe

 vorzugsweise an der Südseite einer Mauer oder Hauswand. Sie wächst am besten in ei-

Trompetenblume

nem tiefgründigen, lehmig-humosen Erdsubstrat.

 Pflege
Die wüchsige Pflanze, die im Kübel 2 bis 3 m hoch werden kann, braucht viel Wasser und von Mai bis August wöchentliche Düngegaben. Verblühtes ist stets zu entfernen. Bei stärkeren Frösten frieren die Triebe zurück, wachsen aber in der Regel von unten wieder nach. Junge Exemplare müssen Sie in den ersten Jahren mit Laub und Reisig vor winterlichen Frösten schützen. Jüngere Pflanzen sollten Sie an einem Stab festbinden, ältere Exemplare klammern sich mit Hilfe ihrer

zahlreichen Luftwurzeln selbst fest.

 Vermehrung
Durch halbreife Stecklinge im August.

Gärtnertipp
Zurückgeschnitten werden ausschließlich vertrocknete oder erfrorene Triebe. Die Pflanze blüht an den neuen Trieben.

Tulpe
(Tulipa)

Blütezeit: März–Mai	
Familie:	Liliengewächs
Heimat:	Klein- und Mittelasien

Spätestens im Oktober müssen Zwiebelblumen in den Balkonkasten gepflanzt werden. Mit etwas Glück erhalten Sie ein preiswertes Blumen-Tulpen-Sortiment im Sonderangebot. Für einen 1 m langen Balkonkasten reichen 35 botanische Tulpen. Besonders schön sind für Blumenkästen kurzstielige Tulpenraritäten mit schöngestreiftem Laub, z.B. die altbewährte Sorte 'Rotkäppchen', oder 'Guiseppe Verdi', 'Sparkling Fire', 'Indian Sweet', ebenso die interessanten Wildtulpen wie 'Tardas', 'Jeantine', 'Plaisir' bzw. die Zwergsorte 'Pulchellea Persian Perl'. Für Tulpenliebhaber ist die mehrblumige botanische Tulpe 'Praestans Unicum' etwas Besonderes.

 Standort
Alle botanischen Tulpen eignen sich vorzüglich zur Schalen- und Balkonkastenpflanzung. Allerdings müssen Sie ihre Zwiebeln etwas höher als üblich pflanzen, sie dürfen also etwa 2 cm mit Erde bedeckt werden. Gepflanzt wird in Balkonblumenerde mit Sandzusatz, aber auch eine lehmig-humose Gartener-

de ist geeignet. Der Standort sollte sonnig sein.

Pflege

Tulpen sind preiswerte Frühlingsboten im Balkonkasten. Vor Spätfrösten müssen blühende Pflanzen allerdings geschützt werden. Gießen Sie Tulpen nur mäßig, Staunässe ist unbedingt zu vermeiden. Gedüngt wird nur einmal vor dem Aufbrechen der Blüte. Abgeblühtes wird sofort entfernt, wobei Stängel und Blätter so lange stehen bleiben, bis sich das Laub gelb färbt.

Vermehrung

In Balkon- und Kübelgefäßen nicht möglich.

Gärtnertipp

Nicht nur Rosen duften, es gibt auch duftende Tulpensor-

ten, z.B. 'Prinzess charmante', eine prachtvolle Greigii-Hybride, vornehm proportioniert mit dezent geflecktem Laub; 'Sylvestris', eine duftende Waldtulpe. Die Knospen dieser Tulpe hängen an dünnen Stielen, die sich bei geöffneter Blüte hochstellen.

Vanilleblume

(Heliotropium arborescens)

Blütezeit:	Mai–September
Familie:	Raublattgewächse
Heimat:	Peru

Einen wundervollen Vanilleduft verbreiten die tiefblauen Blütendolden

des Helitrop. Er ist ein lichthungriger Sonnenanbeter. Im Handel ist vorwiegend die medaillengekrönte Sorte 'Marine' erhältlich.

Standort

Sonnig und windgeschützt. Obwohl der Helitrop ein Sonnenanbeter ist, darf die Jungpflanze nicht der prallen Sonne ausgesetzt werden. Ein überdachter Balkon oder Regenschutz ist wünschenswert, denn die schönen Blüten sind nicht regenfest.

Pflege

Die Vanilleblume bevorzugt ein sandiges Substrat. Das kann Garten- oder Einheitserde sein. Die Pflanze sollte mit Fingerspitzengefühl gegossen und wöchentlich gedüngt werden. Wenn der Ballen zu trocken ist, wird das Laub der Pflanze schlaff. Es erholt sich meist nicht mehr und muss entfernt werden. Verblühtes sollen Sie regelmäßig abschneiden, damit die Pflanze durchgehend blüht.

Vermehrung

Sie erfolgt ab Anfang Februar durch Samen (Lichtkeimer). Auch durch Stecklinge lässt sich der Halbstrauch vermeh-

Tulpen mit Narzissen

Wandelröschen

Vanilleblume

ren, indem Sie von der überwinterten Mutterpflanze im Februar Triebe abschneiden und in ein sandig-humoses Substrat stecken.

Gärtnertipp
Vorsicht! Die Pflanze enthält giftige Alkaloide. Um ein Kronenbäumchen zu erhalten, dürfen Sie bei Stecklingen nur 1 Trieb stehen lassen. Dann wird die Jungpflanze 1 Jahr an einem warmen Ort, aber nicht in der prallen Sonne, an einem Stab hochgezogen. Bis Sie ein Hochstämmchen erhalten, dauert es in der Regel 5 Jahre.

Wandelröschen
(Lantana-Camara-Hybriden)

Blütezeit:	Juni–Oktober
Familie:	Verbenengewächse
Heimat:	trop. Afrika

Das Wandelröschen ist eine Sonnenanbeterin, in voller Sonne ist die Pflanze ein wahres Blütenwunder. Interessant ist auch der Farbwandel der Blüte. Während des Aufblühens kann die Blüte orangefarbig sein, sie wechselt dann zu einem Gelb oder einem Dunkelkarminrot über. Pflanzen, die in der Knospe pinkfarbig sind, verwandeln sich später in ein Feuerrot oder Lila. Nur wenige Sorten in wandelnder Farbe sind farbstabil. Die kleinen Blüten in wandelnder Farbe fügen sich zu Trugdolden. Die ei- oder herzförmigen, runzligen Blätter verbreiten einen eigenartigen Duft. Das Wandelröschen wirkt besonders anmutig als Hochstamm, wird aber auch buschförmig angeboten.

Standort
Das Wandelröschen ist sonnenhungrig und entwickelt seine volle Blütenpracht nur bei einem vollsonnigen, regengeschützten Standort. Die Pflanze gedeiht sowohl in einer guten Balkonblumen- als auch in Einheitserde.

Pflege
Wichtig ist, dass der Ballen der Pflanze nie austrocknet. Zwar hält sich der Wasser- und Nährstoffbedarf der Pflanze in Grenzen, dennoch ist gerade bei einem sonnigen Standort dafür zu sorgen, dass das Erdsubstrat stets leicht feucht ist. Gedüngt wird von Mai bis August im 14-tägigen Rhythmus. Die Pflanze wird hell bei 6 bis 10 °C mit fast trockenen Ballen überwintert. Im Frühjahr geht es dann ans Umtopfen, dabei sollten Sie die Triebe um die Hälfte zurückschneiden. Nach dem Neuaustrieb empfiehlt sich, die Pflanze bis Juni zu entspitzen, das fördert den buschigen Kronenaufbau. Zur Fruchtbildung der beerenartigen Steinfrüchte sollten Sie es nicht kommen lassen. Wenn Sie den Fruchtansatz rechtzeitig entfernen, können Sie mit einer zweiten Blüte rechnen.

Vermehrung
Die Vermehrung kann sowohl im Frühjahr als auch im August/September durch krautige Stecklinge durchgeführt werden. Im Herbst geschnittene Stecklinge müssen im

Washingtonie

warmen Zimmer überwintern und im Frühjahr Schritt für Schritt für das Freiland abgehärtet werden.

Gärtnertipp
Vorsicht! Die Pflanze ist in allen Teilen giftig. Lantanen werden leicht von Läusen befallen, deshalb sollten Sie im Winter oft lüften und im Sommer für einen luftigen Standort sorgen.

Washingtonie
(Washingtonia robusta)

Blütezeit:	Grünpflanze
Familie:	Palmengewächse
Heimat:	Nord-, Mittelamerika

Die Washingtonie wächst relativ rasch mit großen, kreisförmigen Blättern, wobei die älteren Blätter nicht, wie bei anderen Palmen, abfallen, sondern sich nach unten neigen.

Standort
Ältere Pflanzen lieben einen sonnigen Standort, jüngere Pflanzen mit weichen Blättern sollten einen halbschattigen Platz erhalten. Die Pflanze wächst in lehmig-sandiger Garten- bzw. Einheitserde.

Pflege
Gegossen wird je nach Temperatur mäßig bis reichlich. In der Wachstumszeit sollten Sie alle 14 Tage düngen. Wichtig ist, dass kein Wasser ins Herz der Pflanze gegossen wird, sonst droht Fäulnisgefahr.

Vermehrung
Die Vermehrung über Samen ist langwierig. Sie können die Keimung etwas beschleunigen, indem Sie den Samen in warmem Wasser einweichen.

Gärtnertipp
Braune Blattspitzen sollten Sie regelmäßig nachschneiden, aber immer nur so weit, dass noch ein schmaler, brauner Rand stehen bleibt.

Weidenkätzchen
(Salix capres 'Pendula')

Blütezeit:	März–Mai
Familie:	Weidengewächse
Heimat:	Europa, Asien

Der Hochstamm mit seinen weit überhängenden Weidenkätzchen wird bezeichnenderweise auch Trauersalweide genannt. Die Liebhaberpflanze wird 1 bis 2 m hoch, die Äste hängen dekorativ in kurzen Bögen teilweise bis zum Boden. Die erste veredelte Hängeform entstand 1853 in England. Der Kätzchen-Hochstamm wird häufig mit farbenfrohen Frühlingsblumen wie Primeln, Tulpen, Stiefmütterchen, Narzissen unterpflanzt.

Standort
Die Kätzchenweide ist anspruchslos. An einem sonnigen Standort fühlt sich die Pflanze zwar wohler, sie

Weidenkätzchen

kommt aber auch mit einem halbschattigen Platz zurecht. Einheitserde wie lehmig-humose Gartenerde sind gleichermaßen geeignet. Die Weide ist übrigens auch kalkverträglich.

Pflege
Die Pflanze müssen Sie stets feucht halten und von März bis August monatlich düngen. Der Form- oder Rückschnitt ist, abgesehen von den Wintermonaten, immer möglich. Ein Winterschutz ist überflüssig, das Gießen darf allerdings auch in der kälteren Jahreszeit nicht ganz vergessen werden.

Vermehrung
Am einfachsten lassen sich 30 cm lange Weidentriebe, von Juli bis September im Wasser stehend, bewurzeln. Die veredelte Weide fällt dann allerdings wieder in die Ursprungsform zurück, es entsteht eine 3 bis 5 m hohe strauchartige Salweide.

Gärtnertipp
Die Weide ist ein Vogelnähr- und Bienenweidegehölz. Neben dem begehrten Kätzchen-Hochstamm gibt es auch kleine flach wachsende Weiden, die nicht höher als 20 bis 30 cm werden, 'Salix x grahamili'.

Weinrebe
(Vitis vinifera)

Blütezeit:	Juni–Juli
Familie:	Weinrebengewächse
Heimat:	Europa, Kleinasien

Die Weinrebe zählt zu den ältesten Kulturpflanzen. Das stark wachsende Rankgewächs kann über 5 m hoch werden. Die Pflanze trägt große, 3- bis 5-lappige Blätter mit herzförmiger Basis. Von Septem-

Weinrebe

ber/Oktober an können Sie, je nach Pflanze, mit schwarzblauen oder hellgrünen Trauben rechnen.

Standort

Die Weinrebe wünscht sich einen warmen und sonnigen Platz, geschützt an der Südseite des Hauses. Sie bevorzugt einen durchlässigen, kalkhaltigen, tiefgründigen und humusreichen Boden. Zu empfehlen ist die Pflanze eigentlich nur in milden Weinbaugebieten.

Pflege

Während der Wachstumszeit von Mai bis September muss reichlich gegossen werden, danach nur noch gelegentlich und minimal. Um einen guten Wuchs zu erreichen, sollten Sie die Weinrebe im Januar/Februar zurückschneiden und die neuen Triebe am Spalier hochbinden. Die Weinrebe lässt sich einstämmig oder als Fächerspalier ziehen. Zudem ist der Sommerschnitt eine wichtige Ergänzung. Dabei entspitzen Sie die Triebe etwa 3 cm über dem obersten

Fruchtansatz. Wenn Sie auf wohlschmeckende Früchte Wert legen, müssen Sie zu dicht sitzende Beerenansätze mit der Schere entfernen. Damit die Trauben mehr Sonne und somit Süße erlangen und gleichzeitig schneller reifen, werden die Blätter kurz vor der Ernte am Fruchtansatz entfernt. Die Weinrebe braucht nur wenig Wasser.

Vermehrung

Sie erfolgt durch Steckhölzer im Herbst. Diese sollten 30 cm lang sein und 3 bis 4 Knospen (Augen) zeigen. Das Steckholz wird unterhalb eines Auges spitz angeschnitten und im oberen Bereich einige Zentimeter über dem letzten Auge abgeschnitten. So vorbereitet, werden die Steckhölzer in die Erde gesteckt.

Gärtnertipp

Die beste Pflanzzeit für die Weinrebe ist der April. Sie sollten nur veredelte Pflanzen mit einem Ballen kaufen. Wenn der Wein an einer Per-

gola hochgezogen werden soll, müssen Sie 40 cm vom Spalier entfernt ein Pflanzloch graben. Die Weinrebe muss in diesem Fall schräg in die Erde gepflanzt werden, so dass nur die Triebspitze zum Spalier hin wächst und die Wurzelspitze in die entgegengesetzte Richtung weist.

Wilder Wein
(Parthenocissus quinquefolia)

Blütezeit:	Grünpflanze, Blüte ist unauffällig
Familie:	Weinrebengewächse
Heimat:	Nordamerika, Mexiko

Die mehrjährige Pflanze ist ein schnell wachsender Kletterstrauch, meist mit gefingerten Blättern. Im Frühjahr erscheint eine unauffällige Blüte, im Herbst bezaubert die Pflanze durch feurig rotgefärbtes Laub. Ein beliebtes Vogelfutter sind später die blauschwarzen Beeren.

Wilder Wein

Winterling

Standort
Bei einem sonnigen Standort ist die Laubfärbung im Herbst besonders prächtig, während bei einem halbschattigen Standort die Blätter meist grün bleiben. Die Pflanze können Sie durchaus auf der Terrasse im Kübel kultivieren. In den Wintermonaten sollten Sie das Rebengewächs durch Luftpolster vor Frost schützen.

Pflege
An frostfreien Tagen darf das Gießen nicht vergessen werden. Der Wilde Wein muss von Mai bis August reichlich gewässert und alle 8 Wochen gedüngt werden. Ein Rankspalier oder ein kräftiger Spanndraht sollten als Rankgerüst vorhanden sein. Zum Umtopfen können Sie durchlässige Gartenboden- oder Einheitserde verwenden.

Vermehrung
Die Vermehrung von starkwüchsigen Arten erfolgt im Mai durch Steckhölzer, die drei Augen haben sollten. Gesteckt wird so tief, dass nur ein Auge sichtbar bleibt.

Gärtnertipp
Frei ausgepflanzt kann das Rebengewächs mit seinen kleinen Haftscheiben bis zu 12 m erklimmen, während es im Kübelgefäß selten höher als 3 m wird; dennoch ist der Wilde Wein ein guter Sichtschutz. Seine Ranken können während der Vegetationsperiode jederzeit beschnitten werden.

Winterling
(Eranthis hiemalis)

Blütezeit:	Februar–März
Familie:	Hahnenfußgewächse
Heimat:	Südeuropa

Unbeirrt steckt der Winterling bereits im Februar seine leuchtend gelben Schalenblüten durch den Schnee. Bei trüber Witterung bleiben die Blüten allerdings verschlossen. Der Vorfrühlingsbote passt gut zu Christrosen, Schneeglöckchen, Blausternchen, Krokussen, Seidelbast und Zaubernuss. Die zart duftenden Blüten wachsen auf einem halskrausähnlichen, grünen Hochblatt.

Standort
Der Winterling verträgt keinen trockenen, verdichteten Boden, mit anderen Worten, er liebt eine sandig-humose Erde und einen sonnigen bis halbschattigen Platz.

Pflege
Im Grunde genommen braucht die Pflanze wenig Wasser und kaum Pflege. Selbst Verblühtes darf nicht abgeschnitten werden, es muss von selbst einziehen. Wichtig ist, dass Sie beim Pflanzen auf eine gute Dränageschicht achten. Beim Kauf sollten Sie auf frische Knollen Wert legen, denn ausgetrocknete Ware treibt nicht aus.

Vermehrung
Diese ist im Balkon- bzw. Kübelgefäß nicht möglich, jedoch in freier Gartenkultur können Sie diese Pflanze durch Teilung oder Aussaat vermehren.

Gärtnertipp
Der Winterling ist eine gute Bienenweide und wirkt in Verbindung mit Steinen sehr natürlich. Ab Mai zieht die Pflanze bereits ein.

Yucca
(Yucca elephantipes)

Blütezeit:	Grünpflanze
Familie:	Agavengewächse
Heimat:	Mittelamerika

Winterling

Yucca

Der palmähnliche Schopf gab ihr den Namen Palmlilie, obwohl sie botanisch gesehen keine Palme ist. Die außergewöhnlich robuste Yucca erfreut sich großer Beliebtheit. Es gibt etwa 40 Arten, aber nur zwei davon werden im Handel angeboten, nämlich 'Yucca elephantipes' und 'Yucca aloifolia'. Die Pflanzen sind preiswert, leicht zu kultivieren und kinderleicht zu vermehren. Außerdem kann sie jederzeit zurückgeschnitten werden. Die aus dem Stamm treibenden Blattschöpfe werden mit der Zeit dichter. Bei Pflanzen, die 10 Jahre und älter sind, kann es zu einer Blüte kommen. Der Blütenstand wirkt wie riesige Maiglöckchen.

Standort
Palmlilien lieben einen hellen, sonnigen Standort. Wichtig ist, dass der Ballen trocken bleibt, bevor die Pflanze in das kühle, helle Winterquartier (bei 5 bis 10 °C) eingeräumt wird.

Pflege
Gegossen wird nach Bedarf, vor jedem erneuten Gießvorgang muss die Erdoberfläche angetrocknet sein. Die Yucca ist nicht durstig; im Winter kommt sie bei kühlem Standort sogar ohne Wasser aus. Von April bis August wird wöchentlich gedüngt, im Winter können die Düngegaben eingestellt werden. Vergessen Sie nicht, von Zeit zu Zeit den Staub von den Blättern zu entfernen. Ein Tongefäß ist dem Kunststofftopf vorzuziehen. Das Umpflanzen ist bei Palmlilien nur alle 2 bis 3 Jahre erforderlich.

Vermehrung
Voraussetzung für die Vermehrung sind viel Wärme und eine sehr hohe Luftfeuchtigkeit. Sie können es aber mit Stammstecklingen versuchen. Am einfachsten ist es bei höheren, älteren Pflanzen. Sobald Sie den Seitentrieb abgeschnitten haben, heißt es zu warten, bis die Schnittfläche angetrocknet ist. Erst dann darf sie zur Bewurzelung in die Erde gepflanzt werden.

Gärtnertipp
Vorsicht, die 'Yucca aloifolia' besitzt dolchartige Blätter, an denen Sie sich verletzen können!

Zigarettenblümchen
(Cuphea ignea)

Blütezeit:	Mai–September
Familie:	Weiderichgewächse
Heimat:	Mexiko

Das Zigarettenblümchen ist ein krautiger Halbstrauch mit eigenartigen Röhrenblüten. Die 4 cm lange, leuchtend rote Blüte ist am oberen Rand schwarz und zeigt an der Spitze eine weiße Zone. Diese außergewöhnliche Farbzusammenstellung gab ihr den Namen Zigarettenblümchen.

Standort
Das Zigarettenblümchen zieht zwar einen sonnigen Standort vor, nimmt aber auch mit einem halbschattigen vorlieb. Die Pflanze wächst sowohl in Einheits- als auch in Balkonblumenerde.

Pflege
Das Zigarettenblümchen sollten Sie mit Fingerspitzengefühl gießen und von Mai bis August alle 2 Wochen düngen. Die Wuchshöhe und -breite kann mit der Schere jederzeit reguliert werden, die Blütenentwicklung wird dadurch kaum beeinträchtigt.

Zigarettenblümchen

Vermehrung
Sie erfolgt durch Kopfstecklinge oder durch Aussaat im März/April.

Gärtnertipp
Es empfiehlt sich, bei der zwar üppig blühenden, aber doch kleinblütigen Pflanze jeweils 3 Exemplare zusammenzusetzen. Aus Saatgut angezogene Jungpflanzen müssen, um ein buschiges Wachstum zu erhalten, mehrfach entspitzt werden. Liebhaber können die Pflanze im Oktober ausgraben und hell im Haus bei 10 bis 12 °C überwintern.

Ziertabak

Ziertabak

(Nicotiana)

Blütezeit:	Juli–September
Familie:	Nachtschattengewächs
Heimat:	Südamerika

Die einjährige Blütenpflanze wächst aufrecht und buschig, sie wird 60 bis 100 cm hoch. Ihre wohlriechenden Blüten können weiß, grün, gelb, rosa oder rot sein. Die Blätter sind breit, eiförmig und zeigen ein frisches Grün.

Standort
Der Ziertabak liebt einen hellen, vollsonnigen Standort und eine lockere, nährstoffreiche Erde.

Pflege
Die Pflanze zählt zu den stark zehrenden Gewächsen, sie hat also einen hohen Wasser- und Nährstoffbedarf. Um einen anhaltenden, üppigen Blütenflor zu erreichen, sind wöchentliches Düngen sowie das Ausschneiden verwelkter Blüten notwendig.

Vermehrung
Durch Aussaat im Februar/ März. Die Pflanze ist ein Lichtkeimer, das Saatgut darf also nicht abgedeckt werden. Nach dem Austrieb werden die Jungpflanzen entspitzt.

Gärtnertipp
Vorsicht! Ziertabak ist in allen Pflanzenteilen giftig, selbst sein Pflanzenduft kann bei sensiblen Menschen Kopfschmerzen auslösen.

Zitrone

(Citrus)

Blütezeit:	Januar–Dezember
Familie:	Rautengewächse
Heimat:	Mittelmeerraum

Die Zitrone kann bei hellem Standort rund ums Jahr blühen. Das immergrüne Gehölz trägt ledrige Blätter. Zu den bekanntesten Arten zählt Cirtus 'aurantiifolia', auch saure Limette oder Leimfrucht genannt, bzw. die robuste Citrus limon 'Meyerii'. Die Pflanze wächst strauchartig und trägt kleine bis große, birnenförmige, gelbe Früchte. Die Zweige von Zitronen haben meistens kurze, steife Dornen. Den Blüten entströmt ein angenehmer Duft.

Standort
Alle Zitrusarten sind frostempfindlich, sie müssen daher noch vor Frostbeginn mit angetrocknetem Erdballen in das Winterquartier gebracht werden. Entscheidend für eine erfolgreiche Überwinterung ist ein heller, luftiger Standort bei 4 bis 8 °C. Ab Ende Mai, nicht früher, darf die kälteempfindliche Pflanze ins Freie gebracht werden. Der Standort sollte vollsonnig sein. Ideal ist ein Gemisch aus lehmig-humoser Gartenerde mit Balkonblumen- oder Einheitserde.

Pflege
Alle Zitrusarten müssen regelmäßig, aber mäßig ge-

Zitrone

gossen werden. Staunässe ist unbedingt zu vermeiden. Auf hartes Gießwasser reagiert die Pflanze empfindlich mit gelben Blättern und Blattfall, daher nur Regen- bzw. enthärtetes Gießwasser verwenden. Ein Rück- oder Formschnitt ist jederzeit möglich, allerdings wird dann die Blütenfülle vermindert. Von Mai bis August wird wöchentlich mit einem Naturdünger ernährt.

Vermehrung
Die Vermehrung durch Stecklinge ist schwierig. Aus Samen von gekauften Früchten entstehen Wildlinge, die nachträglich veredelt werden müssen.

Gärtnertipp
Achtung! Beim Rückschnitt oder Zusammenbinden der Pflanze müssen Sie vorsichtig sein, denn viele Zitrusarten tragen spitze Dornen unter den geflügelten Blättern.

Zitronenmelisse
(Melissa officinalis)

Blütezeit:	Juni–August
Familie:	Lippenblütler
Heimat:	Südeuropa, Vorderasien

Die Zitronenmelisse zählt zu den umweltfreundlichen Pflanzen. Ihr intensiver Duft lockt bei sonnigem Wetter Bienen zur Bestäubung vieler Balkon- und Terrassenpflanzen an. Schon im Jahre 1611 entdeckten die Karmeliter die Zitronenmelisse. Aus der Pflanze wird bis zum heutigen Tage der bekannte Klosterfrau Melissengeist hergestellt. Das ätherische Öl der Melisse wirkt anregend bei Müdigkeit, Appetitmangel, hilft gegen Zahn- und Kopfschmerzen sowie gegen nervöse Beschwerden.

Zitronenmelisse

Standort
Die Melisse ist wärmebedürftig und gedeiht am besten an geschützten Plätzen. Der Boden muss durchlässig sein, die Zitronenmelisse möchte es weder zu trocken noch zu feucht haben. Vor dem Frost muss die Pflanze zurückgeschnitten und mit Luftpolsterfolie oder Fichtenzweigen abgedeckt werden. Jedes zweite bis dritte Jahr ist ein Standortwechsel anzuraten

Pflege
Die Erde der Zitronenmelisse darf nur mit Vorsicht im Balkonkasten gelockert werden, da ihre Wurzeln sehr flach wachsen. Die sonnenhungrige Pflanze sollte stets mit abgestandenem, also temperiertem Gießwasser feucht gehalten werden. Gedüngt wird mit einem organischen Volldünger im Mai und August nach Gebrauchsanweisung.

Vermehrung
Die Vermehrung erfolgt durch Aussaat. Dabei ist zu berücksichtigen, dass der Samen der Zitronenmelisse sehr wärme-

bedürftig ist und auch langsam keimt. Einfacher ist die Vermehrung durch Teilung der Staude.

Gärtnertipp
Das feine Saatgut lässt sich gleichmäßiger aussäen, wenn Sie es zuvor mit etwas Sand vermischen. Vor der Blüte ist das Aroma am kräftigsten. Bis in die Oktobertage hinein kann geerntet werden.

Zucchini
(Cucurbita pepo conv. Giromontiina)

Blütezeit:	Juni–Juli
Familie:	Kürbisgewächse
Heimat:	Nördliches Mittelamerika

Der gurkenartige grüne Kürbis, die Zucchini, ist eine unkomplizierte, beliebte Gemüsepflanze. Sie gedeiht auch dort, wo die empfindlichere Gurke versagt. Der Fruchtertrag einer einzelnen Pflanze ist bemerkenswert, und nebenbei gesagt, die gelben Sternblüten sind auch noch sehr dekorativ. Aufgrund der Pflanzen-

Zucchini

größe empfiehlt es sich, die Zucchini in ein größeres Kübelgefäß oder halbiertes Fass zu pflanzen.

Standort

Die Zucchini braucht einen sonnigen, geschützten Platz im Balkonkasten sowie einen gut gelockerten, humusreichen Gartenboden. Die Pflanze ist außerordentlich platzintensiv, 30 cm Abstand nach allen Seiten müssen Sie rechnen.

Pflege

Bei Trockenheit muss reichlich gegossen und kalibetont gedüngt werden. Um den Boden feucht zu halten, dabei Schnecken zu vermeiden, wird entweder mit Kiefernrinde rund um die Pflanze gemulcht oder eine schwarze Folie vor dem Auspflanzen auf die Erde gelegt. Ähnlich wie die Gurken werden die Zucchini dann in die Schlitze gesetzt. Zucchinis sind robuste Nährstoff-Fresser. Bevorzugt wird ein organischer Dünger. Geerntet werden die Früchte, wenn sie maximal 12 cm erreicht haben, also noch klein und knackig sind. Der Erntebeginn liegt zwischen Juli/August und erstreckt sich bis zu den Herbstfrösten.

Vermehrung

Zucchinis können schon im April auf der Fensterbank in Töpfen ausgesät oder nach den Eisheiligen an Ort und Stelle in Horsten mit je 3 bis 4 Samen ausgelegt werden. Sie Saattiefe beträgt 2,5 cm. Die Jungpflanzen werden später auf die zwei stärksten vereinzelt.

Gärtnertipp

Da Schnecken auch an der Zucchini einen Gefallen finden, empfiehlt es sich, in die Nähe der Pflanzen Tagetes zu setzen. Ist der Sommer warm

Zwerg-Apfelbaum

und sonnig, dann können Sie mit einer Zucchinischwemme rechnen.

Zwerg-Apfelbaum 'Ballerina'
(Malus sylvestris)

Blütezeit:	April–Mai
Familie:	Rosengewächse
Heimat:	Kleinasien

'Ballerina' heißt der neue Apfelbaum für Kübelgefäße. Der neuartige Baumtyp ist schmal. Das dicht am Stamm befindliche Fruchtholz wird nur 30 cm breit und kann in großen Terrakottagefäßen oder Holzkübeln wachsen. Wenn der Zwerg-Apfelbaum in großräumigen Balkonkästen ausgepflanzt wird, muss er im Abstand von 60 cm zum nächsten 'Ballerina'-Baum stehen. Bereits im zweiten Jahr können Sie mit der Ernte von etwa 15 aromatischen, saftig-süßen Äpfeln rechnen. Innerhalb von 5 Jahren erreichen die schlanken Bäume eine Höhe von 2 bis 2,5m. Die Äpfel hängen in dichten Trauben, so dass die pflanzen auch als Fruchthecke ein schöner Blickfang sind. Angeboten werden folgende Sorten: 'Polka' mit grün-roten Früchten; 'Bolero' mit hellgrünen Äpfeln; bei 'Maypole' handelt es sich um einen purpurroten Zierapfel. Seine Früchte lassen sich zu Gelee verarbeiten.

Standort
Der Apfelbaum liebt einen sonnigen Platz und eine lehmig-humose Erde.

Pflege
Gedüngt wird monatlich von April bis August, vorzugsweise mit einem organisch-mineralischen Dünger; der Wasserbedarf ist mittelmäßig. Die Bäume sind pflegeleicht, denn das lästige Entfernen der Seitentriebe entfällt. Der Rückschnitt im Herbst zur Formerhaltung ist unnötig.

Vermehrung
Dies sollten Sie dem Fachmann überlassen.

Gärtnertipp
Da die Züchtungen der 'Ballerina Trees' nicht sicher selbstfruchtend sind, sollten sie zwei unterschiedliche Sorten pflanzen.

Zwerg-Fadenzypresse

(Chamaecyparis pisifera 'Filifera Nana')

Blütezeit:	Nadelgehölz
Familie:	Zypressengewächse
Heimat:	Japan

Der zwergförmig wachsende, buschige Strauch fällt durch seine fontänenartig überhängenden, fadenförmigen Zweige auf. Interessant ist auch das frische Grün der nadelartig besetzten Zweige. Für Balkon- und Terrassengärten sowie für Trogbeete ist die schwach wachsende Pflanze, die innerhalb von 15 Jahren nur eine Höhe von 80 bis 100 cm erreicht, sehr begehrt.

Standort
Die Zwerg-Fadenzypresse

Zwerg-Fadenzypresse

braucht ein sandig-humoses oder auch sandig-lehmiges Erdsubstrat. Die Pflanze kommt mit sauren bis alkalischen Böden klar, verträgt auch Kalk. Besonders wohl fühlt sich die Zwerg-Fadenzypresse im Halbschatten. Bei nicht zu warmem Standort kann sie auch sonnig stehen.

Pflege
Gießen Sie nur mäßig und düngen Sie minimal. Das Gießwasser sollte nicht zu hart sein, denn diese hochgezüchtete Form der Zypresse ist außerordentlich salzempfindlich. Gegossen wird daher nur mit Regen- oder enthärtetem Wasser. Zum Düngen verwenden Sie einen speziellen Koniferendünger, wobei eine zweimalige Düngegabe während der Wachstumszeit ausreicht.

Vermehrung
Die Vermehrung bleibt dem Fachmann überlassen.

Gärtnertipp
Die Pflanze ist für innerstädtisches Klima geeignet.

Zwergkiefer

(Pinus mugo mops)

Blütezeit:	Mai–Juni
Familie:	Nadelgehölze
Heimat:	Kulturform

Die Zwergkiefer eignet sich besonders für Balkonkästen und Kübel,

Zwerg-Lebensbaum

denn sie wächst innerhalb von 10 bis 15 Jahren auf 30 bis 40 cm heran und erreicht dabei eine Breite von 50 bis 60 cm. Die Pflanze bleibt flachkugelig, trägt dunkelgrüne Nadeln von 2,5 bis 3,5 cm Länge in zweinadeliger Form. Ihre Blüte ist grün bis hellviolett.

Standort
Die Bergholzkiefer bevorzugt einen hellen, sonnigen Standort und ein humoses Erdsubstrat mit Torfanteil (die Pflanze möchte schwach sauer gehalten werden); sie ist kalkverträglich.

Pflege
Die Bergkiefer möchte feucht bis mäßig trocken bei gutem Wasserablauf stehen. Die langsam wachsende Kiefer ist sehr lichthungrig und hat einen geringen Nährstoffbedarf; eine zweimalige Düngegabe während der Wachstumssaison von März bis August ist ausreichend.

Vermehrung
Bleibt in diesem Fall dem Fachmann überlassen.

Gärtnertipp
In der Natur wächst die Pflanze in Nadelmischwäldern oder in Monokultur auf kalkhaltigen Böden bzw. in Hochmoorgebieten. Daher kommen auch alle humosen oder mineralischen Böden als Pflanzsubstrat in Betracht. Die Pflanze wird gern in Balkonkästen, Trog- und Kübelgefäßen in Verbindung mit Heidepflanzen und Gräsern kombiniert, zumal diese Pflanzen den gleichen schwachsauren pH-Wert von 4,8 bis 5 benötigen.

Zwerg-Lebensbaum
(Thuja accidentalis 'Danica')

Blütezeit:	Nadelgehölz
Familie:	Zypressengewächse
Heimat:	Nordamerika

Der Zwerg-Lebensbaum wächst in geschlossener Form dicht buschig, mit aufrechten Zweigen. Der Pflanzenhabitus ist insgesamt kugelförmig. Selbst in 10 bis 15 Jahren wird die Pflanze nicht höher als 30 cm. Die Nadeln sind frischgrün, schuppenartig belaubt und nehmen im Winter eine bräunlich grüne Färbung an.

Standort
Der Standort sollte halbschattig sein. Am besten wächst der Zwerg-Lebensbaum in frischen, durchlässigen Böden, die schwach sauer bis alkalisch sind. Stark saure Böden sind unbedingt zu vermeiden. Auch müssen Sie auf Boden- und Lufttrockenheit achten, beides schädigt die Pflanze.

Pflege
Auf ein leicht feuchtes Erdsubstrat ist stets zu achten. Staunässe verkraftet die Pflanze ebenso wenig wie Tropfenfall; beides würde zu braunen Nadeln führen. Auch im Winter muss der Zwerg-Lebens-

Zwergkiefer

Zwerg-Lebensbaum

Zwergmispel

baum an frostfreien Tagen gegossen werden. Gedüngt wird nur sparsam, d.h. einmal während der Wachstumsperiode mit einem speziellen Koniferendünger.

Vermehrung
Sie erfolgt durch Aussaat nach Samenreife oder durch Stecklinge. Beides ist nur dem erfahrenen Hobbygärtner anzuraten.

Gärtnertipp
Damit sich die Wurzeln der kompakt wachsenden Pflanze, die über Jahre am selben Standort stehen bleibt, nicht verdichten und absterben, ist es ratsam, anstelle der Dränageschicht eine Vegetationsspeichermatte zu verwenden.

Zwergmispel
(Cotoneaster)

Blütezeit:	Mai–Juli
Familie:	Rosengewächse
Heimat:	China

Allen Zwergmispel-Arten ist der eigenartige Wuchs und der zierende Beerenbehang gemein. Es gibt sommer- oder immergrünende Sträucher. Für Balkon- und Kübelgefäße sind besonders geeignet: 'C. adpres-

sus', bleibt unter 25 cm Höhe und kriecht mit seinen Zweigen über Erde und Steine. Die sommergrünen Blätter der Pflanze sind gewellt, die rosa Blüten erscheinen ab Juni und die Beerenfrüchte von August bis September. Außerdem die bekannte Sorte 'C. dammeri'; die Pflanze ist immergrün, kann allerdings bis zu 1 m hoch werden. Coteneaster 'Salicifolius' wächst flach und bedeckt schnell wie ein immergrüner Teppich das Pflanzgefäß. Die Pflanze bleibt unter 30 cm, die Früchte sind hellrot. Die Zwergmispel lässt sich generell als Hochstamm ziehen, ist ein schöner Bodenkriecher und wächst in freistehenden Kübeln und Balkonkästen auch kaskadenförmig. Alle Pflanzen sind eine gute Bienenweide, ihre Zweige eignen sich zum Schnitt. Die Blätter färben sich im Herbst prachtvoll.

Standort
Die Zwergmispel liebt einen sonnigen bis halbschattigen Platz. In normaler Garten- oder Einheitserde gedeiht sie gut. Außerdem ist sie winterhart. Nur in extrem kalten Gegenden sollte sie einen Winterschutz bekommen. Ein Hochstamm ist frostgefährdeter als am Boden kriechende Formen.

Pflege
Die robuste Pflanze ist absolut pflegeleicht. Sie wird nur mäßig gegossen und alle 4 Wochen gedüngt. Ein Form- oder Rückschnitt ist im März bzw. Ende Juni möglich.

Vermehrung
Die Vermehrung erfolgt durch halbverholzte Stecklinge im Sommer.

Gärtnertipp
Vorsicht bei Kindern! Die Beeren der Zwergmispel sind leicht giftig.

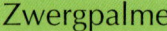

Zwergpalme
(Chamaerops)

Blütezeit:	Grünpflanze
Familie:	Palmen
Heimat:	Mittelmeerregion

Die Zwergpalme kann im Kübelgefäß 1 bis 2 m hoch werden. Die Pflanze ist die unempfindlichste Palmenart. Auf einem hellen, sonnigen Standort können die dekorativen Fächerblätter bis zu 60 cm breit werden. Die dornenbesetzten Blattstiele werden zur Spitze hin immer schmaler. Die Blüten der Zwergpalme sind im Hinblick auf ihren Schmuckwert unbedeutend und unscheinbar.

Standort
Ideal ist ein heller, sonniger und luftiger Standort. Die Zwergpalme gedeiht aber auch im Halbschatten. Die

langsam wachsende Pflanze trägt von März bis Mai unscheinbare Blüten. Als Substrat kommt eine lehmig-humose Erde in Betracht. Obwohl die Zwergpalme nicht gerade frostempfindlich zu nennen ist, so muss sie doch zur Überwinterung ins Haus geholt werden. Am besten bekommt der Pflanze ein heller Standort, der eine Temperatur von 4 bis 10 °C aufweist. Bei einer wärmeren Überwinterung muss der Raum hell, bei kühler kann er auch völlig dunkel sein.

Pflege
Das robuste Palmengewächs darf in der Wachstumszeit nie ballentrocken werden. Bis August müssen Sie die Pflanze reichlich gießen und wöchentlich düngen. Darauf achten, dass beim Gießen kein Wasser in den Blattschopf gelangt.

Vermehrung
Durch Samen und Nebentriebe im Mai/Juni.

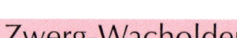

Gärtnertipp
Achtung! An den dornigen Blattstielen besteht die Gefahr der Verletzung.

Zwerg-Wacholder
(Juniperus squamata 'Blue Carpet')

Blütezeit:	April–Mai
Familie:	Zypressengewächse
Heimat:	China, Taiwan

Der flach kriechende Zwerg-Wacholder ist für eine Dauerbepflanzung in Balkon- und Kübelgefäßen ideal. Die Pflanze wächst unregelmäßig, polsterbildend und erreicht in 10 bis 15 Jahren nur eine Höhe von 30 cm. Seine Nadeln sind blaugrau, spitz und scharf.

Zwerg-Wacholder

Standort
Der Wacholder wächst in fast allen Böden, das Substrat kann sauer bis alkalisch sein. Die Pflanze ist kalkverträglich und smogunempfindlich. Diese anspruchslose Konifere kommt mit einem sonnigen, halbschattigen oder schattigen Standort zurecht.

Pflege
Der Wacholder ist pflegeleicht. Er wird mäßig feucht gehalten und ein- bis zweimal während der Vegetationsperiode mit einem Koniferendünger versorgt. Frostschutz braucht die Pflanze nicht. Die Wuchsform kann mit der Schere eingegrenzt werden.

Vermehrung
Die Vermehrung erfolgt durch Stecklinge; sie kann aber auch über Ableger oder Aussaat geschehen, was aber langwierig ist.

Gärtnertipp
Der immergrüne Zwerg-Wacholder wird gern in Schalen oder Kübelgefäße gepflanzt. Er passt zu Fuchsien, Zwergmispel, Fünffingerstrauch, Stechpalme oder Erika.

Zwergpalme

Zypergras
(Cyperus)

Blütezeit:	Grünpflanze
Familie:	Ried- oder Sauergräser
Heimat:	Madagaskar, Ostafrika

Zypergras ist eine ausgesprochen pflegeleichte Grünpflanze mit unscheinbaren Blüten in den Blattschöpfen.

Standort
Hell und sonnig, aber keine pralle Sonne. Das Gras ist frostempfindlich, es muss bei +8 °C überwintert werden.

Pflege
Die Sumpfpflanze braucht viel feuchte Luft, sonst werden die Blattspitzen braun. Deshalb sollten Sie die Wedel so oft wie möglich mit weichem Wasser besprühen und die wachsenden Zypergräser in einen mit Wasser gefüllten Untersatz stellen. Gedüngt wird in den Sommermonaten etwa alle 14 Tage mit einem Flüssigdünger. Die rasant wachsende Pflanze wird im Frühjahr in Einheitserde, der Sie etwas Lehm und Sand hinzufügen müssen, umgetopft. Das neue Pflanzgefäß sollte erheblich größer sein.

Vermehrung
Durch Teilen, beliebter noch durch Blattschöpfe.

Zypergras

Gärtnertipp
Kalkhaltiges Wasser hemmt Wuchs und Entwicklung der Pflanze.

Balkonbepflanzung mit Tagetes, Petunien, Geranien, Margeriten und Efeu

Traditionelle Balkonpflanzen

Pelargonien (Geranien) –
Pelargonium-Zonal-Hybriden
'Hönnefrühling'
'Verbesserte Paul Götz'
'Rubin'
'Stadt Bern'
Pelargonium-Pelatum-Hybriden –
'Hillscheider Amethyst'
'Lachskönigin'
'Mexikanerin'
'Cascade'
'Ville de Paris'
'Mini-Cascade'
Samenpelargonien –
'Sprinter'
'Red Express'

Geranien als Balkonschmuck

Petunien
Petunia-Hybriden –
Grandiflora – Nana-F-Hybriden
Multiflora-Nana-F_1-Hybriden

Fuchsien
Fuchsia-Hybriden –
'Ortenburger Festival'
'Dollarprinzessin'
'Elfriede Ott'
'Golden Glow'
'Swingtime'
'Cascade'
'Marinka'
'Red Spider'

Knollenbegonien
Knollenbegonien-Hybriden –
Grandiflora-Compacta-Gruppe
Multiflora-Maxima-Gruppe
Flora-Pleno-Pendula-Gruppe

Wandelröschen
Lantana-Camara-Hybriden
'Schloss Ortenburg'
'Harlequin'
'Goldsonne'

Geranien vor dem Haus

Balkon- und Terrassenpflanzen für unterschiedliche Standorte

In der Sonne
Leberbalsam
– *Ageratum houstonianum*
Begonie – *Begonia-Knollen-
begonien-Hybriden*
Pantoffelblume
– *Calceolaria integerifolie*
Zwergmargerite – *Chrysanthemum
multicaule und paludosum*
Glockenrebe – *Cobaea scandens*
Sommernelke – *Dianthus chinensis*
Gazanie – *Gazania*
Vanilleblume
– *Heliotropium arborescens*
Männertreu – *Lobelia erinus*
Duftsteinrich – *Lobularia maritima*
Ziertabak – *Nicotiana*
Geranie – *Pelargonium-Hybriden*
Petunie – *Petunia-Hybriden*
Feuersalbei – *Salvia pendens*
Husarenknopf
– *Sanvitalia procumbens*
Studentenblume – *Tagetes*
Schwarzäugige Susanne
– *Thunbergia alata*
Eisenkraut – *Verbena-Hybriden*
Zinnie – *Zinnia*

Im Wind
Leberbalsam
– *Ageratum houstonianum*
Begonie – *Begonia-Knollen-
begonien-Hybriden*
Zwergmargerite – *chrysanthemum
multicaule und paludosum*
– *Gazania*
Fleißiges Lieschen
– *Impatiens Walleriana*
Duftsteinrich – *Labularia maritima*
Husarenknopf
– *Sanvitalia procumbens*
Eisenkraut – *Verbena-Hybriden*
Buchsbaum – *Buxus x sempervirens*
Fuchsie – *Fuchsia*
Glockenrebe – *Cobaea scandens*
Dachwurz – *Sempervivum*
Heidekraut – *Calluna vulgaris*
Kapuzinerkresse
– *Tropaeolum-Hybriden*
Lorbeerbaum – *Laurus nobilis*
Ringelblume – *Calendula*
Tausendschön – *Bellis perennis*
Wandelröschen – *Lantana Hybriden*

Im Schatten
Elatior-Begonien
– *Begonia-Elatior-Hybride*
Fuchsie – *Fuchsia*
Fleißiges Lieschen
– *Impatiens Walleriana*

Fleißiges Lieschen 'Starbright'

Anspruchslose Pflanzen
Berufkraut – *Erigeron*
Efeu – *Hedera helix*
Fetthenne – *Sedum*
Feuerbohne – *Phaseolus coccineus*
Gazanie – *Gazania*
Geranie – *Pelargonium-Hybriden*
Godetie – *Godetia*
Hainblume – *Nemophila*
Kapuzinerkresse
– *Tropaeolum-Hybriden*
Knöterich – *Bilderdykia*
Lavendel – *Lavendula angustifolia*
Leberbalsam
– *Ageratum houstonianum*
Narzisse – *Narcissus*
Portulakröschen
– *Portulaca grandiflora*
Reseda – *Reseda*
Ringelblume – *Calendula*
Schneeglöckchen – *Galanthus*
Springkraut – *Impatiens balsamina*
Stiefmütterchen – *Viola tricolor*
Fuchsie – *Fuchsia*
Gemswurz – *Dornicum*

Heckenkirsche – *Lonicera*
Knollenbegonie – *Begonia*
Lungenkraut – *Pulmonaria*
Primel – *Primula*

Im Halbschatten
Begonie – *Begonia-Knollen-
begonien*
– *Hybriden*
Pantoffelblume
– *Calceolaria integerifolia*
Fuchsie – *Fuchsia*
Vanilleblume
– *Heliotropium arborescens*
Fleißiges Lieschen
– *Impatiens Walleriana*
Knollenbegonien – *Begonia*
Männertreu – *Lobelia erinus*
Geranie – *Pelargonium-Hybriden*
Petunie – *Petunia-Hybriden*
Schwarzäugige Susanne
– *Thunbergia alata*

Niedrige Stauden für halbschattige bis schattige Standorte
Günsel – *Ajuga reptans*
Frauenmantel – *Alchemilla Hoppeana*
Glockenblume – *Campanula carpatica*
Elfenblume
– *Epimedium grandiflorum*
Knöterich – *Polygonum affine*
Polsterprimel – Primula x arendsii
Immergrün – *Vinca minor*
Waldsteinie – *Waldseinia geoides*

Duftsteinrich 'Snow Crystals'

Kräuter-Kalender

Frische Kräuter sind gefragt

In schmucken Gefäßen sind Küchenkräuter eine nützliche Zierde für den Heimgärtner, unabhängig davon, ob er nun eine Terrasse oder nur einen kleinen Balkon zur Verfügung hat. Empfehlenswert zur Bepflanzung sind Terrakottagefäße. Sie sind in verschiedenen Formen im Handel erhältlich. Wer die Möglichkeit hat, eine Kräuterwand zu gestalten, der sollte entsprechende Halbschalen anbringen, die ebenfalls in Terrakotta angeboten werden. Tongefäße haben den Vorteil, dass hier der erforderliche Luftaustausch im Wurzelbereich der Pflanze ungehindert stattfinden kann. Wandhalbschalen sind sowohl für den Innenbereich als auch für Balkon, Terrasse oder Hauswand geeignet.

Basilikum – *Ocimum basilicum*

Vermehrung:	Standort	Boden:	Erntezeit:		
Aussaat im März Pflanzzeit im Mai	sonnig, geschützt	leicht feucht, nährstoffreich	Mai – Herbst		
Ernte:	**Konservierung:**	**Blütezeit:**	**Blüten**	**Lebensdauer**	
Blätter, junge Triebe	trocknen, einfrieren	Juli/Aug.	creme-purpur	einjährig	

Bohnenkraut (Sommer) – *Satureja hortensis*

Vermehrung:	Standort:	Boden:	Erntezeit:		
Aussaat, im Haus vorziehen, im Frühbeet ab März	vollsonnig, windverträglich	kalkhaltig, humos	Frühjahr – Herbst		
Ernte:	**Konservierung:**	**Blütezeit:**	**Blüten:**	**Lebensdauer:**	
Blätter, Kraut	trocknen, einfrieren	Juni – August	cremefarben	einjährig	

Dill – *Anethum graveolens*

Vermehrung:	Standort:	Boden:	Erntezeit:		
Durch Aussaat an Ort und Stelle, Folgesaaten v. Mai – Aug.	sonnig, windgeschützt	locker, humos	Mai – Herbst		
Ernte:	**Konservierung:**	**Blütezeit:**	**Blüten:**	**Lebensdauer**	
Blätter, Blüten, Samen	trocknen, einfrieren	Juni – August	gelb	einjährig	

Liebstöckel – *Levisticum officinale*

Vermehrung:	Standort:	Boden:	Erntezeit:		
Aussaat im März oder Aug.	sonnig bis halbschattig, windgeschützt	feucht, nährstoffreich	Sommer, Herbst ab 2. Jahr		
Ernte:	**Konservierung:**	**Blütezeit:**	**Blüten:**	**Lebensdauer:**	
Blätter	trocknen, einfrieren, einsalzen	Juli/Aug.	gelb	mehrjährig	

Majoran – *Origanum majorana*

Vermehrung:	Standort:	Boden:	Erntezeit:		
Im April durch Aussaat auf der Fensterbank, oder ab Mai im Freien direkt aussäen	sonnig, windgeschützt	nahrhaft, durchlässig, locker	Sommer		
Ernte:	**Konservierung:**	**Blütezeit:**	**Blüten:**	**Lebensdauer:**	
Blätter	trocknen, einfrieren	Juli/Sept.	weiß/rosa	einjährig	

Oregano – *Origanum vulgare*

Vermehrung:	Standort:	Boden:	Erntezeit:	
Aussaat im April Pflanzzeit im Mai	sonnig	leicht trocken, lehmig-sandig, kalkhaltig	Sommer	

Ernte:	Konservierung:	Blütezeit:	Blüten:	Lebensdauer:
Blätter, Kraut	trocknen	Juli/Aug.	violett	mehrjährig

Petersilie – *Petroselinum crispum*

Vermehrung:	Standort:	Boden:	Erntezeit:	
Aussaat im April oder Sommer Pflanzzeit im April	sonnig/halbschattig, windverträglich	tiefgründig, nahrhaft	Sommer	

Ernte:	Konservierung:	Blütezeit:	Blüten:	Lebensdauer:
Blätter, Wurzeln	trocknen, einfrieren	Juni/Juli	weiß, blassgelb	zweijährig

Rosmarin – *Rosmarinus*

Vermehrung:	Standort:	Boden:	Erntezeit:	
Aussaat im März Pflanzzeit im Mai	sonnig, hell, windgeschützt	durchlässig, humos	ganzjährig	

Ernte:	Konservierung:	Blütezeit:	Blüten:	Lebensdauer:
Blätter, Triebspitzen	trocknen	Mai/Juni	blau	mehrjährig

Salbei – *Salvia officinalis*

Vermehrung:	Standort:	Boden:	Erntezeit:	
Aussaat im April Pflanzzeit im Mai	sonnig, windgeschützt	trocken, locker, kalkhaltig	Sommer	

Ernte:	Konservierung:	Blütezeit:	Blüten:	Lebensdauer:
Blätter	trocknen, einfrieren	Juni/Juli	blau, violett	mehrjährig

Schnittlauch – *Allium schoenoprasum*

Vermehrung:	Standort:	Boden:	Erntezeit:	
Aussaat im April oder Aug.	sonnig bis halbschatten, windverträglich	leicht feucht, nährstoffreich, kalkhaltig	April – Herbst	

Ernte:	Konservierung:	Blütezeit:	Blüten:	Lebensdauer:
Stängel	trocknen, einfrieren	Juni/Aug.	lila	mehrjährig

Thymian – *Thymus vulgaris*

Vermehrung:	Standort:	Boden:	Erntezeit:	
Aussaat im April Pflanzzeit im Mai	sonnig, windverträglich	leicht trocken, lehmig-humos, kalkhaltig	Sommer	

Ernte:	Konservierung:	Blütezeit:	Blüten:	Lebensdauer:
Blätter, Triebspitzen	trocknen	Mai/Okt.	weiß, blasspurpurn	mehrjährig

Zitronenmelisse – *Melissa officinalis*

Vermehrung:	Standort:	Boden:	Erntezeit:	
Durch Aussaat oder windgeschützt von April bis Juni; im Juli durch Stecklings-vermehrung	sonnig,	nahrhaft, durchlässig leicht feucht	Frühjahr – Sommer	

Ernte:	Konservierung:	Blütezeit:	Blüten:	Lebensdauer:
Blätter	trocknen	Juli – August	weiß bis bläulich	mehrjährig

Kübelpflanzen: der richtige Standort auf einen Blick	Sonne	Halbschatten	Schatten	gut dränierter Boden erwünscht	feuchter Boden bevorzugt	verträgt trockenen Boden	sandiger Boden bevorzugt	Lehmboden	nährstoffreicher Boden erwünscht	nährstoffreicher Boden verträglich	basischer Boden (pH hoch)	neutraler Boden	saurer Boden (pH niedrig)	Wachstumsperiode lang	Wachstumsperiode kurz	Frostschutz nötig	frostbeständig	windverträglich
Agave	●						●					●				●		
Ahorn		●		●									●	●			●	
Aloe	●			●			●					●				●		
Aukube		●	●					●							●	●	●	
Apfelbaum 'Balerina'	●						●					●			●			
Bambus		●			●							●					●	
Banane		●		●	●			●					●			●		
Bartblume	●			●				●							●	●		
Blauregen	●				●							●		●			●	
Bleiwurz	●				●			●		●						●		
Bougainvillee	●			●					●					●		●		
Brautmyrte	●				●					●			●			●		
Buchsbaum		●		●		●		●							●		●	●
Echte Feige	●				●							●			●	●		
Engelstrompete		●		●						●					●	●		
Erdbeerbaum		●		●				●				●	●			●		
Eukalyptus		●		●											●	●		
Flieder	●			●	●										●		●	
Fuchsie		●						●				●				●		
Geißblatt		●			●					●					●			●
Granatapfel	●				●			●								●		
Hammerstrauch	●				●				●			●			●	●		
Hortensie		●			●				●				●			●		
Indisches Blumenrohr	●			●			●	●							●	●		
Jasmin	●										●						●	●
Kamelie		●			●								●	●		●		
Kassie	●																	●
Kirschlorbeer		●			●						●				●			
Kirschmyrte		●											●		●			
Kiwi		●		●								●			●		●	
Klebsame	●	●	●		●	●						●				●		
Knöterich	●											●			●			●
Korallenstrauch	●			●			●		●			●			●		●	●

Kübelpflanzen: der richtige Standort auf einen Blick	Sonne	Halbschatten	Schatten	gut dränierter Boden erwünscht	feuchter Boden bevorzugt	verträgt trockenen Boden	sandiger Boden bevorzugt	Lehmboden	nährstoffreicher Boden erwünscht	nährstoffreicher Boden verträglich	basischer Boden (pH hoch)	neutraler Boden	saurer Boden (pH niedrig)	Wachstumsperiode lang	Wachstumsperiode kurz	Frostschutz nötig	frostbeständig	windverträglich
Korkenzieherhasel		●			●		●					●					●	
Lagerströmie	●			●			●					●			●	●		
Margeritenbaum	●						●					●				●		●
Neuseeländer Flachs	●	●		●						●			●	●		●		
Oleander	●				●			●							●	●		
Olivenbaum	●					●						●		●		●		
Palmfarn		●		●			●							●		●		
Palmlilie	●			●				●		●						●		
Pfeifenwinde		●	●				●	●	●							●		
Phoenixpalme	●							●								●		
Prunkwinde	●								●	●		●			●	●		
Roseneibisch	●			●								●				●		
Rosmarin	●							●								●		
Scheinzypresse		●	●		●		●						●	●			●	
Schmucklilie	●	●		●						●					●	●		
Schönmalve	●				●			●		●					●	●		
Schraubenbaum		●		●				●							●	●		
Schwarzäugige Susanne		●		●				●		●						●		
Sommerzypresse		●						●	●							●		
Steckenpalme		●			●		●						●			●		
Sternwinde	●							●			●					●		
Strauchrose	●				●			●				●					●	●
Strelitzie	●			●			●		●	●		●			●	●		
Tibouchina	●			●						●					●	●		
Torfmyrte		●		●			●						●				●	
Trompetenblume	●								●	●					●	●		
Wandelröschen	●				●			●		●		●				●		
Washingtonie		●		●								●				●		
Yucca	●	●		●												●		
Zimmerhopfen	●			●						●	●	●			●	●		
Zitronen- und Apfelsinenbaum	●			●		●		●							●	●		
Zylinderputzer	●				●					●			●			●		●
Zypergras		●			●			●								●		

Wohin mit den Kübelpflanzen im Winter?

Kübelpflanzen eignen sich als mobile Balkon- und Terrassendekoration. Allerdings werden die Kübel im Laufe der Jahre recht schwer und können oft nicht mehr von einer Person transportiert werden. Mit einer Sackkarre oder zu zweit geht der Transport einfacher vonstatten. Wenn die Blätter fallen und das Thermometer auf 10 °C sinkt, müssen Kübelpflanzen in ein Winterquartier umsiedeln.

Das bedeutet für die meisten der Pflanzen keine Erholung. Bei relativ schlechten Lichtverhältnissen werden sie zwar am Leben erhalten, aber das bedeutet für die Pflanzen oft auch eine Stresssituation. Deshalb sollten Sie vor dem Einräumen noch Folgendes tun:

- Mit der Lupe die Blattober- und unterseite der Pflanzen betrachten und sorgfältig auf Schädlinge hin untersuchen.
- Welke, gelb gewordene Blüten sowie Blätter abzupfen und lange Triebe, die beim Transport stören, abschneiden.

Vor dem Einräumen werden folgende Pflanzen um 1/3 ihrer Triebe gekürzt: Margeritenbaum, Hibiskus, Granatapfel, Fuchsie, Lagerströmie, Korallenstrauch, Engelstrompete, Gewürzrinde und Schönmalve.

Wichtig

Auf keinen Fall beschnitten werden dürfen Oleander, Bananenstrauch, Paradiesvogelblume, Palmen. Wärmeliebende Kübelpflanzen können ins Wohnzimmer gebracht werden, falls Platz vorhanden ist, z. B. die Banane, Kokospalme, Paradiesvogelblume, Zypergras.

Das Winterquartier sollte im Temperaturbereich von 5 bis 10 °C liegen, belüftbar und möglichst hell sein. Eine Anforderung, der die wenigsten Kübelpflanzenbesitzer gerecht werden können.

Das Winterquartier

Gut dran sind Gewächshausbesitzer, sofern sie ein beheizbares **Kalthaus** bzw. einen **Wintergarten** besitzen. Auch ein kühles, helles **Treppenhaus** im 1. Stock ist geeignet, ebenso eine **Waschküche** mit breitem Fenster oder einer Blumenleiter. Glücklich kann sich auch der Hobbygärtner nennen, der noch einen **Speicher** in Kopfhöhe mit Fenster und einem Zugang besitzt, der die Größe und Höhe der Kübelpflanzen zulässt.

Selbst kühle **Schlaf-** oder selten genutzte **Hobbyräume** mit genügend Licht und Luft sind geeignet.

Einige Hobbygärtner stellen ihre Kübelpflanzen auf die **Kellertreppe** und schützen den Kellereingangsbereich mit einer durchsichtigen Noppenfolie. Bei starkem Frost setzen sie eine elektrische Zusatzheizung ein.

Wie werden Kübelpflanzen aufgestellt?

Nach Möglichkeit so, dass sich die Pflanzen nicht direkt berühren und Sie an die einzelnen Pflanzen noch herankommen. Auch im Winterquartier sollte eine regelmäßige Schädlingskontrolle durchgeführt werden. Achten Sie besonders auf Pilzbefall und faule Stellen. Kleinere Pflanzen sollten, um genügend Licht zu bekommen, auf umgedrehte Schalen oder Eimer gestellt werden. An das Fenster direkt kommen lichtbedürftige Pflanzen und solche, die nicht zu kälteempfindlich sind.

Viel Licht brauchen: Margeritenbaum, Hibiskus, Schönmalve.

Mit relativ wenig Licht kommen folgende Kübelpflanzen aus: Feige, Bleiwurz, Granatapfel, Engelstrompete, Lagerströmie und Agave.

Gärtnertipp

Je weniger Licht der Raum aufweist, desto niedriger sollte die Raumtemperatur sein und umso weniger darf gegossen werden.

Zwar liegen die Überwinterungstemperaturen in der Regel zwischen 5 bis 10 °C, Ausnahmen gibt es wie immer auch hierbei. Kurzfristige Minusgrade bis zu 0 °C überstehen: Kamelie, Eukalyptus, Feige, Lorbeer, Granatapfel, Zwerg- und Hanfpalme. Bei besonders kälteempfindlichen Pflanzen dürfen die Überwinterungsräume jedoch nicht unter 10 °C temperiert werden.

Zu den empfindlichen tropischen Pflanzen zählen: Bananenbaum, Bougainvillee, Hibiskus, Korallenstrauch.

Gärtnertipp

Wird diesen tropischen Pflanzen die Überwinterungstemperatur zu kühl, dann fallen die Blätter ab.

Gießen

Gegossen wird am besten morgens, und zwar äußerst sparsam und nur so viel, dass die Wurzelballen nicht austrocknen. Im Zweifelsfalle gilt: lieber weniger als zu viel gießen. Gedüngt wird während der Überwinterungsphase in der Regel nicht.

Lüften

Wichtig für die Pflanzen im Winterquartier ist das regelmäßige Lüften an frostfreien Tagen.

Was ist zu tun, wenn kein geeignetes Quartier zur Verfügung steht?

Einige Gärtnereien und Gartencentren übernehmen die Überwinterung der Kübelpflanzen. Allerdings ist das nicht ganz billig. Um unnötigem Ärger vorzubauen, sollten Sie, bevor Sie die Pflanzen abholen lassen bzw. in Obhut geben, mehrere Fotos von dem Zustand der Pflanzen machen. Es ist ferner ratsam, die Pflanztöpfe mit wasserfestem Filzstift zu beschriften. Anschließend sollten Sie eine Liste mit beigefügten Bildern anfertigen (Kopie bleibt bei Ihnen) und diese dem betreuenden Gärtner übergeben.

Was kostet das Überwintern in der 'Pflanzen-Pension'?

Im Durchschnitt müssen Sie mit 50.– Euro je qm Gewächshausfläche für den Zeitraum Mitte Oktober bis Mitte Mai rechnen. Dabei liegt nicht die Stellfläche der Pflanztöpfe der Berechnung zugrunde, sondern deren Baumkrone.

Transportkosten kommen in der Regel dazu, sie werden je nach Menge und Entfernung berechnet.

Vorteile der Überwinterung im Fremdquartier

Die Pflanzen werden während ihres Winteraufenthalts fachgerecht gepflegt und auch gegen Läuse und andere Schädlinge behandelt. Wenn sie Schaden erleiden, wird gleichwertiger Ersatz geleistet.

Das Fremdquartier macht sich bezahlt bei Kübelpflanzen, deren Wert über 50.– Euro liegt und bei Pflanzen mit einem ideellen Wert.

Ampelgewächse

Groß im Trend sind Ampelpflanzen. Sie können Balkon oder Terrasse in eine Blütenlaube verwandeln. Es gibt fix und fertig bepflanzte Gefäße zu kaufen. Sie können also die noch zur Wahl stehenden Behälter selbst bepflanzen: Es eignen sich dafür zum Beispiel:

Hängegeranie – *Pelargonium*
Fleißiges Lieschen
– *Impatiens Walleriana*
Hängeeisenkraut – *Verbene*
Kaskadenförmige Minirosen-Art
– *Rosa 'Beauty Fairy'*
Hängeglockenblume
– *Campanula carpatica*
Efeu – *Hedera helix*
Mottenkönig – *Plectranthus*
Männertreu – *Lobelia erinus*
Kapuzinerkresse
– *Tropaeolum-Hybriden*
Blaues Gänseblümchen
– *Brachyscome iberidifolia*

Prunkwinde
– *Ipomoea purpurea*
Bleiwurz – *Plumbago indica*
Hängebegonie – *Begonia*
Hängeerdbeere – *Fragaria vesca*
Efeugeranie – *Peltatum-Hybriden*
Gebirgshängenelke
– *Dianthus caryophyllus*

Für Ampelpflanzen gibt es spezielle Gefäße. Das können beispielsweise geflochtene, mit Plastikfolie ausgelegte Körbe sein oder auch federleichte Recyclinggefäße.

Die blühende Pracht der Ampelpflanzen ist leider noch viel zu wenig bekannt. Neben den altbewährten Hängepflanzen, wie z. B. Fuchsie, Petunie, Hängegeranie, gibt es vor allem unter den einjährigen Blumen eine große Anzahl preiswerter Hängepflanzen, die sich auf Balkon- und Terrassengärten wohlfühlen. Da wäre zunächst die Hängelobelie *(Lobelia erinus Pendula)* zu nennen. Die Pflanze ist im Handel in Rot, Blau und Weiß erhältlich. An einem sonnigen Standort blüht diese Lobelie von Juni bis Oktober.

Äußerst beliebt ist ebenfalls die Kapuzinerkresse *(Tropaeolum)*, sie blüht gleichfalls von Juni bis Oktober, und zwar in einem sonnigen Gelb, Orange oder Rot. Das Gleiche gilt für das relativ unbekannte Leimkraut *(Silene pendula)*, allerdings ist hier die Blütezeit etwas kürzer, sie reicht nur von Juni bis August. Dafür ist das Farbenspiel der Pflanze bemerkenswert.

Sie können wählen zwischen hellvioletten, weißen, rosa- oder rotfarbenen Blüten. Bei einem sonnigen Standort werden die Blüten kräftiger und farbintensiver. Kenner von Ampelpflanzen lieben das Blaue Gänseblümchen *(Brachyscome)*. Die Pflanze gibt es auch mit gelben Blüten. Sie entwickelt sich im Laufe der Sommermonate zu einer dichten Blütenkugel, die allmählich das Ampelgefäß ganz verdeckt. Empfehlenswert ist auch die Prunkwinde

Pelargonie 'Mexicanerin'

(Ipomea), allerdings benötigt diese einen sonnigen Platz.

Ein fauler Blüher, dafür aber ein umso fleißigerer Ranker, ist der Zierhopfen. Wer einen dichten Sichtschutz wünscht, ist mit dem Zierhopfen gut beraten. Wie gesagt, die Pflanze verwöhnt Sie weniger durch eine Blütenpracht, dafür rankt sie um so üppiger und verhüllt schnell mit ihren hellgrünen Blättern alle unschönen Ecken.

Die Efeugeranie *(Pelargonium peltatum)* und die Hängenelke *(Diantus caryophyllus)* duften aromatisch, je wärmer die Temperaturen, desto intensiver der Duft. Sie blühen von Mai bis Oktober in den Farben Weiß, Rosa oder Lila. Erwähnenswert ist, dass die Hängenelke auch noch im Halbschatten duftet.

Ampelpflanzen schräg einsetzen

Die Neigung vieler Balkonblumen, ihre Blütentriebe malerisch wie eine Kaskade aus den Pflanzgefäßen herabhängen zu lassen, können Sie zusätzlich fördern, indem Sie den Wurzelballen leicht schräg einsetzen. Das gilt vor allem für Petunien und Pantoffelblumen, ebenso für die hängenden Sorten von Fuchsien, Geranien und Verbenen, für Gelbe und Blaue Gänseblümchen, Heliotrop, Männertreu und Kapaster.

Gärtnertipp

Zur gründlichen Bewässerung sollten Ampelpflanzen hin und wieder abgenommen und getaucht werden. Im Frühsommer reicht es in der Regel, wenn die Ampel einmal wöchentlich in einen Eimer mit Wasser getaucht wird, und zwar so lange, bis keine Wasserblasen mehr aufsteigen. In den heißen Monaten Juli/August hingegen brauchen die meisten Ampelgewächse zwei Tauchbäder in der Woche. Zwischendurch wird bei Bedarf normal gegossen. Auch sollten Sie nicht vergessen, alle 8 bis 14 Tage, je nach Pflanzenart, dem Gießwasser Flüssigdünger hinzuzufügen.

Prunkwinde

Rankgewächse

Nachfolgende Pflanzen eignen sich gut als Rank- oder Klettergewächse:

Prunkwinde – *Ipomoca purpurea*
Blaue Mauritius
– *Convolvulus sabatius*
Prunk- oder Feuerbohne
– *Phaseolus coccineus*
Minirose – *Rosa*
Männertreu – *Lobelia erinus*
Schönranke – *Eccremocarpus*
Spindelstrauch – *Euonymus*
Schlingenknöterich
– *Fallopia aubertii*
Ruhmeskrone – *Gloriosa*
Efeu– *Hedera helix*
Kletterhortensie
– *Hydrangea anomala*
Duftwicke – *Lathyrus odoratus*
Jelängerjelieber
– *Lonicera caprifoliam*
Ballonwein, Ballonrebe
– *Cardiospermum halicacabum*

Wilder Wein
– *Parthenocissus quinquefolia*
Schwarzäugige Susanne
– *Thunbergia alata*
Sternwinde – *Quamoclit lobata*
Glockenrebe – *Cobaea scandens*
Pfeifenwinde
– *Aristolochia macrophylla*
Kiwi – *Actinidie chinensis*

Sehr robust und widerstandsfähig, dazu reich an roten Blüten und späterem Fruchtbehang ist die Prunk- oder Feuerbohne. Sie braucht allerdings einen sonnigen Standort und eine Rankhilfe von 2 bis 3 m Höhe. Dieser dekorative Blüher kann gleichzeitig ein schöner Sichtschutz sein.

Das Rankgewächs 'Blaue Mauritius' mit den zahlreichen kleinen Trichterblüten braucht einen Platz an der Sonne und viel Wasser, dann allerdings blüht die Pflanze ununterbrochen monatelang.

Einige Kletterpflanzenarten wie der pflegeleichte Efeu, die Pflanze Immergrün oder der Spindelbaum werden mit gutem Erfolg als Bodendecker eingesetzt. Selbst an schattigen Standorten bedecken diese Pflanzen das Pflanzgefäß hinreichend.

Als Bodendecker bewährt haben sich auch die Wildarten der Waldrebe und des Geißblatts. Beide Pflanzen wachsen schnell zu einem wunderschönen Pflanzenteppich zusammen.

Kletterpflanzen

Unter den Kletterpflanzen gibt es selbstklimmende, wie beispielsweise den Wilden Wein oder Efeu. Diese Pflanzen besitzen Haftscheiben an den Enden ihrer Ranken. Sie können sich selbst ohne weitere Kletterhilfen an Wänden festsaugen. Manche Hausbesitzer glauben, dass Kletterpflanzen das Mauerwerk zerstören. Das ist aber nicht der Fall. Beim Efeu wachsen die Wurzeln lichtabgewandt von den Trieben und dringen in feinste Spalten, um Halt zu erlangen. Sie nehmen dabei aber weder Nahrung auf noch sondern sie etwas ab.

Zu den Kletterpflanzen zählen auch Lianen, die sich mit Hilfe ihrer Ranken festklammern, dazu gehören beispielsweise Bohnen, Kürbisse, Waldreben. Zu den windenden Kletterpflanzen zählen die Geißblatt-Arten sowie der Hopfen als Rechtswinder und die Stangenbohnen oder die Schmuckwinden als Linkswinder.

Außerdem gibt es unter den Kletterpflanzen noch die Gruppe der Spreizklimmer, wie die Heckenrose oder Brombeere; ebenso gehört dazu die Bougainvillee. Diese Pflanzen besitzen keine Haft- oder Halteorgane, ihren Halt verschaffen sie sich mit ihren schnell wachsenden, langen und schweren Ranken. Sie brauchen deshalb ein Gerüst.

Klettergerüste

Mit etwas handwerklichem Geschick kann fast jeder ein passendes Rankgerüst aus Holz selbst bauen. Aber auch Baustoffmatten, die Sie in Größen von 2,5 x 5 m in Hobby- und Baumärkten kaufen können, sind empfehlenswert. Sie lassen sich nach Bedarf mit einer stabilen Metallsäge oder einem Bolzenschneider auf das gewünschte Maß zuschneiden. Baustahlmatten können außerdem zu Bögen oder Laubengängen verarbeitet oder als flächige Wandkletterhilfen befestigt werden. Kunststoffummantelte brauchen keinen weiteren Rostanstrich, während Baustoffmatten aus Eisen unbedingt zuvor gestrichen werden müssen.

Auch Maschendrahtgitter eignen sich als Rankhilfe. Sie sind bereits verzinkt oder beschichtet und daher unverwüstlich. Geeignet sind Letztere für Waldrebe, Wicken oder Kapuzinerkresse.

Kunststoffgitter bietet der Handel in vielen Formen an, fächerförmig, als Sonne oder Säule. Sie eignen sich für kleine, nicht zu schwere Ranker, wie Waldrebe, Kletterrose, Schwarzäugige Susanne, Kapuzinerkresse, während sie für starkwüchsige Pflanzen wie Blauregen oder Knöterich ungeeignet sind.

Für einjährige, kurzlebige Pflanzen, wie Zierkürbis, Gurken, Wicken können auch stabile, kunststoffummantelte Drähte längs oder rautenförmig gespannt werden. Klettergerüste können Sie an der Hauswand, an Pergolen oder Terrassenkästen anbringen. Der Fachhandel bietet Fertigkonstruktionen aus Holz, Metall oder Kunststoff an. Alle zusammensteckbaren Methoden bieten die Möglichkeit, das Klettergerüst nach Bedarf zu erweitern. Das Rankgerüst sollte sich so natürlich wie möglich der Umgebung anpassen. Wenn Sie ein Rankgerüst am Mauerwerk anbringen wollen, sollten Sie sich zunächst darüber im Klaren sein, welche Pflanze für den Standort geeignet ist. Für Schlingknöterich oder Blauregen sollten Sie nach Möglichkeit zuvor ein schmales Lattengerüst anbringen und nicht zu dünne Spalierstäbe als Stütze verwenden. Zu bedenken ist bei der Auswahl des Gerüsts nicht nur der Wuchs der jeweiligen Pflanze, sondern auch Wind und gegebenenfalls Schneelast.

Spalierbepflanzung

Rankgerüste selber bauen

Relativ einfach zu bauen ist dieses Spalier aus **grobmaschigem Drahtgitter**. Dazu brauchen Sie 2 **Rundholzstäbe** in der gewünschten Breite, ein Stück grobmaschiges **Drahtgeflecht, Krampen** zum Befestigen des Gitters an den Rundstäben und **Schraubhaken** mit einem Innendurchmesser, der dem Durchmesser der Rundstäbe entspricht. Dieses Spalier können Sie oben an einer Pergola oder an der Unterseite des Balkons (hier unbedingt mit Dübeln) befestigen. Unten brauchen Sie entweder sehr lange Schrauben, die Sie ganz einfach in den Boden stecken, oder Sie zweckentfremden Zeltheringe. Pflanzen am **Rundbogen** liegen im Trend. Mitmachen können auch Balkongärtner: Links und rechts einen stabilen **Runddraht** in den Kasten stecken, in der Mitte mit einem **Holzstab** unterstützen. An einem solchen Bogen rankt dann z. B. eine Passionsblume, unten könnten Petunien wachsen, Geranien oder der Mottenkönig.

Ist das Spalier fertig, können Sie mit dem Pflanzen beginnen. Egal, welche Form Sie gewählt haben, die klassische, rechteckige Variante oder das Rautenmuster: Beim Bepflanzen sollten Sie auch daran denken, den Boden zu verbessern. Mindestens zwei Spaten breit und zwei Spaten tief sollte das Pflanzloch sein. Die Größe des Wurzelballens ist dabei natürlich zu berücksichtigen. **Kompost** untermischen (oder gleich Komposterde verwenden) und eine Portion **Dauerdünger** zugeben – der Zusatz 'cote' deutet immer auf einen Langzeitdünger hin.

Fertige Produkte

Ein Spalier zum Festhalten brauchen die allermeisten Kletterpflanzen. Wenn Ihnen der Aufwand zu groß ist, selbst eines zu bauen, können Sie im Gartenfachgeschäft oder bei Baumärkten fündig werden.

Fertiges Spalier

Fertige Spaliere, die Sie z. B. direkt in die 1 m breiten Balkonkästen stecken können, sind meist aus PVC, oft auch aus Holz und etwa 170 cm hoch. Etwas größere Gestelle gibt es aus Holz, freistehend, zwischen 1,80 und 2 m breit und ebenso hoch (s. Zeichnung). Die Pflanze wird davor in Topf oder Kübel gesetzt.

Rankgerüst aus grobmaschigem Drahtgitter

Geeignete Pflanzgefäße

Der Erfolg mit Balkon- und Kübelpflanzen wird entscheidend mitbestimmt durch die Auswahl des Pflanzgefäßes. Der Lebensraum der Pflanze darf nicht zu beengt sein. Wichtig ist auch, für einen guten Wasserablauf an der Seite des Balkonkastens (etwa 3 cm über dem Gefäßbogen) zu sorgen, damit überschüssiges Wasser abfließen kann. Auf eine Dränageschicht aus Tonscherben oder Blähton, die eine Höhe von etwa 4 cm aufweisen sollte und direkt auf den Boden des Pflanzgefäßes kommt, dürfen Sie ebenfalls nicht verzichten.

Winterfeste Pflanzgefäße

Generell kann man sagen, dass alle Gefäße, außer bauchige Formen und solche, die sich nach oben verengen, winterfest sind. Dabei ist das Grundmaterial des Pflanzgefäßes nicht von Bedeutung: es kann aus Terrakotta, Eternit, Kunststoff oder Holz sein. Wichtig ist nur, dass das Gefäß oben mindestens so weit ist wie unten, oder was noch besser ist, oben weiter. Konische Gefäße sind unproblematisch. Die Erde hat dann die Möglichkeit, sich hochzuschie-

ben. Allerdings werden Tongefäße mit der Zeit porös und preiswerte Balkonkästen aus Kunststoff spröde. Ihre Haltbarkeit hängt von den Temperaturen und Regenfällen im Winter ab. Eternit- und hochwertige Kunststoffgefäße sind im Allgemeinen unverwüstlich. Vor Wintereinbruch ist es ratsam, ein Stück Styropor oder Holz in die Erde des Gefäßes zu legen, damit bei Regen und anschließendem Frost das Gefäß nicht platzt.

Ton- oder Kunststofftöpfe?

In Tontöpfen brauchen Pflanzen mehr Wasser. Dennoch hat der Tontopf Vorteile, er ist atmungsaktiv und weit weniger klimatischen Schwankungen, wie beispielsweise Hitze und Kälte, ausgesetzt. Tontöpfe sollten Sie vor der Bepflanzung 2 Stunden lang in kaltes Wasser legen. Wenn Sie Ihre Pflanze in einen ungewässerten Tontopf pflanzen, entzieht der Ton der Erde viel Feuchtigkeit, so dass die Pflanze verdursten kann. Für schwere, große Pflanzen sind auf alle Fälle Tontöpfe empfehlenswert. Sie sind standfester als Plastiktöpfe.

Gefäße mit Wasserspeicher

Durstige Balkonpflanzen lassen nicht nur schnell die Köpfe hängen, sie sind auch anfälliger für Schädlinge. Praktisch für einen Kurzurlaub oder für freizeitbewusste Balkongärtner sind deshalb Gefäße mit Vorratsbewässerung und extra großem Pflanzraum. Die Kästen sind 18 cm hoch und 20 cm breit. Ein Doppelboden teilt die Kästen in drei Schichten ein: in den Wasserspeicher, die Belüftungs- und die Erdschicht. Über unverrottbare Saugdochte entnehmen die Pflanzen dem Reservoir so viel Wasser, wie sie für ihr Wachstum und Blühen brauchen. Vier Überlaufstutzen sorgen dafür, dass überschüssiges Wasser abfließt. Der Wasserstandsanzeiger im Füllrohr zeigt exakt den jeweiligen Wasserstand an, ähnlich wie bei der bekannten pflegeleichten Hydrokultur. Solche Gefäße haben einen Zwischenboden, der die Erde vom darunterliegenden Wasserspeicher trennt. Saugdochte oder Gewebestreifen leiten die Feuchtigkeit dorthin, wo sie gebraucht wird. Wenn es regnet, verhindert ein Überlauf, dass die Pflanzen zu nass werden.

Tontöpfe in verschiedenen Größen

Pflanzschalen aus Keramik

Erdsubstrat

Die Qualität der Erde für das Ein- oder Umtopfen spielt bei Balkon- oder Terrassenpflanzen eine entscheidende Rolle. Billigangebote können den Wuchs und die Blütenentwicklung beeinträchtigen. Meist sind diese Erdsubstrate nicht pflanzengerecht aufbereitet, sie enthalten selten die für die Pflanze erforderlichen Nährstoffe. Am einfachsten ist es, zum Ein- oder Umtopfen Balkon- oder Einheitserde zu verwenden.

Aber Vorsicht: Nicht jede Erdmischung ist geeignet. Auf eine besondere Substratmischung mit einem pH-Wert von 4,5 bis 5,5 sind Moorbeetpflanzen wie Azaleen, Kamelien, Eriken und Hortensien angewiesen. Diese spezielle Erdmischung besteht in der Regel aus saurem Hochmoortorf, Nadelerde, saurer Lauberde und kalkarmem Lehm. Neuerdings gibt es auch ein Erdsubstrat, das auf Küchenkräuter abgestimmt ist.

Spezielle Erdmischungen werden auch für Palmen und Wasserpflanzen angeboten. Die meisten Pflanzen gedeihen in neutralen oder leicht sauren Böden am besten, das sind Erdmischungen mit einem pH-Wert von 6,5 bis 7. Denn diese schwach sauren bis neutralen Erdsubstrate enthalten auch die meisten Spurennährstoffe. Die Einheitserde besteht aus Ton, Humus und Nährstoffen. Balkonblumenerde ist vorwiegend für Blütenpflanzen gedacht. Diese Erde enthält neben Ton und Humus noch Torf oder Kompost bzw. auch beides; sie ist zudem mit phosphorbetonten Nährstoffen angereichert, also für blühende Pflanzen zu empfehlen.

TKS 1 wie TKS 2 ist ein Torfkultursubstrat, es besteht hauptsächlich aus Weißtorf, der aufgekalkt ist, um den Säuregehalt zu vermindern. TKS 1 ist nur schwach und TKS 2 stärker gedüngt. TKS-Produkte setzen ein regelmäßiges Gießen voraus, denn sie haben keine Wasserhaltekraft. Ausgetrocknetes TKS-Substrat kann praktisch kein Gießwasser mehr aufnehmen.

Sand und Humus als Beimischung

Richtiges Gefäß zum Gießen

Margeritenbäumchen im Pflanzgefäß aus Holz

Kleingartengeräte zur Pflege von Balkon- und Terrassenpflanzen

Kombisystem Blumenrechen
Praktisch für die Kleinarbeit in Balkonkästen und Schalen ist der Combi-Blumenrechen. Mit dem Blumenrechen lässt sich auch in einem dicht bepflanzten Balkonkasten die Erde zwischen den Pflanzen gut lockern. Das handliche Gerät ist aus hochwertigem Stahl mit 5 Zinken und einer Arbeitsbreite von 8,5 cm.

Kombisystem Kleinhäckchen
Auch dieses Kleinhäckchen ist außerordentlich praktisch. Mit den Zinken können Sie selbst eine verkrustete Erdoberfläche auflockern, und wenn Sie das Gerät umdrehen, können Sie mit dem geraden Blatt das Unkraut jäten.

Beetkrümler

Auf den Beetkrümler sollten Sie als Terrassen- und Balkonbesitzer nicht verzichten, denn auch im Balkonkasten muss die Erdstruktur feinkrümelig bleiben. Der Beetkrümler sorgt dafür, dass die oberen Bodenkapillare unterbrochen werden, damit die Bodenfeuchtigkeit der Erde erhalten bleibt und nicht verdunstet. Das Gerät hat zwei speziell geformte Sternräder, die eine feine Bodenkrümelung in eng stehenden Kulturen ermöglichen.

Blumengabel

Zum An- und Umsetzen dient die Blumengabel. Mit den 3 Zinken können Sie vor allem Ballenpflanzen wie Koniferen und Stauden problemlos, ohne dass der Wurzelbereich verletzt wird, verpflanzen. Die Arbeitsbreite beträgt 7,5 cm. Selbstverständlich können Sie mit den stabilen Zinken auch größere Pflanzen umpflanzen.

Blumenkelle

Auf die Blumenkelle, im Volksmund auch Pflanzschaufel genannt, kann kein Balkongärtner verzichten. Sie ist universell einsetzbar: zum An- und Umpflanzen, zum Anhäufeln und zum Einebnen. Das handliche Gerät gibt es in hochwertigem Stahl. Das ist auch empfehlenswert, damit die Blumenkelle sich nicht verbiegt oder rostet. Der Handel bietet das Handgerät in 2 Arbeitsbreiten von 6 und 8 cm an.

Düngen und Gießen

Ohne Dünger leidet die Pracht der Balkon- und Terrassenpflanzen, denn Luft und Wasser allein reichen nicht aus für einen üppigen Blütenflor. Die Nährstoffe in den Fertigerden reichen höchstens 4 Wochen, dann muss nachgedüngt werden. Etwa alle 2 Wochen brauchen die Pflanzen in der Blütezeit neue Nahrung. Ab Ende August/Anfang September soll nicht mehr gedüngt werden, da die Pflanzen sonst erneut austreiben. Sie sollten jedoch keinen Garten-, sondern einen Spezialdünger für Balkon- und Kübelpflanzen nehmen. Sehr praktisch ist ein Volldünger in flüssiger Form, denn der lässt sich besonders gut dosieren. Übrigens: Kübelpflanzen brauchen wegen ihres stärkeren Wachstums fast doppelt so viel Dünger wie Balkonpflanzen.

Das kleine ABC des Düngens

Unter den 16 für die Pflanzen unentbehrlichen Mineral- und Nährstoffen nimmt der Stickstoff (N) die Spitzenstellung ein. Mengenmäßig ist er in der gleichen Größenordnung wie Kalium und Kalzium in den Pflanzen vertreten. Im Hinblick auf seine Funktion aber bestimmt er als Grundbaustein der Aminosäuren und Eiweißstoffe fast alle physiologischen Vorgänge in der Pflanze.

Stickstoff (N) baut Eiweiß auf und fördert damit als Motor im Pflanzengewebe die Entwicklung von Trieben und Blattmasse. **Stickstoffmangel** äußert sich bei allen Pflanzen durch eine gleichmäßig gelblich grüne Verfärbung und unzureichenden Wuchs.

Reine Blattpflanzen brauchen besonders viel Stickstoff. Ein **Stickstoffüberschuss** bewirkt ein aufgeschwemmtes Gewebe. Die Pflanzen werden anfälliger für Krankheiten und Schädlinge.

Stickstoff- bzw. Nitratbestimmung in der Pflanze

Die Messung des Pflanzensaftes kann mit Nitratstreifen in der Hauptwachstumszeit durchgeführt werden. Die Handhabung dieser Teststreifen ist einfach. Hierfür schneiden Sie das Pflanzenblatt durch, befeuchten den Teststreifen und legen ihn an der Schnittfläche an. Nun warten Sie etwa eine Minute, dann nehmen Sie ihn ab und vergleichen den Teststreifen mit der Farbskala auf der Dose. Die Stickstoffwerte in den Grünteilen sind ein Maßstab für den Stickstoffhaushalt in der Pflanzerde.

Weitere Pflanzennährstoffe und ihre Aufgaben

Phosphor (P) ist ganz entscheidend für alle Blütenpflanzen, denn Phosphorsäure fördert die Blühwilligkeit sowie die Frucht- und Samenbildung. Durch Phosphorsäure wird auch das Wurzelwachstum unterstützt.

Kalium (K) ist entscheidend für Blätter und Früchte. Kali schafft feste Zellwände und erhöht die Wider-

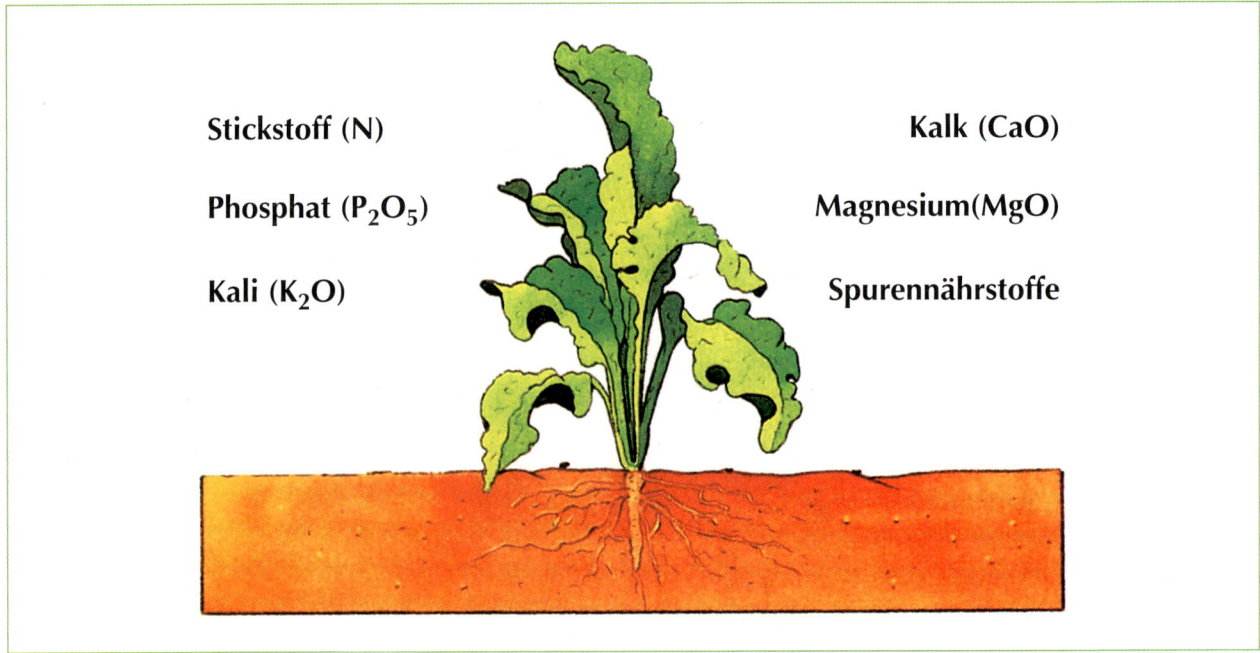

Stickstoff (N)

Phosphat (P_2O_5)

Kali (K_2O)

Kalk (CaO)

Magnesium(MgO)

Spurennährstoffe

standskraft der Pflanze gegen Krankheiten und tierische Schädlinge.

Kalzium (Ca) ist eine Art Schutzpolizei in dem Pflanzengewebe und im Boden. Durch Kalk werden überschüssige Säuren neutralisiert, er beschleunigt Umsetzungsvorgänge und macht verschiedene schwer aufnehmbare Nährstoffe pflanzenverfügbar.

Magnesium (Mg) und Eisen (Fe). Diese zählen zu den wichtigsten Bausteinen des Blattgrüns. Von ihrem Vorhandensein hängt der Aufbau von Zucker und Stärke in der Pflanze ab.

Mikronährstoffe und Spurenelemente. Etwa 10 Elemente, wie z. B. Bohr, Kupfer, Mangan, Zink, Molybdän usw. werden in nur geringen Mengen für das Wachstum dringend benötigt. Molybdän ist in sauren Böden schwer lösbar und deshalb für Pflanzen kaum aufnehmbar. Ein Mangel führt zur Verkrümmung der Herzblätter. Die Pflanze zeigt insgesamt auch schwächere, schmale Blätter. Der Mangelerscheinung können Sie mit Natriummolbat vorbeugen. Dazu wird 1 Gramm in 5 Liter zimmerwarmem Regenwasser aufgelöst.

Dünger wird in flüssiger, pulverisierter oder in gepresster Form (Düngestäbchen) angeboten. Gedüngt wird nach Gebrauchsanweisung vor und während der Blütezeit bzw. in der Wachstumsperiode. Die Wachstumszeit liegt in der Regel in den lichtreichen Monaten von März bis September. Wenig oder gar nicht gedüngt wird in der Ruhezeit einer Pflanze. In aller Regel sind das die lichtarmen Monate von Oktober bis Februar/März. Frisch umgesetzte Pflanzen dürfen keinesfalls gedüngt werden.

Richtig gedüngt ist halb gewonnen
Spezialdünger gibt es für Moorbeetgewächse wie Rhododendren, Azaleen, Eriken, Koniferen, aber auch für Gräser, Rasen sowie Gemüse und Rosen. Es gibt diese Spezialdünger in flüssiger und fester Form zu kaufen. Die notwendige Menge richtet sich nach der Größe, meist ist es 1 Essl. bis 1,5 Essl. pro Pflanze. Der Dünger wird um die Pflanze herum verteilt und locker in die Erde gemischt. Wenn es nicht gerade regnet, müssen Sie anschließend unbedingt gießen. Die Pflanze wird zweimal im Jahr gedüngt: zuerst Ende März, gleich nach dem Austrieb, dann Ende Juni/Anfang Juli.

Richtiges Gießen

Die Wasserqualität
In ihrer Heimat leben die Pflanzen hauptsächlich vom Regen, der keine Salze enthält. Wenn es nicht genügend regnet, werden Balkon- und Kübelpflanzen im Allgemeinen mit Leitungswasser versorgt. Trinkwasser enthält häufig Kalzium-, Magnesium- und Natriumsalze in unerwünschter Menge. Diese Salze reichern sich im Laufe der Zeit im Substrat an und führen zu Wurzelschäden der Pflanzen. Weiches Wasser, entweder abgekochtes oder Regenwasser, kann hier Abhilfe schaffen.

Von der Kunst des Gießens
Offensichtlich fällt das richtige Gießen der Balkon- und Terrassenpflanzen vielen Hobbygärtnern schwer. Mal stehen die Pflanzen zu trocken, mal viel zu nass, aber nur selten richtig. Das richtige Gießen setzt entsprechendes Fingerspitzengefühl voraus. Die Wassermenge muss nämlich pflanzengerecht dosiert werden. Exakte Bewässerungsangaben lassen sich leider nicht aufstellen, es können nur allgemein gültige Ratschläge erteilt werden. Der Was-

Mangel im Boden bewirkt:
Kalzium
Kümmerwuchs der Blütenknospen
Absterben junger Pflanzenteile
Kalium
Kümmerwuchs, Chlorose
Blüten und Früchte klein
Stickstoff
Wachstumsstockung
Aufhellung der Blätter
Phosphor
Verfärbung von Blatt und
Blattstiel, Kümmerwuchs
Blattabwurf, Unfruchtbarkeit
Magnesium
kleine Blätter, Chlorose
Eisen
Chlorose

Überschuss im Boden bewirkt:
Kalzium
bei kalkfliehenden Pflanzen:
Chlorose, Kümmerwuchs, Blattfall
Kalium
Wachstumshemmung, Absterben
Stickstoff
weiche, wenig haltbare,
anfällige Pflanze
kaum Blütenknospen
Phosphor
Wachstumsstörung
Magnesium
geringe Dürrefestigkeit
Früchte oft nur
lockeres Gewebe
Eisen
kaum feststellbar

serbedarf einer Pflanze richtet sich nach mehreren Faktoren:

● dem jeweiligen Standort,
● der Jahreszeit,
● der Sonnenintensität,
● der Pflanzengröße,
● dem Pflanzgefäß.

Gießrhythmus und Menge hängen im Wesentlichen auch von den Ansprüchen der Pflanze ab. Besonders durstig sind Azaleen, Hortensien, Hibiskus, Primeln usw., während sukkulente Gewächse wie zum Beispiel Aloe vera, Fetthenne oder Hauswurz nur minimal gegossen werden sollten.

Gewässert wird grundsätzlich, wenn das Erdreich abgetrocknet ist; abgetrocknet heißt aber nicht ausgetrocknet. Gießen Sie mit Gefühl, machen Sie die Fingerprobe und gießen Sie möglichst mit abgestandenem Wasser, also temperiertem Wasser, damit Ihre Pflanzen keinen Kälteschock bekommen. Die Erde wird durch Sonne und Wind schnell trocken.

Deshalb muss je nach Witterung täglich (morgens), im Sommer mitunter sogar zweimal (morgens und abends) gegossen werden. Wer es einfacher haben will, schafft sich Gefäße mit Vorratsbewässerung an, oder er legt einfach eine Vegeta-tionsmatte in das Pflanzgefäß. Wie ein Schwamm speichert diese Matte Wasser und Nährstoffe. Beides steht der Pflanze ganz nach Bedarf zur Verfügung.

Gießen im Urlaub

Der Tonkegel

Bei dieser Bewässerungsmethode wird die Saugfähigkeit des Tons genutzt. Ein hohler Tonkegel ist mit einem elastischen Hohlkörper verbunden, der für das Ansaugen des Wassers sorgt. Dieser Hohlkörper ist eine zusammendrückbare Kunststoffkapsel, die auf den Tonkegel aufgesteckt wird. Das obere Ende der Kapsel mündet in einen dünnen Kunststoffschlauch, der in einen Wasserspeicher gehängt wird. Das Wasser fließt dann nach dem Pressen und Wiederloslassen der Kapsel aus dem Speicher durch den Schlauch in den Tonkegel. Und dieser gibt so viel Wasser an die Pflanze ab, wie sie benötigt. Mit der Bewässerung kann gleichzeitig das Düngen über Nährpatronen, die in die Halterung des Kegels gesteckt werden, erfolgen. Eine Patrone reicht für 2 bis 3 Monate.

Pro Pflanze wird ein Tonkegel benötigt. Der Wasservorrat richtet sich nach der Länge der Urlaubszeit, es kann ein Eimer, eine Waschwanne oder eine Regentonne sein. Der Wasserspender sollte etwas höher angeordnet werden als der obere Topfrand der zu bewässernden Pflanze. Mehrere Pflanzen können aus ein- und demselben Wasserreservoir versorgt werden.

Gärtnertipp

Bei hartem Wasser sind Tonkegel alle 6 bis 8 Wochen mit Essig und Bürste zu reinigen und mit klarem Wasser nachzuspülen.

Empfehlenswert ist auch eine automatisch gesteuerte Bewässerungsanlage. Dieses System ist ideal zur Urlaubs- bzw. bequemen Dauerbewässerung von Balkon- und Terrassenpflanzen. Sie können es wahlweise mit Reihen- und Endtropfer anordnen. Hierbei ist der direkte Anschluss an den Wasserhahn erforderlich. Man braucht die Bewässerungssteuerung nur entsprechend über eine Zeitschaltuhr zu programmieren. Da bei jedem Bewässerungsstrang bis zu drei Bewässerungszeiten pro Tag eingegeben werden können, lässt sich zudem der unterschiedliche Wasserbedarf verschiedener Kulturen genau berücksichtigen.

Krankheiten und Schädlinge

Folgende Schäden werden nicht durch Parasiten hervorgerufen, sondern entstehen durch Umwelteinflüsse oder Kulturfehler.

Dazu zählen beispielsweise

- pralle Sonne oder zu viel Dunkelheit am Standort,
- anhaltend zu hohe oder zu niedrige Temperaturen,
- ständig zu viel oder zu wenig Wasser,
- zu trockene Luft bzw. Zugluft,
- schlechte Wasserqualität,
- starke Blattverschmutzung,
- rascher, übergangsloser Klimawechsel,
- Transportschäden durch Unterkühlung (Frost),
- Überhitzung (Verbrennungen),
- Über- oder Unterdüngung.

Allgemeine Pflegefehler

Schadbild: Welkes Blattlaub, welke Triebe.

Ein plötzliches Welken der Pflanze kann durch einen falschen Standort bzw. durch Wechsel desselben hervorgerufen werden. Der Standort einer Pflanze sollte entsprechend der jeweiligen Symbolik (vgl. → Pflanzenbeschreibungen von A-Z) gewählt werden.

Unter Welke ist zu verstehen, dass Blätter und Triebteile schlaff herunterhängen. Bei einem solchen Schadbild ist es sinnvoll, die Pflanze auszutopfen, um das Wurzelwerk einmal näher unter die Lupe zu nehmen. Die Ursache für derartige Erscheinungen sind meist Schadpilze oder Bakterien, die die Wurzeln oder den Wurzelhals befallen und zu einer Unterbrechung der Wasseraufnahme führen. Häufig wird diese Erkrankung durch die Erde übertragen. Deshalb sollte zum Umtopfen der Pflanze möglichst desinfizierte Erde verwendet werden. Zur Anzucht von Pflanzen aus Samen und Blattablegern können Sie die Erde im Backofen in einem Stoffbeutel bei 250 °C keimfrei machen.

Gegenmaßnahme: Standort wechseln (vgl. → Symbolik bei jeweiliger Pflanze im A-Z-Teil), gegebenenfalls umtopfen.

Schadbild: Braune Blattspitzen und Blattränder.
Dafür kann es mehrere Gründe geben:
- Kaliummangel,
- ein zu heißer Standort vor einer Wand,
- Verbrennungsschäden durch zu sonnigen Standort.

Kalium kräftigt die Struktur von Stängeln und Blättern. Besonders viel Kalium brauchen Pflanzen mit Speicherorganen wie Knollen, Zwiebeln und Rhizomgewächse, also z. B. Dahlie, Tulpe, Narzisse, Iris.

Gegenmaßnahme: Pflegefehler einstellen, Standort wechseln (vgl. → Symbolik bei jeweiliger Pflanze im A-Z-Teil).

Schadbild: Ungesunde Verfärbung der Blattfläche.
Ursache: Unregelmäßiges Gießen.
Gegenmaßnahme: Richtiges Gießen (vgl. → Symbolik bei jeweiliger Pflanze im A-Z-Teil).

Schadbild: Verfärbung der Blätter in Violett oder Braun.
Ursache 1: Phosphormangel.
Phosphor ist für die Blütenbildung entscheidend. Mangel an Phosphor macht sich auch durch ein schwaches Wurzelwerk und stagnierendes Wachstum bemerkbar.
Ursache 2: Zu trockene Luft.
Wussten Sie übrigens, dass alle Blätter winzige Spaltöffnungen (Stomata) besitzen? Mit Hilfe dieser Spaltöffnungen findet der Gasaustausch statt, und bei der Assimilation werden pflanzeneigene Stoffe aufgebaut. Natürlich verdunstet die Pflanze auch durch diese Öffnung Wasser. Die Verdunstungsintensität ist abhängig von der Temperatur und der Luftfeuchtigkeit. Bei zu trockener Luft verschließt die Pflanze einen Teil ihrer winzigen Spaltöffnungen, wodurch die Assimilation herabgesetzt wird. Eine erhöhte Verdunstung wirkt sich hemmend auf das Wachstum aus, so dass die Blätter schrumpfen, braun werden und letztlich Knospen und Blüten fallen.

Gegenmaßnahme: Standort wechseln (vgl. → Symbolik bei jeweiliger Pflanze im A-Z-Teil).

Schadbild: Braune, eingetrocknete, unregelmäßig geformte Flecken auf Blättern.
Ursache: Zu sonniger Standort, dadurch Verbrennungsschäden.
Gegenmaßnahme: Standort wechseln (→ vgl. Symbolik bei jeweiliger Pflanze im A-Z-Teil).

Schadbild: Blätter fallen.
Fallende Blätter können bei strauchartigen Gewächsen wie Bougainvillee oder Hibiskus im Herbst normal sein. Das ist kein Grund zur Sorge, denn diese Pflanzen stoßen alljährlich alte Blätter ab, damit frische nachwachsen können.
Ursache 1: Abfallende Blätter können durch einen Standortwechsel auftreten.
Ursache 2: Wurzelfäule.
Ursache 3: Zu kaltes Gießwasser.
Vor allem an heißen Sommertagen oder im Winter kann kaltes Leitungswasser die Pflanzen schädigen. Tropische Pflanzen leiden besonders unter einem solchen Temperaturschock.

Gegenmaßnahme: Standort richtig wählen, Gießfehler einstellen (vgl. → Symbole bei jeweiliger Pflanze im A-Z-Teil).

Schädlinge

Spinnmilbe

Schadbild: Die obere Blattseite ist gelblich-weiß gesprenkelt, auf der Blattunterseite entdecken Sie meist feine Fäden, Eier, Larven und sogar ausgewachsene Tiere. Im fortgeschrittenen Stadium verlieren die Blätter ihre grüne Farbe, sie werden fahl, vergilben und vertrocknen schließlich.

Ursache: Die Spinnmilbe, auch Rote Spinne genannt, ist zwar nur 1 bis 2 mm groß, dennoch sehr aktiv. Trockene oder gestaute Luft ist das bevorzugte Klima der Roten Spinne.

Gegenmaßnahme 1: Zunächst sollten Sie es mit einem biologischen Schädlingsbekämpfungsmittel aus eigener Herstellung (vgl. → Rezept, Seite 150) versuchen. Mitunter hilft - und schadet keinesfalls - auch ein regelmäßiges Brausebad mit handwarmem Wasser. Um die Erde nicht in Mitleidenschaft zu ziehen, wird sie mit einem Pappkreis geschützt. Selbst wenn das Brausebad keinen Erfolg bringt, so hat es doch zumindest den Zweck erfüllt, dass die Pflanze vom Staub befreit wird und wieder atmen kann.

Gegenmaßnahme 2: In hartnäckigen Fällen mit einem Präparat gegen Spinnmilben einsprühen (im Fachhandel erhältlich).

Schildläuse

Blattläuse an Rose

Blattlaus

Etwa 800 verschiedene Arten von Blattläusen sind bekannt. Ihre Vermehrung ist rasant. Blattläuse bevorzugen frische, zarte Pflanzentriebe, vorzugsweise wasserreiche Pflanzengewebe, die bei zu starkem Stickstoffdüngen auftreten können.

Schadbild: Knospen und Triebspitzen sind besiedelt von unzähligen grünen Tieren. Knospen fallen ab. Ein weiteres, untrügliches Anzeichen für Blattläuse sind die gekräuselten und gekrümmten Pflanzenteile. Im fortgeschrittenen Stadium entsteht ein zuckerartiger Film (Honigtau), der über kurz oder lang die Rußtaupilze anzieht. In trockener warmer Luft fühlen sich Blattläuse wohl.

Gegenmaßnahme 1: Wenn Sie die Übeltäter frühzeitig erkennen, kann eine wiederholte Wasserdusche helfen. Wirkungsvoller allerdings ist das sorgfältige Absprühen mit einer Kernseifenlauge oder mit einem Brennnesselauszug (vgl. → Rezept, Seite 150). Hierbei ist darauf zu achten, dass die Erdoberfläche mit einem Pappdeckel abgedeckt wird.

Gegenmaßnahme 2: Es gibt ein biologisches Pflanzenschutzmittel in verbrauchergerechter Kleinpackung (im Fachhandel erhältlich). Das Präparat ist unbedenklich für Mensch und Umwelt, dennoch hat es eine gute Wirksamkeit. Die Basis ist ein pflanzliches Öl. Das Produkt bildet, auf Pflanzen gesprüht, einen feinen Film. Es schadet glattblättrigen Pflanzen wie Roseneibisch oder Chrysanthemen nicht, wohl aber den darauf sitzenden Schädlingen und deren Eiern. Das Mittel sollte allerdings nicht direkt auf die Blüten gesprüht werden, da diese sonst verkleben.

Gegenmaßnahme 3: In hartnäckigen Fällen helfen nur Insektizide.

Schildlaus

Schadbild: Wenn Sie auf der Ober- oder Unterseite der Blätter kleine flache, braunfarbene Höcker entdecken, die sich leicht abkratzen lassen, dann handelt es sich um Schildläuse.

Die Schädlinge saugen die Pflanzenzellen leer. Ein klebriger Film, das typische Zeichen aller saugenden Schädlinge, überzieht die Pflanze; ja selbst die nächste Umgebung weist klebrige Flecken auf. Unter der Lupe betrachtet, erkennen Sie ovale bis runde Schildchen, die sich leicht mit dem Fingernagel oder einer Nadel abheben lassen.

Schildläuse zählen zu den hartnäckigsten Schädlingen der Zierpflanzen. Zu unterscheiden ist zwischen Deckel- und Napfschildläusen, erstere lassen sich leicht abheben.

Unter dem Schild sitzt das Weibchen unbeweglich, aber durch einen Saugrüssel mit der Pflanze verbunden. Schildläuse sind besonders tückisch. Da sie sich auf der Blattunterseite ansiedeln, wird ihre Anwesenheit oft erst sehr spät bemerkt. Nehmen Sie sich also Ihre Kübelpflanzen im wahrsten Sinne des Wortes genauer unter die Lupe. Je eher die Schädlinge entdeckt werden, desto größer ist die Aussicht auf den Erhalt der Pflanzen.

Schildläuse sind emsig bemüht, mit ihrem Saugrüssel den Saft aus den Pflanzen zu ziehen. Der abgesonderte Speichel der Schildläuse ist für die Pflanze giftig, so dass es zu Blatt- und Blütenfall kommt. Der zuckerhaltige, klebrige Kot, den die Tiere ausscheiden, lockt einen zweiten Schädling an, nämlich den Rußtaupilz. Dadurch wird die Pflanze abermals geschädigt, und zwar durch starke Einschränkung der Assimilation. Bei trocken-warmen Temperaturen bzw. an trocken-warmen Plätzen fühlen sich Schildläuse besonders wohl, sie vermehren sich unaufhörlich. Bei allen Schildlausarten laufen die sehr kleinen Larven frei über die Blattoberfläche, um nach einem geeigneten Futterplatz zu suchen. Erst wenn sie sich festgesaugt haben und größer werden, wird der Schaden sichtbar.

Gegenmaßnahme 1: Sie können die Schildläuse mit einem griffigen Schwamm abreiben und anschließend die Blätter von oben nach unten mit Schmierseifenlösung (vgl. → Rezept, Seite 150) oder Weißöl (im Fachhandel erhältlich) abwaschen.

Weiße Fliege

Gegenmaßnahme 2: Selbst hergestellte lauwarme Lösung aus Schmierseife, mit der das Blattwerk beidseitig abgewischt wird.

Gegenmaßnahme 3: Zu den wenigen Mitteln, die gegen Schild- und Schmierläuse, ja selbst gegen Spinnmilben wirksam sind, gehört das natürliche Pflanzenspray Pyrethrum (im Fachhandel erhältlich).

Schmier- oder Wolllaus

Schadbild: In den Blattachseln werden weiße, watteähnliche Insekten sichtbar.

Gegenmaßnahme: Schädlinge mit Wasser oder Schmierseifenlösung (vgl. → Rezept, Seite 150) abwaschen (vgl. auch → Schildlaus).

Weiße Fliege

Die weiße Fliege wird auch **Mottenschildlaus** genannt.

Schadbild: Fahle Blattfarbe, Blätter fallen beim Berühren leicht ab; zarte Fäden sind auf der Blattunterseite sichtbar.

Wie beim Blattlausbefall sind die Blätter mit einem klebrigen Film, dem so genannten Honigtau, überzogen. Auf diesem siedeln sich spä-

ter die Rußtaupilze an. Besonders häufig wird der **Roseneibisch** befallen. Schon beim Berühren infizierter Pflanzen sehen Sie die Mottenschildlaus auffliegen. Die Weiße Fliege ist als Überträgerin von Virus-Krankheiten gefürchtet. Ihre Eier, die Larven und ausgewachsenen Fliegen sitzen ausschließlich an den Blattunterseiten. Von hier aus saugen sie die Pflanzenzellen leer.

Gegenmaßnahme 1: Vor allem im Gewächshaus haben sich zur Früherkennung von Insektenbefall gelbe Tafeln bewährt. Die gelbe Farbe lockt die Weiße Fliege an, der aufgetragene farblose Leim hält sie fest.

Wer das hartnäckige Insekt erfolgreich bekämpfen will, muss bei Temperaturen von 15 bis 20 °C die Behandlung in Abständen von 8 bis 9 Tagen fünfmal wiederholen. Bei Temperaturen über 20 °C darf nur eine fünftägige Pause dazwischen liegen.

Gegenmaßnahme 2: In hartnäckigen Fällen mit einem Präparat gegen die Weiße Fliege einsprühen (z. B. Pyrethrum, erhältlich im Fachhandel).

Blasenfüße (Thripse)

Blasenfüße, auch Thripse oder Fransenflügler genannt, entdeckt man oft erst, wenn sie in großer Zahl auf der Pflanze sozusagen 'Fuß' gefasst haben. Blasenfüße sind schlanke, 1 bis 2 mm lange Insekten mit 2 Paar gefransten Flügeln. Im Larvenstadium ist der Schädling noch flügellos.

Schadbild: Pudrig weißer Belag auf der Blattoberseite. Bei stark befallenen Pflanzen öffnen sich die Blüten nicht mehr, sie werden braun und vertrocknen. Das Schadbild erstreckt sich meistens von den unteren Blättern zur Pflanzenspitze hin.

Gegenmaßnahme 1: Entfernen der befallenen Teile; überraschend gute Erfolge erzielen Sie auch durch häufiges Abbrausen der Blätter mit lauwarmem Wasser.

Gegenmaßnahme 2: Im Fachhandel sind verschiedene Pflanzenschutzmittel erhältlich, mit denen Abhilfe geschaffen werden kann.

Dickmaulrüssler

Schadbild: Die Pflanze welkt und stirbt allmählich ab.

Gegenmaßnahme 1: Käfer absammeln und vernichten. Der Larvenfraß findet meist an der Wurzel statt.

Gegenmaßnahme 2: Wenn Maßnahme 1 nichts nützt, dann mit Pflanzenschutzmittel Abhilfe schaffen.

Blattwanzen

Schadbild: Blätter, Blütenknospen und Triebspitzen sind verkrüppelt und zeigen eingesunkene, braunwerdende Einstichstellen, teilweise auch Durchlöcherungen.

Gegenmaßnahme: Am frühen Morgen, wenn die Schädlinge noch träge sind, mit Pflanzenschutzmittel (im Fachhandel erhältlich) behandeln.

Rhododendron-Zikade

Schadbild: Im Frühjahr zeigen sich braun-schwarz verfärbte, schließlich völlig vertrocknete Blütenknospen. Die Rhododendron-Zikade ist der Überträger der Pilzsporen.

Gegenmaßnahme: Nach der Blüte Jungtriebe frühmorgens mit Baythroid einsprühen, vor allem Blattunterseite gründlich benetzen. Anwendung muss innerhalb von 14 bis 21 Tagen wiederholt werden.

Rosenblattrollwespe

Schadbild: Bei Rosen, eventuell beidseits der Mittelrippe, zeigen sich ab Mai eingerollte Blätter. Sie entstehen durch die Eiablage der Blattwespen in die Blattränder. Die Blätter vergilben und fallen später ab.

Gegenmaßnahme: Blattspitzen sowie alle befallenen Pflanzenteile gründlich mit Insektiziden behandeln.

Blattälchen

Schadbild: Blattälchen befallen die Pflanzen vom Boden aus. Die Wurzeln der Pflanze sind trocken und braun; die Blätter bleiben klein, verblassen, und die befallene Pflanze wächst kaum mehr.

Gegenmaßnahme: Befallene Blätter abpflücken, wenn das nicht hilft, Pflanze vernichten.

Bakterienkrankheiten

Oleanderkrebs

Schadbild: Krebsartige Wucherungen am Stamm, Stängel oder an den Wurzeln. Sobald die Bakterien in die Wasserleitbahnen der Pflanze gelangen, ist jede Gegenmaßnahme vergebens. Bakterienkrankheiten wie Oleanderkrebs können nicht erfolgreich bekämpft werden.

Gegenmaßnahme: Befallene Pflanzen unbedingt vernichten.

Pelargonienfäule

Schadbild: Nass- oder Weichfäule an Stängeln und Blättern.

Gegenmaßnahme: Luftfeuchte senken, düngen. Mittel gegen Blattfleckenpilze anwenden.

Echter Mehltau

Mehltau ist ein Pilz, der Knospen, Blätter und Pflanzentriebe mit einem pulvrigweißen, flaumigen Belag überzieht. Dadurch kommt es zu Wachstumsstörung und Deformierung der Blätter. Die Pflanzen bleiben deutlich im Wuchs zurück. Bei noch stärkerem Befall werden die Pflanzenteile braun und sterben ab. Den echten Mehltau findet man vorwiegend an **Rosen**. Oft werden schon die Knospen von einem weißen mehlartigen Belag überzogen. Auch alle **Begonien-Arten** sowie **Verbenen** (Eisenkraut) sind beson-

Blattwanze

ders anfällig gegen diesen mehligen Pilzbelag. Die ersten Anzeichen eines Befalls werden auf der Blattoberseite erkennbar. Unter der Lupe lassen sich deutlich mehlartige, weiße Sporenlager wahrnehmen, die sich auch bräunlich verfärben können. Mit fortschreitendem Befall überzieht dieser weiße Belag auch Blätter und Stängel.

Durch welche Umwelteinflüsse wird nun Mehltau begünstigt?

Vor allem durch schwüle, feuchtwarme Luft oder zu starke Temperaturschwankungen bzw. eine zu hohe Luftfeuchtigkeit. Beides verkraftet die Pflanze nicht, damit ist der Nährboden für diese Erkrankung geschaffen.

Besonders anfällig für diese Pilzerkrankung sind: Begonien, Duftpelargonien und Kussröschen.

Gegenmaßnahme 1: Wenn der überwiegende Teil der Pflanzen durch Mehltau geschädigt ist, dann sollten Sie sich unbedingt von der Pflanze trennen.

Gegenmaßnahme 2: Mit Schachtelhalmbrühe besprühen (vgl. → Rezept, unten rechts).

Gegenmaßnahme 3: Der Fachhandel bietet verschiedene Sprühmittel gegen Mehltau an. Alle Pflanzenteile müssen sorgfältig von allen Seiten eingesprüht werden. Die Behandlung ist meist in wöchentlichem Abstand mehrmals zu wiederholen.

Darüber hinaus gibt es netzschwefelhaltige Präparate, die sich im Wesentlichen aus gemahlenen Kräutern wie Brennnesseln, Schachtelhalm, Zwiebeln, Algen und Gesteinsmehl, zuzüglich 24% Netzschwegel, zusammensetzen. Sie wirken vor allem gegen Sternrußtau und Schorfpilze.

Blattfleckenkrankheit

Schadbild: Runde, dunkelbraune, hellumrandete Flecken. Ursache der verschiedenen Blattfleckenpilze sind zu feucht gehaltene Pflanzen.

Gegenmaßnahme: Befallene Blätter entfernen, Pflanze trockener halten, falls erforderlich Standortwechsel.

Rostpilze

Schadbild: An der Blattunterseite treten Rostpusteln auf, die rotbraun oder cremefarben sein können.

Echter Mehltau

Ursache: Zu feuchte Witterung mit hoher Luftfeuchtigkeit.

Gegenmaßnahme: Befallene Blätter entfernen.

Natürliche Mittel zur Schädlingsbekämpfung

Brennnesselauszug

Stärkt ebenfalls die Widerstandskräfte der Pflanzen und wirkt gegen Blattläuse und Spinnmilben. Der Erfolg ist allerdings mit nur 48% Erfolgsquote nicht überwältigend.

1 kg große oder kleine frische Brennnesseln werden mit 10 Liter Wasser angesetzt und vergoren. Schon etwa nach 4 Tagen kann der noch gärende Auszug, im Verhältnis 1:50 verdünnt, über die Blätter der Pflanzen gespritzt werden.

Schachtelhalmbrühe

500 g frischer Schachtelhalm oder 150 g getrocknete Pflanzen (erhältlich in der Apotheke) werden mit 5 Liter Wasser 24 Stunden lang angesetzt. Anschließend wird das Ganze etwa 1/2 Stunde lang geköchelt, damit sich die Inhaltsstoffe lösen.

Die Schachtelhalmbrühe sollte nicht in Metallgefäßen angesetzt werden. Zum Gebrauch wird sie im Verhältnis 1:5 mit Wasser verdünnt.

Schmierseifenlösung

In 10 Liter warmem Wasser werden 300 g Schmierseife sowie je 1 Esslöffel Kalk und Salz aufgelöst und mit einem 1/2 Liter Spiritus vermischt. Die von Blattläusen befallenen Pflanzen werden mit dem Gemisch zweimal wöchentlich bei trockenem Wetter gespritzt.

Die wichtigsten Schnitttechniken

Der Fachmann unterteilt in 4 Schnittarten:
- Pflanzenschnitt
- Erziehungsschnitt
- Auslichtungsschnitt
- Verjüngungsschnitt

Pflanzenschnitt

Alle Seitentriebe, die etwa in einem Winkel von 45 Grad zum Mitteltrieb stehen, werden um 2/3 ihrer Länge zurückgeschnitten. Dabei ist die Schere leicht schräg anzusetzen, so dass die darunterstehende Knospe (das Auge) erhalten bleibt. Anschließend wird der Mitteltrieb um 15 bis 20 cm über dem Anschnitt des Seitenleittriebes angeschnitten. Steiltriebe sind gänzlich zu entfernen.

Erziehungsschnitt

Wie jedes Kind, muss auch Tier und Baum zur Erlangung der guten Form erzogen werden. In diesem Fall zur Entwicklung einer kräftigen Krone, die eines Tages die Last der Blüten und Früchte tragen soll. Dieser Erziehungsschnitt muss vom 2. bis zum 5. Lebensjahr eines Baumes schrittweise durchgeführt werden. Dabei sind die Haupttriebe, Konkurrenztriebe und Seitentriebe um ein Viertel ihrer Länge zurückzuschneiden. Die Steiltriebe werden generell völlig entfernt. Alle anderen Triebe dürfen nicht geschnitten werden. Zweige nach außen ableiten, damit viel Licht in die Krone fällt.

Gärtnertipp

Blütenknospen können Sie leicht von Blattknospen unterscheiden. Blütenknospen sind meist rundlich, Blattknospen spitz und eng am Zweig anliegend.

Auslichtungsschnitt

Hin und wieder ist es erforderlich, ältere Kübelpflanzen auszulichten, weil es sonst im Innern des Baumes zu dunkel wird. Das bedeutet, störende Steiltriebe, Konkurrenztriebe und Seitentriebe zu entfernen. Zögern Sie nicht, wo es nötig ist, auch mal ganze Astteile wegzuschneiden.

Verjüngungsschnitt

Wenn die Trieb- und Blütenbildung nachlässt, kann ein Verjüngungsschnitt Wunder wirken. Wichtig dabei ist, dass der Mitteltrieb seine dominierende Stellung beibehält. Die Seitenleittriebe können bis zum untersten, gut sichtbaren Auge zurückgeschnitten werden. Der Mitteltrieb wird immer erst anschließend beschnitten, und zwar so, dass nach dem Auslichten die Seitenleittriebe und der Mitteltrieb einen spitzen bis rechten Winkel bilden.

Sinn des Verjüngungsschnittes: Alle Kronenteile sollen damit wieder ausreichend Licht bekommen.

Wann und wie werden Ziersträucher geschnitten?

Neben fruchttragenden Gehölzen und Rosen gibt es eine ganze Reihe von Ziergehölzen, die ebenfalls geschnitten werden müssen, denn die Schere sorgt für Blütenvielfalt.

Gärtnertipp

Die natürliche, oft malerisch ganz individuelle Wuchsform der Ziersträucher muss erhalten bleiben. Der Einsatz der Schere darf nicht nach Gutdünken erfolgen. Im Zweifelsfall werden abgestorbene, durch Frost geschädigte Zweige entfernt.

Ein Rückschnitt bei Ziersträuchern wird notwendig, wenn im Laufe der Jahre die Pflanze ihren kompakten Wuchs verliert und die Blühwilligkeit nachlässt. Denn auch Ziergehölze werden älter, ein Teil der Zweige "vergreist", aus dem Wurzelstock aber bilden sich neue Triebe. Nur wenn dann ein Rückschnitt erfolgt, um alle Energie der Pflanze auf die jungen Triebe zu leiten, behält die Pflanze ihre Blühvitalität.

Nun lassen sich natürlich nicht alle Sträucher über einen Kamm scheren.

Der Schnittzeitpunkt richtet sich immer nach der Blütezeit der Pflanzen.

Frühjahrsblüher wie Flieder, Azaleen und echter Jasmin sind vorzugsweise gleich nach der Blüte zu schneiden. Grundsätzlich werden alle abgeblühten Triebe entfernt. Da Frühjahrsblüher ihre Blüten am einjährigen Holz entwickeln, kommt ein Rückschnitt vor der Blüte ohnehin nicht in Betracht, denn er würde die ganze Blütenpracht vernichten. Nachlassende Blühfähigkeit oder zu üppiger Wuchs macht den Schnitt, der unmittelbar nach der Blüte erfolgen sollte, erforderlich.

Frühsommerblüher, zu denen Ziergewächse wie falscher Jasmin, Schönmalve, Roseneibisch zählen, bilden ihre Blüten entlang der vorjährigen Ruten, also an Kurztrieben. Ein Auslichtungsschnitt erfolgt nur im Bedarfsfall, und zwar bei nachlassender Blühwilligkeit oder einem zu üppigen Wuchs. Ziergehölze, die im Spätsommer an den Zweigspitzen blühen, wie Rispenhortensie, Hibiskus, Trompetenstrauch, sollten im zeitigen Frühjahr (März) kräftig zurückgeschnitten werden. Bei dem Auslichtungsschnitt wird nicht nur das alte, zurückgefrorene Holz entfernt, sondern auch ein Großteil der einjährigen Ruten. Sie werden bis auf wenige Augen zurückgeschnitten. Stehen bleiben sollten nur einige wenige Triebe, die für den Kronenaufbau nötig sind.

Hecken

Hecken müssen stets trapezförmig geschnitten werden, so dass sie unten breiter sind als oben. Dadurch bleibt die Basis dicht, die Hecke ist damit Schnee und Sturm besser gewachsen. Mit Ausnahme von Nadelgehölzen wie Scheinzypresse, Eibe und Thuja werden alle anderen Hecken nach dem Einpflanzen um die Hälfte gekürzt. Die Berberitze wird nach der Blüte geschnitten, damit es im Herbst zu einer zweiten Blüte kommt.

Schnittmaßnahmen

Rosen

Für Rosen gibt es eine Spezialschere mit Haltevorrichtung für den dornigen Stängel. Verblühtes muss ohnehin stets ausgeschnitten werden, um die Blütenentwicklung zu fördern.

Rosen am Balkon

Rosen 'Orange Meillandina'

Koniferen

Bei zu üppigen Koniferen wie Thuja und Taxus ist der verdeckte Schnitt im Spätherbst durchzuführen.

Azaleen

Zu groß oder aus der Form geratene Exemplare vertragen nach der Blüte einen kräftigen Rückschnitt. Bei allen Azaleen und Rhododendren müssen, abgesehen vom Rückschnitt, die Blütenfruchtstände ausgeschnitten werden, damit die Folgeblüte im kommenden Jahr wieder kräftig wird.

Kleinsträucher

Ginster, Johanniskraut, Lavendel blühen reicher, wenn sie im Frühjahr radikal heruntergeschnitten werden.

Schnittmaßnahmen bei rankenden und kletternden Gehölzen

Schlingknöterich und Geißblatt sind Lianen, die keinen Stamm bilden. Sie können ganz nach Bedarf kräftig zurückgeschnitten werden, denn sie bilden sofort wieder meterlange Triebe. Bei Selbstklimmern wie Efeu und Wildem Wein sollten Sie sich auf das Entfernen der Spitzen- und Seitentriebe beschränken. Bei Lianen, die erst an älterem Holz blühen (Glyzinen, Baumwürger), dürfen nur die Spitzen entfernt werden. Am Seitenholz der Glyzinen darf nicht geschnitten werden, denn hier bilden sich die Blütenknospen. Bei der Clematis gibt es frühjahrs- und sommerblühende Sorten. Die im Frühling blühenden Sorten dürfen im Sommer nur mäßig ausgelichtet werden, während bei den Sommerblühern ein kräftiger Rückschnitt bis ins ältere Holz vertretbar ist.

Erika-Arten

Die meisten Heidegewächse werden nach der Blüte zurückgeschnitten, damit sie robust bleiben, und zwar bis zur Hälfte. In der Natur besorgt diese Arbeit das Schaf.

Was muss bei Kübelpflanzen entfernt werden?

- Beim Margeritenbäumchen muss, wie bei allen blühenden Kübelpflanzen, Verblühtes stets ausgeschnitten werden, damit es nicht zur Samenbildung kommt. Denn das bedeutet Kraftverlust und weniger Blüten.
- Welke und gelb gewordene Blüten und Blätter immer entfernen.
- Vor der Überwinterung werden generell alle langen, störenden Triebe ausgeschnitten.
- Vor dem Einräumen ins Winterquartier sollten um 1/3 ihrer Triebe gekürzt werden: Margeritenbäumchen, Roseneibisch, Granatapfel, Fuchsie, Lagerströmie, Korallenstrauch, Engelstrompete, Kassie sowie Schönmalve.
- Auf keinen Fall dürfen Oleander, Bananenstrauch und Strelizien beschnitten werden.

Durch den richtigen Schnitt vom Steckling zum Hochstamm

In Betracht kommen hierfür alle verholzenden, strauchartig wachsenden Pflanzen wie Strauchmargerite, Bougainvillee, Fuchsien, Bleiwurz, Wandelröschen. Hier gilt:

- Den stärksten Trieb einer Jungpflanze stehen lassen.
- Alle Seitentriebe werden regelmäßig entfernt.
- Sobald die gewünschte Länge erreicht ist, wird er gekappt.
- Die buschige Krone entsteht, indem Sie nun fortlaufend die Kronentriebe einkürzen, und zwar nach dem System: 2/3 abschneiden, 1/3 stehen lassen.

Obstbaumschnitt

Ein Apfelbaum auf dem Balkon oder der Terrasse? Unmöglich, meinen Sie? Nein. Es kommt lediglich darauf an, welche Sorte sie anziehen

Apfel im Topf

und wie Sie mit dem Baum umgehen. Für den Balkon- oder Terrassengarten besonders geeignet sind so genannte **Niederstamm-Apfelbäume**.

Pflanzenschnitt

Kaufen Sie, am besten in der Baumschule, einen so genannten Stammbusch. Vor dem Pflanzen schneiden Sie mit der Gartenschere die Wurzeln an, treten dann den Boden im Pflanzkübel gut an und wässern das junge Bäumchen ordentlich. Danach entfernen Sie mit der Gartenschere Konkurrenz- und Seitentriebe so, dass das letzte Auge jeweils nach außen schaut. Nach und nach können Sie die Äste am Spalier fixieren.

»Erziehung« im 2. und 3. Winter

Jetzt können Sie damit beginnen, die beiden **Seitenäste** waagrecht nach unten zu binden. Die **Leitäste** müssen Sie dazu bis direkt über eine Knospe zurückschneiden. Das regt das Wachstum des so genannten **Fruchtholzes** an. Die beiden Äste sollten in etwa gleich lang sein, damit der Spalierbaum auch gleich-

mäßig wächst. Auch der Hauptstamm wird bis knapp 5 cm über die zweite Quersprosse des Spaliers zurückgeschnitten. Alle übrigen Triebe müssen Sie mit den Fingern herausbrechen. Das Spiel geht so lange, bis Sie den Baum in die gewünschte Form gezogen haben. Die Äste werden jeweils an den Sprossen des Spaliers locker mit Bast o. Ä. fixiert.

Baumschnitt

1 Jedes Bäumchen, das Sie auf Balkon oder Terrasse ziehen, muss "erzogen", d. h. in Form gehalten werden.

2 Dazu müssen Sie immer wieder die (scharfe) Baumschere ansetzen und alle Nebentriebe entfernen.

3 Dann Konkurrenztrieb abschneiden (wie beim Obstbaumschnitt).

4 Eine schöne Form erreichen Sie, wenn Sie die Äste mit Gewichten in die richtige Richtung "erziehen".

1

3

2

4

Tipps von A - Z

Agapanthus, im Deutschen **Schmucklilie** genannt, sollte über mehrere Jahre im gleichen, relativ engen Kübelgefäß belassen werden. Die prächtige Kübelpflanze fühlt sich in einem engeren Gefäß besonders geborgen, vor allen Dingen möchte sie ihre Ruhe haben und nicht ständig umgetopft werden. So behandelt, verwöhnt sie den Besitzer mit üppigem Blütenflor.

Das **Blaue Gänseblümchen** ist vielseitig einsetzbar. Es eignet sich gleichermaßen für Ampeln und Kästen.

Campanula, die Glockenblume, wird ab Mai in bepflanzten Ampeln prächtig blühend angeboten.

Dahlien in Weiß und **Duftsteinrich** in Blau-Violett ergeben eine wunderschöne Balkonkasten-Kombination.

Engelstrompeten duften hinreißend, wenn sie viel Sonne, Wasser und eine wöchentliche Düngegabe von Mai bis September erhalten.

Fuchsien sind zwar für schattige und halbschattige Plätze besonders geeignet, kommen aber auch mit sonnigeren Standorten zurecht, sofern sie dann reichlich mit Wasser versorgt werden.

Geranien gibt es in vielen Farben, in alten und neuen Sorten, aufrecht wachsende sowie hängende. Neuerdings sind sie sogar als Hochstämmchen und in Pyramidenform erhältlich.

Heliotrop, die **Vanilleblume**, erfüllt Balkon und Terrasse mit ihrem unvergleichlichen Duft.

Auch dunkelblaue Petunien, Apfelsinenbäumchen, Engelstrompeten, Rosmarin, Thymian, blauer Lavendel und Myrtenblüten sind etwas für feine Nasen. Wenn Sie Ihren Balkon in

Engelstrompete

ein Duftgärtchen verwandeln wollen, dann können die Duftschönheiten unter sich bleiben. Duftpflanzen können Sie aber auch duftlosen zuordnen. So ergänzen sich blaue Petunien mit den weißen Zwergmargeriten; die weißen Steinkräuter passen gut zu den roten Geranien. Der tiefblaue Heliotrop, dessen Blütendolden einen besonders intensiven Duft ausströmen, kommt erst richtig zur Geltung in der Nachbarschaft von gelben Pantoffelblumen oder in der von hellrosafarbenem Eisenkraut.

Iris reticulata zählt zu den Frühblühern im Balkonkasten. Nach der Blüte, Ende Mai/Anfang Juni, sollten die Zwiebeln in den Garten ausgepflanzt werden.

Jelängerjelieber zählt zu den schnellwüchsigen Rankern. Die Pflanze bildet schnell einen schönen Sichtschutz. Ihre Blüten werden

Glockenblume

Terrassenidylle mit Geranien, Fuchsien, Levkojen

Rosenhochstämmchen werden in wunderschönen Sorten, auch als Kübelpflanzen für Balkon und Terrasse, angeboten.

Die **Schwarzäugige Susanne** braucht ein Klettergerüst, genauso wie die Glockenrebe und die Kaiserwinde.

Topfrosen brauchen ein möglichst großes Pflanzgefäß und reichlich Wasser.

Yucca gloriosa, im Deutschen Palmlilie genannt, ist eine prächtig blühende Pflanze mit südländischem Flair.

Zwergmargeriten, Sanvitalien, Beetbegonien und Fleißiges Lieschen sind "sturmfest" und können überall dort gepflanzt werden, wo der Wind aus vollen Backen bläst.

gern von Bienen, Hummeln und Insekten besucht.

Kapuzinerkresse bringt Bauerngarten-Atmosphäre auf den Balkon, unabhängig davon, ob es sich um aufrechte oder rankende Sorten handelt.

Lavendel neben Rosen gepflanzt, lässt Schädlinge "verduften". Die himmelblau blühende Pflanze ist auch nach ihrer Blüte durch ihr silbriges Blattwerk attraktiv.

Oleander ist ein Sonnenanbeter. Gönnen Sie ihm den sonnigsten Platz auf Terrasse und Balkon. Außerdem braucht er viel Wasser und eine regelmäßige, wöchentliche Düngung von April bis September.

Palmen brauchen während der Sommermonate etwas Windschutz. Nur die Phoenixpalme und die Kanarische Dattelpalme sind windverträglich.

Oleander

Pflanzenverzeichnis

**Pflanzennamen
Deutsch-Latein**

Affen- oder
Gauklerblume — Mimulus
Agave — Agave americana
Ahorn — Acer japonicum
Aloe — Aloe vera
Alpenrose — Rhododendron
Apfelsinen- — Citrofortunella
bäumchen — microcarpa
Aukube — Aucuba japonica
Azalee — Rhododendron

Bärenfellschwingel — Festuca scoparia
Balsam-Tanne — Abies balsamea
— 'Nana'
Bambusgras — Pogonatherum
— paniceum
Bananenbaum — Musa
Bartblume — Caryopteris
Bartfaden — Penstemon-Hybriden
Bartnelke — Dianthus barbatus
Basilikum — Ocimum basilicum
Begonie — Begonia-
— Knollenbegonien
— Hybriden
Blattstrohblume — Helichrysum
— petiolare 'Silver'
Blauer — Solanum
Kartoffelbaum — rantonneti
Blauer — Juniperus horizontalis
Kriechwacholder — 'Glauca'
Blaues — Brachycome
Gänseblümchen — iberidifolia
Blauregen — Wisteria
Blausternchen — Scilla
Bleiwurz — Plumbago
Blutstorchschnabel — Geranium sanguineum
Bohnenkraut — Satureja hortensis
Bougainvillee — Bougainvillea
Brombeere — Rubus fruticosus
Buchsbaum — Buxus sempervirens
— 'Suffruticosa'
Buntnessel — Coleus Blumei-
— Hybriden
Buschwindröschen — Anemone nemorosa

China-Wacholder — Juniperus chinesis

Dachwurz — Sempervivum
Dahlie — Dahlia-Hybriden

Dattelpalme — Phönix dactylifera
Dill — Anethum graveolens
Duftgeranie — Pelargonium
Duftsteinrich — Lobularia maritima
Duftwicke — Lathyrus odoratus

Efeu — Hedera helix
Efeugeranie — Peltatum-Hybriden
Eisblume — Begonia-
— Semperflorens-Hybriden
Eisenkraut — Verbena-Hybriden
Elfenbeinginster — Cytisus x praecox
Elfenspiegel — Nemesia-Hybriden
Engelstrompete — Datura oder Brugmansia
Enzian, Stängelloser — Gentiana acaulis
Erdbeerbaum — Arbutus unedo
Erdbeere — Fragaria vesca
Erika — Erica gracilis
Eukalyptus — Eucalyptus ficifolia

Fächerblume — Scaevola
Feige — Ficus carica
Felsenmispel — Cotoneaster-Arten
Fetthenne — Sedum
Feuerbohne — Phaseolus coccineus
Feuersalbei — Salvia splendens
Fichte — Picea abies
Fingerkraut — Potentilla fruticosa
Fleißiges Lieschen — Impatiens walleriana
Flieder — Syringa microphylla
Fuchsie — Fuchsia

Gebirgshängenelke — Dianthus caryophyllus
Geißklee — Cytisus canariensis
Geranie — Pelargonium-Hybriden
Gewürzrinde — Cassia corymbosa
Gletscherschwingel — Festuca glacialis
Glockenblume — Campanula carpatica
Glockenrebe — Cobaea scandens
Goldkamille — Chrysanthemum
— parthenium
Goldlack — Cheiranthus cheiri
Goldrute — Solidago x hybrida
— 'Strahlenkrone'
Granatapfel — Punica
Günsel — Ajuga reptans

Hammerstrauch — Cestrum elegans
Hanfpalme — Palmae trachycarpus
Heidekraut — Calluna vulgaris
Hornklee — Lotus berthelotti
Hortensie — Hydrangea macrophylla
Husarenknopf — Sanvitalia procumbens
Hyazinthe — Hyacinthus

Indisches — Canna-Indica
Blumenrohr — Hybriden
Iris — Iris reticulata

Japansegge — Carex morrowii
Jasmin — Jasminum nudiflorum
Jelängerjelieber — Lonicera caprifolium

Kängurubaum — Casuarina
Kamelie — Camellia
Kanarische
Dattelpalme — Phönix canariensis
Kapaster — Felicia amelloides
Kapmargerite — Osteospermum
Kapuzinerkresse — Tropaeolum-Hybriden
Kirschlorbeer — Prunus laurocerasus
Kirschmyrte — Eugenia
Kissenaster — Aster dumosus
Kissenprimel — Primula
Kiwi — Actinidia chinensis
Klebsame — Pittosporum tobira
Kletterhortensie — Hydrangea anomala
Korallenstrauch — Erythrina crista-galli
Korea-Tanne — Abies koreana
Kreppmyrte — Lagerstroemia indica
Kreuzkraut — Senecio bicolor
Krokus — Crocus

Lampenputzergras — Pennisetum
— alopecuroides
Lavendel — Lavendula angustifolia
Leberbalsam — Ageratum
— houstonianum
Liebstöckel — Levisticum officinale
Lorbeerbaum — Laurus nobilis

Madonnenlilie — Lilium candidum
Mädchenauge — Coreopsis
Männertreu — Lobelia erinus
Majoran — Origanum majorana
Mastixstrauch — Pistacia lentiscus
Morgensternsegge — Carex grayi
Mottenkönig — Plectranthus
Myrte — Myrtus

Narzisse — Narcissus
Nestfichte — Picea abies 'Nidiformis'
Neu-Guinea- — Impatiens
Impatiens — Neu-Guinea-Hybriden
Neuseeländer
Flachs — Phormium

Ölbaum — Olea europaea
Oleander — Nerium oleander
Oregano — Origanum vulgare

Deutsch	Latein
Pantoffelblume	Calceolaria integerifolie
Petersilie	Petroselinum crispum
Petunie	Petunia-Hybriden
Pfaffenhütchen	Euonymus
Pfeifenwinde	Aristolochia macrophylla
Pinie	Pinus parviflora 'Glauca'
Portulakröschen	Portulaca grandiflora
Primel	Primula
Prunkwinde	Ipomoea purpurea und I. tricolor
Rhododendron	Rhododendron-Hybriden
Rizinus	Ricinus
Rose	Rosa
Roseneibisch, Hibiskus	Hibiscus
Rosmarin	Rosmarinus
Ruhmeskrone, Prachtlilie	Gloriosa rothschildiana
Säuleneibe	Taxus baccata 'Fastigiata'
Salbei	Salvia officinalis
Sauerklee	Oxalis adenophylla
Schachbrettblume	Fritillaria meleagris
Scheinzypresse	Chamaecyparis obtusa 'Nana Gracillis'
Schleifenblume	Iberis sempervirens
Schlingknöterich	Fallopia aubertii
Schmucklilie	Agapanthus praecox
Schneeglöckchen	Galanthus

Deutsch	Latein
Schneeheide	Erica carnea
Schnittlauch	Allium schoenoprasum
Schnittsalat	Lactuca sativa
Schönmalve	Abutilon
Schopflilie	Eucomis
Schwarzäugige Susanne	Thunbergia alata
Segge	Carex
Sicheltanne	Cryptomeria japonica
Skimmie	Skimmia reevesiana 'Rubella'
Sommerzypresse	Kochia scoparia
Sonnenblume	Helianthus annuus
Spindelstrauch	Euonymus
Stechpalme	Ilex aquifolium
Steinkraut	Lobularia maritima
Steckenpalme	Rhapsis
Sternmoos	Sagina subulata
Sternwinde	Quamoclit lobata
Stiefmütterchen	Viola tricolor
Strauchmargerite	Chrysanthemum frutescens
Strauchveronika	Hebe
Strelitzie	Strelitzia reginae
Studentenblume	Tagetes
Tausendschön	Bellis perennis
Thymian	Thymus vulgaris
Tibouchina	Tibouchina
Tomate	Lycopersion lycopersicum
Torfmyrte	Pernettya
Traubenhyazinthe	Muscari
Trompetenblume	Campsis

Deutsch	Latein
Tulpe	Tulipa
Vanilleblume	Heliotropium arborescens
Wandelröschen	Lantana Camara-Hybriden
Washingtonie	Washingtonia robusta
Weidenkätzchen	Salix capreas 'Pendula'
Weinrebe	Vitis vinifera
Wilder Wein	Parthenocissus quinquefolia
Winterling	Eranthis hiemalis
Yucca	Yucca elephantipes
Ziertabak	Nicotiana
Zigarettenblümchen	Cuphea ignea
Zitrone	Citrus
Zitronenmelisse	Melissa officinalis
Zucchini	Cucurbita pepo conv. giromontiina
Zwerg-Apfelbaum 'Ballerina'	Malus sylvestris
Zwerg-Fadenzypresse	Chamaecyparis pisifera 'Filifera Nana'
Zwergkiefer	Pinus mugo mops
Zwerg-Lebensbaum	Thuja accidentalis 'Danica'
Zwergmispel	Cotoneaster
Zwergpalme	Chamaerops
Zwerg-Wacholder	Juniperus squamata 'Blue Carpet'
Zypergras	Cyperus

157

**Pflanzennamen
Latein-Deutsch**

Abies balsamea 'Nana' — Balsam-Tanne
Abies koreana — Korea-Tanne
Abutilon — Schönmalve
Acer japonicum — Ahorn
Actinidia chinensis — Kiwi
Agapanthus praecox — Schmucklilie
Agave americana — Agave
Ageratum houstonianum — Leberbalsam
Ajuga reptans — Günsel
Allium schoenoprasum — Schnittlauch
Aloe vera — Aloe
Anemone nemorosa — Buschwindröschen
Anethum graveolens — Dill
Arbutus unedo — Erdbeerbaum
Aristolochia macrophylla — Pfeifenwinde
Aster dumosus — Kissenaster
Aucuba japonica — Aukube, Glanzstrauch

Begonia-Knollenbegonien-Hybriden — Begonie
Begonia Semperflorens-Hybriden — Eisblume
Bellis perennis — Tausendschön
Bougainvillea — Bougainvillee
Brachycome iberidifolia — Blaues Gänseblümchen
Buxus sempervirens 'Suffruticosa' — Buchsbaum

Calceolaria integerifolia — Pantoffelblume
Calluna vulgaris — Heidekraut
Camellia — Kamelie
Campanula carpatica — Glockenblume
Campsis — Trompetenblume
Canna-Indica-Hybriden — Indisches Blumenrohr
Carex — Segge
Carex grayi — Morgensternsegge
Carex morrowii — Japansegge
Caryopteris — Bartblume
Cassia corymbosa — Gewürzrinde
Casuarina — Kängurubaum
Cestrum elegans — Hammerstrauch

Chamaecyparis obtusa 'Nana Gracillis' — Scheinzypresse
Chamaecyparis pisifera 'Filifera Nana' — Zwerg-Fadenzypresse
Chamaerops — Zwergpalme
Cheiranthus cheiri — Goldlack
Chrysanthemum frutescens — Strauchmargerite
Chrysanthemum parthenium — Goldkamille, Wucherblume
Citrosfortunella microcarpa — Apfelsinen-bäumchen
Citrus — Zitrone
Cobaea scandens — Glockenrebe
Coleus Blumei-Hybriden — Buntnessel
Coreopsis — Mädchenauge
Cotoneaster-Arten — Felsenmispel
Crocus — Krokus
Cryptomeria japonica — Sicheltanne
Cucurbita pepo conv. giromontiina — Zucchini
Cuphea ignea — Zigarettenblümchen
Cyperus — Zypergras
Cytisus canariensis — Geißklee
Cytisus x praecox — Elfenbeinginster

Dahlia-Hybriden — Dahlie
Datura oder Brugmansia — Engelstrompete
Dianthus barbatus — Bartnelke
Dianthus caryophyllus — Gebirgshängenelke

Eranthis hiemalis — Winterling
Erica carnea — Schneeheide
Erica gracilis — Erika
Erythrina crista-galli — Korallenstrauch
Eucalyptus ficifolia — Eukalyptus
Eucomis — Schopflilie
Eugenia — Kirschmyrte
Euonymus — Spindelstrauch
Euonymus — Pfaffenhütchen

Fallopia aubertii — Schlingknöterich
Felicia amelloides — Kapaster
Festuca glacialis — Gletscherschwingel
Festuca scoparia — Bärenfellschwingel
Ficus carica — Feige
Fragaria vesca — Erdbeere
Frittillaria meleagris — Schachbrettblume
Fuchsia — Fuchsie

Galantus — Schneeglöckchen

Gentiana acaulis — Enzian, stängelloser
Geranium sanguineum — Blutstorchschnabel
Gloriosa rothschildiana — Ruhmeskrone, Prachtlilie

Hebe — Strauchveronika
Hedera helix — Efeu
Helianthus annuus — Sonnenblume
Helichrysum petiolare 'Silver' — Blattstrohblume
Heliotropium arborescens — Vanillebaum
Hibiscus — Roseneibisch, Hibiskus
Hyacinthus — Hyazinthe
Hydrangea anomala — Kletterhortensie
Hydrangea macrophylla — Hortensie

Iberis sempervirens — Schleifenblume
Ilex aquifolium — Stechpalme
Impatiens walleriana — Fleißiges Lieschen
Impatiens-Neu-Guinea-Hybriden — Neu-Guinea-Impatiens
Ipomoea purpurea und I. tricolor — Prunkwinde
Iris reticulata — Iris

Jasminum nudiflorum — Jasmin
Juniperus chinesis — China-Wacholder
Juniperus horizontalis 'Glauca' — Blauer Kriechwacholder
Juniperus squamata 'Blue Carpet' — Zwerg-Wacholder

Kochia scoparia — Sommerzypresse

Lactuca sativa — Schnittsalat
Lagerstroemia indica — Kreppmyrte
Lantana Camara-Hybriden — Wandelröschen
Lathyrus odoratus — Duftwicke
Laurus nobilis — Lorbeerbaum
Lavandula angustifolia — Lavendel
Levisticum officinale — Liebstöckel
Lilium candidum — Madonnenlilie
Lobelia erinus — Männertreu
Lobularia maritima — Duftsteinrich, Steinkraut
Lonicera caprifolium — Jelängerjelieber

Latein	Deutsch
Lotus berthelotti	Hornklee
Lycopersion lycopersicum	Tomate
Malus sylvestris 'Ballerina'	Zwerg-Apfelbaum
Melissa officinalis	Zitronenmelisse
Mimulus	Affen- oder Gauklerblume
Musa	Banane
Muscari	Traubenhyazinthe
Myrtus	Myrte
Narcissus	Narzisse
Nemesia-Hybriden	Elfenspiegel
Nerium oleander	Oleander
Nicotiana	Ziertabak
Ocimum basilicum	Basilikum
Olea europaea	Ölbaum
Origanum majorana	Majoran
Origanum vulgare	Oregano
Osteospermum	Kapmargarite
Oxalis adonophylla	Sauerklee
Palmae trachycarpus	Hanfpalme
Parthenocissus quinquefolia	Wilder Wein
Pelargonium	Duftgeranie
Pelargonium-Hybriden	Geranie
Peltatum-Hybriden	Efeugeranie
Pennisetum alopecuroides	Lampenputzergras
Penstemon-Hybriden	Bartfaden
Pernettya	Torfmyrte
Petroselinum crispum	Petersilie
Petunia-Hybriden	Petunie
Phaseolus coccineus	Feuerbohne
Phönix canariensis	Kanarische Dattelpalme
Phönix dactylifera	Dattelpalme
Phormium	Neuseeländer Flachs
Picea abies	Fichte
Picea abies 'Nidiformis'	Nestfichte
Pinus mugo mops	Zwergkiefer
Pinus parviflora 'Glauca'	Pinie
Pistacia lentiscus	Mastixstrauch
Pittosporum tobira	Klebsame
Plectranthus	Mottenkönig
Plumbago	Bleiwurz
Pogonatherum paniceum	Bambusgras
Portulaca grandiflora	Portulakröschen
Potentilla fruticosa	Fingerkraut
Primula	Primel
Prunus laurocerasus	Kirschlorbeer
Punica	Granatapfel
Quamoclit lobata	Sternwinde
Rhapsis	Steckenpalme
Rhododendron	Alpenrose
Rhododendron	Azalee
Rhododendron-Hybriden	Rhododendron
Ricinus	Rizinus
Rosa	Rose
Rosmarinus	Rosmarin
Rubus fruticosus	Brombeere
Sagina subulata	Sternmoos
Salix capreas 'Pendula'	Weidenkätzchen
Salvia officinalis	Salbei
Salvia splendens	Feuersalbei
Sanvitalia procumbens	Husarenknopf
Satureja hortensis	Bohnenkraut
Scaevola	Fächerblume
Scilla	Blausternchen
Sedum	Fetthenne
Sempervivum	Dachwurz
Senecio bicolor	Kreuzkraut
Skimmia reevesiana 'Rubella'	Skimmie
Solanum rantonnelli	Blauer Kartoffelbaum
Solidago x hybrida 'Strahlenkrone'	Goldrute
Strelitzia reginae	Strelitze
Syringa microphylla	Flieder
Tagetes	Studentenblume
Taxus baccata 'Fastigiata'	Säuleneibe
Thuja accidentalis 'Danica'	Zwerg-Lebensbaum
Thunbergia alata	Schwarzäugige Susanne
Thymus vulgaris	Thymian
Tibouchina	Tibouchine
Tropaeolum-Hybriden	Kapuzinerkresse
Verbena-Hybriden	Eisenkraut
Viola	Stiefmütterchen
Vitis vinifera	Weinrebe
Washingtonia robusta Wisteria	Washingtonie Blauregen
Yucca elephantipes	Yucca

Bildnachweis

Wir bedanken uns vor allem bei den Firmen, die uns durch die freundliche Bereitstellung von Abbildungen unterstützt haben.

Abkürzungen: li. = links, re. = rechts, M. = Mitte, o. = oben, u. = unten.

BASF, Ludwigshafen: S. 149.

Samenzucht GmbH Ernst Benary, Hann. München: S. 16, 18 (o.), 32 (u.), 64 (u.), 78 (o.), 83 (u.), 86 (li. u.), 88, 98 (o.), 109 (o.).

CMA, Bonn/Bad Godesberg: S. 20 (u.), 22 (u.), 24, 26, 30, 34 (u.), 44 (u.), 46, 47 (o., u.), 54, 55 (u.), 62 (u.), 66 (o.), 70 (o.), 74 (o.), 77 (o.), 80, 81 (o.), 83 (o.), 86 (o.). 89, 92 (re. u.), 94 (u.), 95, 99 (o.), 103 (o., re. u.), 106, 108 (o.), 120 (u.), 127, 136, 154 (o.), 155 (o.).

Baumschule Eberts, Baden-Baden: S. 11 (u.).

Fischer GmbH & Co KG, Hillscheid: S. 31, 46 (u. re.), 75 (re. u.), 135.

Fleuroselect, Noordwijk, Niederlande: S. 129.

Flora Mediterranea, Au/Hallertau: S. 9 (u.), 18, 35 (u.), 39 (o.), 53 (o.), 54 (o.), 66 (u.) 67 (o.), 68, 79, 91, 113 (li. u.), 119 (o.).

Fördergemeinschaft Integrierter Pflanzenbau e.V., Bonn: S. 144, 145.

GARDENA, Kress + Kastner GmbH, Ulm: S. 141-143.

Bildarchiv Henseler, Bonn: S. 147 (o.), 149 (u.).

Peter Himmelhuber, Regensburg: S. 19, 20 (o.), 25 (u. re.), 31 (li. u.), 64 (o.), 73 (li. u.), 75 (o.), 85 (o.), 96 (u.), 100 (o.), 102 (o.), 105 (o.), 116, 121, 126 (li. u.).

Peter Jochum, Düsseldorf-Ratingen: S. 9 (o.), 124.

Kientzler KG Gartenbaubetriebe, Gensingen: S. 17, 34 (o.), 35 (o.), 38, 43, 50 (o.). 58 (o.), 115 (u.).

Ned. Work, Düsseldorf: S. 27 (o.), 57, 69 (o.), 72 (o.), 77 (u.), 99 (li. u.), 114 (li.).

W. Neudorff GmbH KG, Emmerthal: S. 147 (u.), 148, 150.

Axel Neulist, München: S. 7 (o.), 10, 64 (o.), 70 (li. u.).

© Nova-Photo-Graphik GmbH/ Österreich:
® NOVA-Illustrationen:
S. 11 (o.), 14 (u.), 17 (u.), 32 (o.), 33 (u.), 37, 39 (u.), 48 (u.), 53 (u.), 58 (u.), 60 (o.), 61 (li. u.), 67 (u.), 75 (u.), 76, 78 (li. u.), 84 (u.), 85 (u.), 92 (li. o.), 93 (u.), 100 (u.), 101, 104, 107, 112, 119 (re.), 122, 123, 125 (re.), 126 (o.), 154 (u.).

Wolfgang Redeleit, Bienenbüttel: S. 5, 6 (u.), 12, 15, 22 (o.), 23, 25 (li.), 27 (u.), 28, 29 (o.), 40 (o., u.), 41, 42, 44 (li. o.), 48 (o.), 49, 50 (li.), 51, 52 (o. re.), 56, 58, 60 (u.), 62 (u. re.), 63, 65 (u. re.), 71 (re. u.), 73 (li. o.), 74

(u.), 81 (li.), 84 (o.), 87, 90, 92 (li. u.), 93 (o.), 94 (o.), 96 (o.), 97, 103 (M.), 105 (re. u.), 109 (u.), 113 (o.), 114 (re.), 117, 118, 120 (o.), 125 (o.), 139, 140, 155 (u.).

Gitte und Siegfried Stein, Vastorf: S. 7 (li. u.), 11 (o.), 13, 14 (o.), 21, 29 u.), 136 (re. o.).

BKN Strobel, Pinneberg: S. 152.

Gabriele Vocke, Bad Breisig: S. 6 (o.), 8, 36, 45, 52 (o. li.), 61 (re. u.), 69 (li. u.), 71 (o.), 82, 98 (li.), 108 (u.), 111.

Die Textbeiträge und Abbildungen zu »Rankgerüste selber bauen«, S. 137 bis 138, und »Obstbaumschnitt«, S. 153, stammen aus:
Compact Praxis »do it yourself« Selbst Balkon- und Terrassengärten anlegen.

Die Abbildung auf S. 153 (li.) stammt aus:
Compact Gartenpraxis Obstgarten, S. 18.